人力资源管理理论与实践创新

许　蕾　杜晓洁　李文争◎著

线装书局

图书在版编目（CIP）数据

人力资源管理理论与实践创新 / 许蕾，杜晓洁，李文争著. -- 北京 : 线装书局，2024.4
ISBN 978-7-5120-6080-7

I. ①人… II. ①许… ②杜… ③李… III. ①人力资源管理—研究 IV. ①F243

中国国家版本馆 CIP 数据核字(2024)第 080439 号

人力资源管理理论与实践创新
RENLI ZIYUAN GUANLI LILUN YU SHIJIAN CHUANGXIN

作　　者：许　蕾　杜晓洁　李文争
责任编辑：白　晨
出版发行：线装書局
地　址：北京市丰台区方庄日月天地大厦 B 座 17 层（100078）
电　话：010-58077126（发行部）010-58076938（总编室）
网　址：www.zgxzsj.com
经　　销：新华书店
印　　制：三河市腾飞印务有限公司
开　　本：787mm×1092mm　1/16
印　　张：12.75
字　　数：285 千字
印　　次：2025 年 1 月第 1 版第 1 次印刷

线装书局官方微信

定　　价：78.00 元

前　言

人力资源管理是20世纪70年代，特别是80年代以来流行与兴盛的一个管理领域。人力资源管理一词取代传统的人事管理一词并非仅仅是词语的变化，而是反映了时代变化的特征乃至管理理念的变化。具体分析，导致人力资源管理兴起的主要原因或因素包括：1.人力资源或人力资本理念的确认和广泛共识；2.国际化和国际竞争的加剧；3.人力资源成本在所有经济生产体系的成本结构中所占比例增大；4.组织整体经营对人力资源管理的新要求；5.管理方式的变化——从以事为中心的管理转向以人为中心的管理；6.人力资源管理的职业化。

进入20世纪后，尤其是二战后，随着现代企业制度的不断丰富和完善，人力资源学从管理学中分离了出来，成为了一门独立的学科。在现代企业中，员工不再被当成是会说话的机器或工具。他们不再被认为是只懂得赚钱，只为金钱而工作的“经济人”，而是有血有肉，有着社会方面和心理方面的丰富追求的“社会人”。在这种时代背景下，如何通过研究企业员工的社会、心理需要而找到更好的办法去激发员工的工作热情开始成为了企业管理中的一个重点。

现代人力资源管理是运用科学方法，协调人与事的关系，处理人与人之间矛盾，充分发挥人的潜能，人尽其才，事得其人，人事相宜，以实现组织目标的过程。现代人力资源管理以“人”为核心，视人为“资本”，把人作为第一资源加以开发，既重视以事择人，也重视为人设事，让员工积极主动地、创造性地开展工作，属“服务中心”，管理出发点是“着眼于人”，考虑人的个性、需求的差异，又考虑客观环境对人的影响，用权变的观点开展工作，从而达到人力资源合理配置、人与事的系统优化，使企业取得最佳的经济和社会效益。

现代人力资源管理属于动态管理，强调一种动态的、心理的调节和开发，将人力资源作为劳动者自身的财富，重视开发使用，强调人员的整体开发。结合组织目标和个人情况，进行员工的职业生涯规划，不断培训，不断进行横向和纵向的岗位职务调整，做到大才大用、小才小用，充分发挥个人才能、人尽其才、才尽其用。现代人力资源管理同时采取理性与感情化的管理。较多地考虑人的情感、自尊、价值，以人为本，多激励，少惩罚，多授权，少命令，发挥每个人的特长，尽可能地体现每个人的价值。

现代人力资源管理追求创新性，不断创新技，完善考核系统、测评系统等科学术方法。多为主动开发型，根据组织现状和未来，被赋予了很多的组织变革职能，通过参与变革与创新，实施组织变革（并购与重组、组织裁员、业务流程再造等）

过程中的人力资源管理实践，包括提高员工对组织变革的适应能力，妥善处理组织变革过程中的各种人力资源问题，推动组织变革进程，并以企业变革推动者的身份有计划有目标地展开工作。

现代人力资源管理主体是市场运行的主体，行为受市场机制左右，而且须遵循市场通行规则和人力资源管理自身特有的规律。现代人力资源管理上升为决策层，直接为企业的最主要的高层参与计划和决策。作为企业战略决策的参与者，提供基于战略的人力资源规划及系统解决方案，将人力资源纳入企业的战略与经营管理活动中，使人力资源与企业战略相结合。

本书的章节布局，共分为八章。第一章为绪论，本章重点阐述人力资源管理概况和内涵；第二章是人力资源战略管理，分别介绍了人力资源需求和配置战略管理；第三章对人员招募与聘用做了相对详尽的介绍，主要介绍了员工招聘概况、流程和评估；第四章是员工培训与开发，本章主要介绍培训与开发概况、流程和评估；第五章是绩效管理，本章介绍了绩效管理概况、流程和核心技术；第六章是薪酬管理，本章介绍了薪酬管理概况、流程和员工福利；第七章是劳动关系管理，主要介绍了劳动关系管理概况、劳动合同管理以及劳动争议管理；第八章是人力资源管理的创新，重点介绍了人力资源管理创新的必要性、动力以及面临新的挑战。

本书在撰写过程中，参考、借鉴了大量著作与部分学者的理论研究成果，在此一一表示感谢。由于作者精力有限，加之行文仓促，书中难免存在疏漏与不足之处，望各位专家学者与广大读者批评指正，以使本书更加完善。

编委会

内容简介

新的时期企业的竞争越来越激烈，人才竞争已成为企业竞争的核心，人力资源管理是企业管理的重要组成部分。科学合理的人力资源管理能帮助 企业提高自身竞争力，提高企业的经济效益，人力资源管理在企业发展中的 作用越来越明显。本文主要针对现代人力资源管理存在的问题提出相关的创 新研究。

目 录

第一章　绪论

第一节　人力资源管理概况

一、人力资源管理的概念

管理的本质是管人，而人是管理的主体和客体，作为最主要的资源——人力资源必须进行科学而有效的开发和管理，才可能最大限度地造福社会、造福人类。因此我们要依靠员工，实行参与管理、民主管理，加强对人才的管理。人力资源管理要兼顾组织目标和个人目标，尽可能地满足员工需求。

一般来说，人力资源管理是指运用现代的科学方法，对与一定物力相结合的人力进行合理培训、组织与调配，使人力、物力经常保持最佳比例（量的管理），同时对人的思想、心理和行为进行恰当诱导、控制和协调，充分发挥人的主观能动性（质的管理），使人尽其才、事得其人、人事相宜，以实现组织目标。就企业而言，人力资源管理可被认为是人事管理的一种较新方式，它把企业中的人视作一种关键资源。人力资源管理为某一组织的人员管理提供支持，它关注的焦点在于建立、维护和发展特定的体系，该体系作用于员工受雇于公司的整个过程，包括招聘、选拔、奖励、评估、培训、解雇等环节。

人力资源管理的广义目标是充分利用组织中的所有资源，使组织的生产率水平达到最高。而人力资源管理的狭义目标是帮助各个部门的直线经理更加有效地管理员工，具体而言就是人事部门通过人事政策的制定、解释、忠告和服务使人的有效技能最大化发挥，利用价值标准、基本信念（社会价值观 / 群众价值观 / 个人价值观等）和现实的激励因素（任用情况 / 信任情况 / 晋升情况 / 工资制度 / 奖励制度 / 处罚制度 / 参与程度 / 福利状况）等发挥员工最大的主观能动性，实现员工和组织的绩效目标。人力资源管理与传统人事管理的区别如表 1-1 所示。

表 1-1 人力资源管理与传统人事管理的主要区别

	人力资源管理	传统人事管理
观念	员工是具有主观能动性作用的资源	员工是投入的成本负担
内容	不仅是人员与劳动力管理，而且是人力资本管理	人员与劳动力简单管理
范围	扩大到非正式组织、团队乃至组织外的人力资源	正式组织内
组织结构	树形、矩阵形扩大到网络形	树形或矩阵形
视野	广阔、远程性	较狭窄
性质	战略、策略性	战术、业务性
深度	主动、注重开发	被动、注重“管人”
功能	系统、整合	单一、分散
地位	从决策层到全员	人事部门执行层
作用	决定企业前途	提高工作效率、生活质量
工作方式	参与	控制、隐秘
协调关系	合作、和谐	监督、对立
角色	挑战性、动态的	例行性、记载式
导向	组织目标与员工行为目标一致	组织目标与员工行为目标分离

人力资源管理贯穿始终的一个主题是：承认员工是公司的一种宝贵财富。应该认识到，从人事管理到人力资源管理的转变不只是管理职能称谓的改变，更是一次管理观念和管理实践的更新。

二、人力资源管理学

（一）人力资源管理的特点

1. 知识经济时代是一个人才主权时代，也是一个人才“赢家通吃”的时代

人才主权时代就是人才具有更多的就业选择权与工作的自主决定权，人才不是被动地适应企业或工作的要求。企业要尊重人才的选择权和工作的自主权，站在人才内在需求的角度，为人才提供人力资源的产品与服务，并因此赢得人才的满意与忠诚。人才不是简单地通过劳动获得工资性收入，而是要与资本所有者共享价值创造成果。人才“赢家通吃”包含两个方面的含义：一是越是高素质、稀缺、热门的人才，越容易获得选择工作的机会，其报酬也越高；二是人才资源优势越大的企业越具有市场竞争力，也就越容易吸引和留住一流人才。

2. 员工是客户，企业人力资源管理的新职能就是向员工持续提供客户化的人力资源产品与服务

企业向员工所提供的产品与服务主要包括：

（1）共同愿景：通过提供共同愿景，将企业的目标与员工的期望结合在一起，满足员工的事业发展期望。

（2）价值分享：通过提供富有竞争力的薪酬体系及价值分享系统满足员工的多元化需求，包括企业内部信息、知识、经验的分享。

（3）人力资本增值服务：通过提供持续的人力资源开发、培训，提升员工的人力资本价值。

（4）授权赋能：让员工参与管理，授权员工自主工作，并承担更多的责任。

（5）支持与援助：通过建立支持与求助工作系统，为员工完成个人与组织发展目标提供条件。

3. 人力资源管理的重心——知识型员工

国家的核心是企业，企业的核心是人才，人才的核心是知识创新者与企业家。人力资源管理面临新三角：知识型员工、知识工作设计、知识工作系统。对待知识型员工：

（1）知识型员工由于其拥有知识资本，因而在组织中有很强的独立性和自主性。这就必然带来新的管理问题：授权赋能与人才风险管理；企业价值要与员工成就意愿相协调；工作模式改变，出现虚拟工作团队。

（2）知识型员工具有较高的流动意愿，不希望终身在一个组织中工作，由追求终身就业饭碗，转向追求终身就业能力。员工忠诚具有新的内涵，流动过频、集体跳槽给企业管理带来危机，企业人力投资风险由谁承担成为企业面临的抉择。

（3）知识型员工的工作过程难以直接监控，工作成果难以衡量，使价值评价体系的建立变得复杂而不确定：个体劳动成果与团队成果如何进行确定；报酬与绩效的相关性；工作定位与角色定位。

（4）知识型员工的能力与贡献差异大，出现混合交替式的需求模式，需求要素及需求结构也有了新的变化。报酬成为一种成就欲望层次上的需求；知识型员工的内在需求模式混合交替，报酬设计更为复杂；需要分享企业价值创造的成果；同时出现了新的内在需求要素。

（5）领导界限模糊化：知识创新型企业中，领导与被领导的界限变得模糊，知识正替代权威；知识型员工的特点要求领导方式进行根本转变；信任、沟通、承诺、学习成为新的互动方式；要建立知识工作系统和创新授权机制。

4. 人力资源管理的核心——人力资源价值链管理

人力资源管理的核心是如何通过价值链的管理，实现人力资本价值的实现及其价值的增值。价值链本身就是对人才激励和创新的过程。

（1）价值创造就是在理念上要肯定知识创新者和企业家在企业价值创造中的主导作用，企业中人力资源管理的重心要遵循2：8规律。注重形成企业的核心层、中坚层、骨干层员工队伍，同时实现企业人力资源的分层分类管理模式。

（2）价值评价问题是人力资源管理的核心问题，其内容是指要通过价值评价体系及评价机制的确定，使人才的贡献得到承认，使真正优秀的、企业所需要的人才脱颖而出，使企业形成凭能力和业绩吃饭，而不是凭政治技巧吃饭的人力资源管理机制。

（3）价值分配就是要通过价值分配体系的建立，满足员工的需求，从而有效地激励员工，这就需要提供多元的价值分配形式，包括职权、机会、工资、奖金、福利、股权的分配等。企业应注重对员工的潜能评价，向员工提供面向未来的人力资源开发内容与手段，提高其终身就业能力。

5. 企业与员工关系的新模式——以劳动契约和心理契约为双重纽带的战略合作伙伴关系

企业与员工之间的关系需要靠新的游戏规则来确定，这种新的游戏规则就是劳动契约与心理契约。

（1）以劳动契约和心理契约作为调节员工与企业之间关系的纽带。一方面要依据市场法则确定员工与企业双方的权利义务关系、利益关系；另一方面又要求企业与员工一道建立共同愿景，在共同愿景的基础上就核心价值观达成共识，培养员工的职业道德，实现员工的自我发展与管理。

（2）企业要关注员工对组织的心理期望且组织对员工的心理期望产生“默契”，在企业和员工之间建立信任与承诺关系，使员工实现自主管理。

（3）企业与员工要建立双赢的战略合作伙伴关系，个人与组织要共同成长和发展。

6. 人力资源管理在组织中的战略地位上升，管理责任下移

（1）人力资源真正成为企业的战略性资源，人力资源管理要为企业战略目标的实现承担责任。人力资源管理在组织中的战略地位上升，并在组织上得到保证，如很多企业成立人力资源委员会，使高层管理者关注并参与企业人力资源管理活动。

（2）人力资源管理不仅人力资源职能部门的责任，而且鼓舞员工及鼓舞管理者的责任。过去是人事部的责任，现在企业高层管理者必须承担对企业的人力资源管理责任，关注人力资源的各种政策。目前的人力资源管理在某种程度上可以分为三部分：一是专业职能部门人力资源管理工作；二是高中基层领导者如何承担履行人力资源管理的责任；三是员工如何实现自我发展与自我开发。人力资源管理的一项

根本任务就是：如何推动、帮助企业的各层管理者及鼓舞员工去承担人力资源开发和管理的责任。

（3）人力资源管理由行政权力型转向服务支持型：人力资源职能部门的权力淡化，直线经理的人力资源管理责任增加，员工自主管理的责任增加。

（4）由于目前组织变化速度很快（现在的组织是速度型组织、学习型组织、创新型组织），人力资源管理要配合组织不断地变革与创新，就需要创新授权，通过授权，建立创新机制。在企业中引入新的合作团队，形成知识型工作团队，将一个个战略单位经过自由组合，挑选自己的成员、领导，确定其操作系统和工具，并利用信息技术制定他们认为最好的工作方法，即SMT（自我管理式团队）成为企业的基本组织单位。

7. 人力资源管理的全球化、信息化

人力资源管理的全球化、信息化，是由组织的全球化所决定的。组织的全球化，必然要求人力资源管理策略的全球化。

（1）员工与经理人才的全球观念的系统整合与管理：首先，通过人力资源的开发与培训，使我们的经理人才和员工具有全球概念；其次，人才流动国际化、无国界。

（2）人才市场竞争的国际化：国际化的人才交流市场与人才交流方式将出现，并成为一种主要形式。人才的价值不仅是在一个区域市场内体现，而且更多的是要按照国际市场的要求看待人才价值。跨文化的人力资源管理成为重要内容，人才网成为重要的人才市场形式。人才网要真正实现它的价值，就要最终走出“跑马圈地和卖地”的方式，利用网络优势加速人才的交流与流动，并为客户提供人力资源的信息增值服务。

8. 人才流动速率加快，流动交易成本与流动风险增加，人才流向高风险、高回报的知识创新型企业，以信息网络为工具的虚拟工作形式呈不断增长趋势

（1）员工由追求终身就业饭碗转向追求终身就业能力，通过流动实现增值，使人才流动具有内在动力。

（2）人才稀缺与日益增长的人才需求，使人才面临多种流动诱因和流动机会。

（3）人才流动的交易成本增加，企业人才流动风险增加，需要强化人才的风险管理。在这种情况下，就需要企业把留住人才策略由筑坝防止人才跳槽流动转向整修渠道，即企业内部要有良好的人力资源环境。人力资源部门要强化对流动人员的离职调查，除与个人面谈外，还要对其所在的群体和组织进行调查，找出原因以及问题，并提出改进措施。

（4）集体跳槽与集体应聘成为人才流动的新现象：企业策略联盟和企业并购关

注人才联盟与人才并购。并购企业要关心它的管理团队，关注它的人才团队，对所要购并企业的管理团队和人才团队进行科学分析，对其价值进行评估。

9. 沟通、共识，信任、承诺，尊重、自主，服务、支持，创新、学习，合作、支援，授权、赋能将成为人力资源管理的新准则

企业与员工之间、管理者与被管理者之间、同事之间将按新的游戏规则处理各种关系，即如何在沟通基础上达成共识，如何在信任的基础上彼此之间达成承诺，尊重员工的个性。如何在自主的基础上达到有效管理，尤其是如何对创新型团队提供一种支持和服务，企业如何注重一种创新机制，如何变成一种学习型组织，如何进行团队合作和授权赋能。

10. 人力资源管理的核心任务是构建智力资本优势，人力资源管理的角色多重化、职业化

企业的核心优势取决于智力资本的独特性及其优势。智力资本包括三方面：人力资本、客户资本和组织结构资本。人力资源的核心任务是通过人力资源的有效开发与管理，提升客户关系价值。要将经营客户与经营人才结合在一起。要致力于深化两种关系：维持、深化、发展与客户的关系，提升客户关系价值，以赢得客户的终身价值；维持、深化、发展与员工的战略合作伙伴关系，提升人力资本价值。

（1）企业人力资源管理者要成为专家，要具有很强的沟通能力，必须对整个企业有一个很好的把握，通过沟通达成共识。中国企业的人力资源管理者要尽快实现从业余选手到职业选手的转化。职业选手主要包括三方面：要有专业的知识和技能，要有职业的精神，必须懂得职业的游戏规则。

（2）企业人力资源的政策与决策愈来愈需要外脑，要借助于社会上的各种力量。没有外力的推动，企业很多新的人力资源政策、组织变革方案是很难提出并被高层管理人员及员工认同的。

（二）人力资源管理的职能

人力资源管理的职能是指人力资源管理在实现组织目标的过程中，围绕选人、留人、育人、用人这一核心管理活动所发挥的主要职责、功能和管理作用。人力资源管理体系的主要环节如下：

环节一：选才。企业通过何种方式招募人才？选择的标准是什么？选一个适合的人比选一个优秀的人更为重要，适才是企业用人的最高原则。

环节二：用才。通过组织规划合理组合现有的人力资源，使人力资源发挥出最大的经济效益。

环节三：育才。在企业里对人才的教育和培训是相当重要的。通过教育培训，使员工不断更新知识，积累不同的经验，才能对千变万化的市场做出有效的应变。

环节四：留才。对于企业来说，辛辛苦苦培育的员工不能留在企业里工作，将是一大损失。企业与员工之间需要长期相互了解，才能达成一种默契，使员工心甘情愿留在公司，为实现公司的目标而努力工作。

由此可见，人力资源管理职能有：帮助组织实现目标；招聘组织需要的人员，补充“新鲜血液”；培训员工以达到组织的要求；激励员工以组织建设优秀团队；指导员工进行职业规划；提高员工的工作生活质量和满意度；承担维护政策和伦理道德的社会责任。具体来说，人力资源管理职能包括人力资源规划、招聘与录用、培训与开发、绩效管理、薪酬福利管理、劳动关系管理、工作分析与设计、职业生涯规划。

（1）人力资源规划：把企业人力资源战略转化为中长期目标、计划和政策措施，包括对人力资源现状分析、未来人员供需预测与平衡，确保企业在需要时能获得所需要的人力资源。

（2）招聘与录用：根据人力资源规划和工作分析的要求，为企业招聘、选拔所需要的人力资源并录用安排到一定岗位上。

（3）培训与开发：通过培训提高员工个人、群体和整个企业的知识、能力、工作态度和工作绩效，进一步开发员工的智力潜能，以增强人力资源的贡献率。

（4）绩效管理：对员工在一定时间内对企业的贡献和工作中取得的绩效进行考核和评价，及时做出反馈，以便提高和改善员工的工作绩效，并为员工培训、晋升、计酬等人事决策提供依据。

（5）薪酬福利管理：包括对基本薪酬、绩效薪酬、奖金、津贴及福利等薪酬结构的设计与管理，以激励员工更加努力地为企业工作。薪酬管理中重要的一部分是员工激励，即采用激励理论和方法，对员工的各种需要予以不同程度的满足或限制，引起员工心理状况的变化，以激发员工向企业所期望的目标而努力。

（6）劳动关系管理：协调和改善企业与员工之间的劳动关系，进行企业文化建设，营造和谐的劳动关系和良好的工作氛围，保障企业经营活动的正常开展。

（7）工作分析与设计：它是对企业各个工作职位的性质、结构、责任、流程，以及胜任该职位工作人员的素质、知识、技能等，在调查分析所获取相关信息的基础上，编写出职务说明书和岗位规范等人事管理文件。

（8）职业生涯规划：鼓励和关心员工的个人发展，帮助员工制订个人发展规划，以进一步激发员工的积极性、创造性。

以上前六种职能是人力资源管理的核心职能，也是企业人力资源管理的主要体系，实际工作中，工作分析与设计是其他职能的基础和主要依据。而职业生涯规划是近些年来为大家所重视的模块，它倡导个人职业生涯规划与组织职业生涯规划的结合，在人力资源管理中发挥着重要作用。

（三）人力资源管理的主要作用

“科教兴国”“全面提高劳动者的素质”“创新型社会”等国家的方针政策，实际上谈的是一个国家、一个民族的人力资源开发管理。在一个组织中，只有求得有用人才、合理使用人才、科学管理人才、有效开发人才等，才能促进组织目标的达成和个人价值的实现，这都有赖于人力资源的管理。现代管理理论认为，对人的管理是现代企业管理的核心。现代人力资源管理的主要作用至少体现在以下几方面：

（1）有利于促进生产经营的顺利进行：企业拥有三大资源，即人力资源、物质资源和财力资源，而物质资源和财力资源的利用是通过与人力资源的结合实现的，只有通过合理组织劳动力，不断协调劳动力之间、劳动力与劳动资料和劳动对象之间的关系，才能充分利用现有的生产资料和劳动力资源，使它们在生产经营过程中最大限度地发挥其作用，形成最优的配置，从而保证生产经营活动有条不紊地进行。

（2）有利于调动员工的积极性，提高劳动生产率：企业中的员工，他们有思想、有感情、有尊严，这就决定了企业人力资源管理必须设法为劳动者创造一个适合他们的劳动环境，使他们乐于工作，并能积极主动地把个人劳动潜力和智慧发挥出来，为企业创造出更有效的生产经营成果。因此，企业必须善于处理物质奖励、行为激励及思想教育工作三方面的关系，使企业员工始终保持旺盛的工作热情，充分发挥自己的专长，努力学习技术和钻研业务，不断改进工作，从而达到提高劳动生产率的目的。

（3）有利于减少劳动耗费，提高经济效益并使企业的资产保值：经济效益是指经济活动中所获得的与所耗费的差额。减少劳动耗费的过程，就是提高经济效益的过程。所以，合理组织劳动力，科学配置人力资源，可以促使企业以最小的劳动消耗取得最大的经济成果。在市场经济条件下，企业的资产要保值增值，争取企业利润最大化、价值最大化，就需要加强人力资源管理。

（4）有利于现代企业制度的建立：科学的企业管理制度是现代企业制度的重要内容，而人力资源的管理又是企业管理中最为重要的组成部分。一个企业只有拥有第一流的人才，才能充分而有效地掌握和应用第一流的现代化技术，创造出第一流的产品。不具备优秀的管理者和劳动者，企业的先进设备和技术只会付诸东流。提高企业现代化管理水平，最重要的是提高企业员工的素质。可见，注重和加强对企业人力资源的开发和利用，搞好员工培训教育工作，是实现企业管理由传统管理向科学管理和现代管理转变不可缺少的一个环节。

（5）有利于建立和加强企业文化建设：企业文化是企业发展的凝聚剂和催化剂，对员工具有导向、凝聚和激励作用。优秀的企业文化可以增进企业员工的团结和友爱，减少教育和培训经费，降低管理成本和运营风险，并最终使企业获取巨额利润。

（四）人力资源管理的主要内容

人力资源管理的主要内容概括如下：一是人力资源招聘，根据组织发展需要，招聘合适人员，增加人力资源数量；二是人力资源使用，根据岗位需要，竞争择优，让合适的人进入合适的岗位；三是人力资源培养，根据工作需要，全方位培养，提高能力；四是人力资源考核，根据工作表现，评价人力资源绩效，奖勤罚懒，激发人力资源潜力。

（五）人力资源管理的基本原理

1. 能级对应

能级层序原理是来自物理学的概念。能，表示做功的能量；能级，表示事物系统内部个体能量大小形成的结构、秩序、层次，这样才形成了稳定的物质结构，即能级对应关系。在人力资源管理中，是指具有不同能力的人，应配置在组织中的不同职位上，给予不同的权利和责任，使能力与职位对应，这样组织结构才会相对稳定。

2. 要素有用

要素有用，即在人力资源开发与管理中，任何要素（人员）都是有用的，关键在于知人善任。有时也叫用人之长、人岗匹配原理。

3. 互补增值

互补增值，即通过个体之间取长补短而形成整体优势，实现组织目标。它包括：

（1）知识互补：在组织中，每个人的专业不同，拥有的知识也不同，因此达到互补的效果。

（2）能力互补：在组织中，每个人的特点不同，能力不同，因此各种能力在组织中只有协调配合才能发挥作用。

（3）性格互补：在组织中，每个人的性格各有不同，有外向和内向之分，因此达到互补的效果。

（4）年龄互补：在组织中，员工年龄层次不同，可以避免年轻人浮躁，发挥老员工稳定持重的特点。

（5）关系互补：在组织中，员工的社会关系都不同，因此可以达到相互帮助的效果。

4. 激励强化

所谓激励，就是以物质和精神满足员工的需求，激励员工的工作动机，使之产生实现组织目标的特定行为的过程。激励可以调动人的主观能动性，强化期望行为，使之适应企业目标，从而提高劳动生产率。

5. 公平竞争

公平竞争原理是指竞争条件、规则的同一性原则。在人力资源管理中，是指考核录用和奖惩过程中的统一竞争原则。运用竞争机制要注意以下三点：一是竞争的公平性；二是竞争的适度性；三是竞争的目的性。

总之，在人力资源管理过程中要客观公正，公开透明；赏罚分明，优势互补；以人为本，能力为上。

（六）人力资源管理的四大机制

人力资源管理会受到以下几种力量的作用，如表 1-2 所示。

表 1-2 人力资源管理机制

力量名称	机制名称	内容
控制力	约束监督机制	绩效管理体系，职业行为评价
推动力	激励机制	薪酬体系，职业生涯管理制度，分权授权规则
拉力	牵引机制	职位说明书，关键绩效指标（key performance indicators，简称 KPI）体系，文化与价值观，培训与开发
压力	竞争淘汰机制	竞聘上岗制度，末位淘汰制度，员工退出制度

第二节　人力资源管理的内涵

一、人力资源管理的环境

所谓人力资源管理环境，实际上就是组织人力资源管理活动的不可控制的参与者和影响力。人力资源管理环境主要由两部分构成，即外部环境（external environment）和内部环境（internal environment）。外部环境是由那些从外部影响组织人力资源管理的因素构成，诸如劳动力市场、经济因素、政治因素、法律因素和社会文化因素等；内部环境是由那些从内部影响组织人力资源管理的因素构成，诸如组织的目标、组织的政策、组织的管理方式、组织文化、组织的性质与员工的类型等。

（一）外部环境

外部环境有很多，诸如政府政策和法律法规环境（包括劳动合同、劳资关系、工作时间、工资水准、社会保险与福利、劳动安全与卫生等）、劳动力市场环境（包括当地的教育资源、经济发展水平、劳动力市场的发达程度等）、行业竞争者和客户环境。

在分析外部环境时，都采用英国学者提出的PEST模型。因人力资源管理同劳动力市场有着极其密切的关系，故在分析其外部环境时，还要分析劳动力市场经济发展水平和经济发展态势、科学技术、社会文化、政治法律因素的影响。

1. 劳动力市场

劳动力市场是组织的一个外部人员储备，是组织获取人力资源的源泉。为了尽可能准确地估计和预测组织所需人员的方向和可能性，组织应尽可能多地了解和掌握劳动力市场的信息。不但要了解其数量信息，还要了解其质量信息；不但要了解其静态信息，还要了解其动态信息；还要了解获取信息的渠道。

2. 经济环境

一个国家的经济发展水平和经济发展态势对人力资源管理的影响较大。一般来讲，在经济繁荣的时候，不容易招聘到合格的工人；而在经济衰退时，可适用的求职者就很多。但往往出现以下情况，即有些行业处于衰退期，有些行业处于缓慢复苏期，还有一些行业处于高速发展期，导致经济形势变得较为复杂，使组织的人力资源管理面临较为困难的经济环境。具体地讲，在市场经济的条件下，就业状况、利率、通货膨胀水平、税收政策，甚至股票市场的行情等都可能对组织的人力资源管理产生重大影响。

3. 科学技术环境

科学技术是第一生产力。科学技术是一种“创造性的破坏力量”。现代科学技术的发展正迅速地改变着组织的业务活动。随着技术和产品更新周期越来越短，导致现有的工作岗位不可避免地被逐渐淘汰，而需要新技术、新知识、新技能的新的工作岗位将随之不断产生。人力资源管理部门应密切关注科学技术的发展动向，预测本组织业务及工作岗位对工作技能需要的变化，及时制订和实施有效的人才培养开发计划。

4. 文化环境

文化有广义的界定，也有狭义的界定。广义的文化是指一切物质财富和精神财富的总和。狭义的文化是指在一定的历史条件下，通过社会实践所形成的、并为鼓舞成员所共同遵守的价值观、道德规范和行为准则。由于每个国家、每个地区，乃至每个组织的文化都不完全相同，导致其成员的行为也不完全一样。组织在进行人力资源开发与管理时，必须注意其所处的文化背景。

5. 政治环境

人力资源管理是一种社会行为，而一定的社会行为是在一定的政治现实中发生的，因此，政治环境必然会对组织的人力资源管理活动产生影响。可以影响组织人力资源管理活动的政治因素主要有：有关人力资源发展的法制建设，如劳动法、人力资源市场管理法、专利法、知识产权法等对组织的人力资源管理产生影响的法律法规；政治环境中有关人力资源发展的政治民主化进程，例如机会均等、择业自由、人格尊重等，也会对组织的人力资源管理产生影响。

6. 组织面对外部环境的反应

组织面对外部环境的反应为或有反应，或没有反应。若有反应，主要有两种可能的反应：事前响应（proactive），即在预测环境变化时就采取行动；事后响应（rdactive），即在环境变化之后随之采取行动。

（二）内部环境

人力资源管理的内部环境分析有两个层次：一是整体方面的组织战略和组织结构，二是具体的人力资源管理活动所面临的内部环境。从整体上看，人力资源管理应与组织战略和组织结构相符合、相匹配。人力资源管理之所以要与组织的战略相符合，是因为人力资源管理属于组织的职能管理，其目的在于：有助于组织目标的实现；人力资源管理之所以要与组织结构相匹配，是因为人力资源管理活动不仅是组织中人力资源管理部门的专职，还广泛地涉及其他层次和部门。这样一来，在分析人力资源管理的内部环境时，首先就应该分析组织的战略与组织的结构，然后才能具体地分析人力资源管理活动所面对的组织内部环境。

在分析具体人力资源管理活动所面临的组织内部环境时，通常涉及以下几个要素：组织工作的性质，组织工作的群体；组织的领导者，组织的员工，组织的人事政策，组织文化。

1. 组织的工作性质

组织的类型多种多样，我们可以按多个分类标准进行分类。按是否营利，可以将组织分为营利性组织与非营利性组织。按组织的工作性质，可以将组织分为机关、学校、企业等。对不同的组织而言，其工作形式是不一样的，我们通常可将其划分为操作类、管理类、技术类等不同形式。不同类型的工作对人力资源管理活动要求不同。

2. 组织的工作群体

群体是多数组织开展工作的基本单位。所谓群体，是指介于组织与个体之间的人群的集合体。具体地讲，就是在组织机构中，为实现特定目标而由两个或两个以上的个人组成的相互影响、相互依存的人群结构。群体具有多个特征，如心理上的认知性、行为上的联系性、利益上的依存性、目标上的共同性、结构上的组织性等。群体的构成不同，群体的行为就不同，导致对其进行的管理方式也就不同。在组建群体的过程中，人力资源管理职能起着非常关键的作用。

3．组织的领导者

领导实际上是就组织中的高层管理者而言的。组织的领导者不同，其采用的领导方式与方法就不同。领导方式和方法不同，就会导致其员工和员工所在群体的工作效率和效果不同，从而也会影响其人力资源管理的最终效果。有效的人力资源管理，不但要求领导的成功性，更强调领导的有效性。只有有效的领导，才能激发和调动员工的积极性，让员工愉快地工作，以发挥其最大的潜能。

4．组织的员工

员工是组织最大的资源。每个员工都是具有各自需要、能力、个人目标、价值观和态度的个体。组织必须了解和掌握他们各自的需要、能力、目标、价值观和态度。员工的需要、能力、态度和价值观不同，对其采用的管理方式就应不同。人力资源管理的理想状态应该是在实现组织目标的同时，使员工的需要得以满足、目标得以实现。

5．组织的人事政策

人事政策是组织人力资源管理基本观念的集中体现，是一切人力资源管理活动的指导思想。人事政策直接反映组织如何看待组织中人的问题，反映组织基本的用人观念和价值取向。不同的组织有不同的人事政策。不同的人事政策，会导致不同的人力资源开发与管理的行动，进而导致不同的人力资源开发与管理的结果。

6．组织文化

组织文化，是指组织成员的共同价值观体系。它使组织独具特色，区别于其他组织。从某种意义上讲，组织文化是组织内部环境的综合表现，它对员工的影响是持久而深远的。组织文化包含五大要素，即组织环境、组织价值观、英雄人物、礼仪和庆典、文化网络。组织文化具有如下特征：客观性、稳定性、层次性、非理性、独特性、群体性、非强制性、培养过程的长期性、社会性、时代性、动态发展性等。组织文化具有多种功能：动力功能、导向功能、凝聚功能、融合功能和约束功能。在不同的组织文化环境下，实施人力资源开发与管理的方式应不尽相同。

二、人力资源管理的产生与发展

（一）人力资源管理的产生

1. 西方的人力资源管理发展历史

（1）人事管理萌芽阶段

工业革命时代，时间大致从18世纪末到19世纪末。这一阶段，在工人管理方面产生各种朴素的管理思想。例如，在劳动分工的基础上对每个人的工作职责进行了界定，实行具有激励性质的工资制度，推行员工福利制度，对工人的工作业绩进行考核等。这些管理思想基本上以经验为主，并没有形成科学的理论，但是奠定了人力资源管理的雏形。人事管理主要承担的是福利方面的工作。

（2）科学管理阶段

19世纪末至20世纪20年代，以“经济人”假设为基础的管理理论，其出发点是经济利益是驱动员工提高劳动效率的主要动力，这个阶段管理的理论和实践都是以工作为中心，其管理的核心是与生产力相联系的自然技术关系问题，强调标准化的作业方式；管理的目的是尽量降低成本、提高效率，以便增加产品产量，从而提高收益水平；在对人的管理上，要求人绝对服从组织。此阶段人力资源管理的基本职能初步形成，如职位分析、招聘录用、抱怨处理、工资行政等。总之，强调操作的规范化和差别计件工资制及科学地挑选和训练工人，但并不认为福利是激发工人工作积极性的主要因素。

（3）人际关系运动阶段

时间大概从20世纪30年代到第二次世界大战结束。霍桑实验发现了人际关系在提高劳动生产率中的重要性。人际关系理论开创了管理中重视人的因素的时代，是西方管理发展史上的一个里程碑。这一理论同时开创了人力资源管理发展的新阶段，设置专门的培训主管、强调对员工的关系和理解，以及增强员工和管理者之间的沟通等人事管理的新方法。它被很多企业采用，人事管理人员负责设计和实施这些方案，人事管理的职能得到极大丰富。人成了企业最为重要的资产，关心员工的福利就能够提高他们的劳动效率，满意的工人就是生产率最高的工人。

（4）传统人事管理成熟阶段

20世纪60年代以后，即行为科学时代，“人力资源管理”这一名词逐渐流行起来，源于人力资本理论的正式提出。组织行为学的方法开始兴起，它的发展使人事管理对个体的研究和管理扩展到了对群体和组织的整体研究，人力资源管理也从监督制裁到人性激发、从消极惩罚到积极激励、从专制领导到民主领导、从唯我独尊到意见沟通、从权力控制到感情投资，并努力寻求人与工作的配合。20世纪50

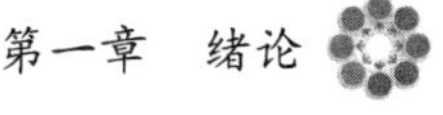

年代至70年代，贯彻以人为本的思想，以人力资源为首要资源，高度重视人力资源的开发和利用，提倡以人道主义的态度对待工人，通过改善劳动条件，提高劳动者工作生活质量，培训劳动者的生产技能，调动人的积极性，进而提高工作效率。

（5）人力资源管理阶段

20世纪80年代中后期即权变管理时代，人力资源管理才受到企业的普遍重视。这一阶段，企业的经营环境发生了巨大的变化，各种不确定性因素在增加，企业管理不仅要考虑自身因素，还要考虑外部各种因素。在这种情况下，权变管理应运而生，它强调在不同的情况下采取不同的管理方式和措施，源于日本企业独特的人力资源管理制度与管理实践，是造成日美生产率差异的最主要原因。日美汽车行业成本相差40%，是因人力资源管理效率的不同而导致的。

（6）战略性人力资源管理阶段

20世纪90年代以后，即战略管理时代，“战略性人力资源管理”的概念变得越来越深入人心。战略性人力资源管理观点的实质是应当在将员工看成一种价值极高的资产的基础上，制订和执行一套完整的计划，从而借助一系列有助于组织总体经营战略实现的具有内部一致性的整体人力资源管理实践，管理这些人力资产，以达到赢得并维持竞争优势的目的。

2. 中国的人力资源管理发展历史

（1）1949－1978：中国传统的劳动管理与人事管理

1）劳动管理：宏观的劳动管理是指各级政府及其所属的劳动行政机构在全国或者一定的地区对社会劳动进行的管理，微观的劳动管理则是指企业、事业单位所进行的劳动管理。包括：劳动力管理（国家所分配的劳动力的接收和安置、劳动定额与定员、在职职工的业务技术培训、劳动组织的调整和改善、劳动纪律的执行等）、工资管理、职工保险福利管理、劳动保护管理等。

2）人事管理：中国传统的“人事管理”概念实际上是特指干部的选拔、使用、晋升、考核、奖惩等。

由此可见，在计划经济时代的中国企业中，企业职工被人为地划分为两类：作为劳动管理对象的工人和作为人事管理对象的干部。

（2）1993年至今：中国现代人力资源管理的产生和发展

经过10多年的发展，中国的人力资源管理已经取得了长足的进步，体现在：人力资源管理的基本理念已经得到普及；人力资源管理的工具和方法得到了推广与运用；人力资源管理体系的整体性及其与组织战略和组织文化之间的匹配性得到改善，趋向于更加系统化；大批专业化的人力资源管理人员逐步成长起来。

（二）人力资源管理的理论基础

1. 西方有关人力资源管理的理论基础

（1）“经济人”假设（X 理论）与人力资源管理

人性观：天生懒惰、不愿多做工作；缺乏进取心，怕负责任，宁愿受人领导；以自我为中心而忽视组织目标；习惯于抵制变革；多数人是愚笨的，无创造力，常有盲从举动；只有生理和安全的低级需要，无自尊和自我实现的高级要求。

（2）“社会人”假设与人力资源管理

人性观：最重视的是工作中与周围人的友好关系，良好的人际关系是调动职工生产积极性的决定因素；生产效率的高低主要取决于职工的士气，而士气取决于职工在家庭、企业及社会生活中的人际关系是否协调一致；存在某种“非正式群体”，这种无形的组织有其特殊的规范，影响着群体成员的行为。

（3）“自我实现人”的假设（Y 理论）与人力资源管理

人性观：并无好逸恶劳的天性；潜力能够表现和发挥出来，才能获得最大的满足。性勤。使用体力和脑力来行工作，就像娱乐和休息一样，同样是人的本性。在某些条件下，工作能使人得到满足。控制和惩罚不是实现组织目标的唯一方法。人们在执行任务中能够自我指导和自我控制。在正常情况下，一般人不仅会接受责任，而且能主动承担责任。人对目标是否尽力，依赖于完成任务所得到的报酬。大部分人都具有解决组织中问题的想象力和创造力。但在现代企业条件下，一般人的智慧能力只是部分地得到了发挥。

（4）“复杂人”的假设（超 Y 理论，即 Z 理论）与人力资源管理

人性观：人的需要是多种多样的，随发展条件而变化，每个人的需要不同，需要层次也因人而异。人在同一时间内有各种需要和动机，它们会发生相互作用并结合为一个统一的整体，形成错综复杂的动机模式。动机模式的形成是内部需要和外界环境相互作用的结果。人在组织环境中，工作与生活条件的变化会产生新的需要与新的动机模式。一个人在不同的单位工作或同一单位的不同部门工作，会产生不同的需要。由于人们的需要不同，能力各异，对同一管理方式会有不同的反应。因此，没有万能不变的管理模式，要求管理人员善于观察员工之间的个别差异，根据具体情况采取灵活多变的管理方式。

（5）7S 理论与人力资源管理

麦肯锡咨询公司的研究人员经长期研究后发现，任何组织的成功都取决于结构（structure）、战略（strategy）、制度（system）、人员（staff）、作风（style）、技能（skill）和共同价值观（shared vision）7 个要素，其中前 3 个为硬管理要素，后 4 个为软管理要素。这 7 个要素开始的英文字母都是 S，故称 7S 理论。

（6）学习型组织理论与人力资源管理

所谓学习型组织，是指通过培养弥散于整个组织的学习气氛，充分发挥员工的创造性思维能力而建立起来的一种有机的、高度柔性的、扁平的、符合人性的、能持续发展的组织。学习型组织具有下面几个特征：共同愿景，是组织中所有员工的共同愿望；组织由多个创造性个体组成；团队学习，这是学习型组织的本质特征；自我超越，自己选定进取目标、制定对策、组织实施、检查效果；改变心智模式，改变思考问题的方式，建立起系统的思考观念。

2. 中国古代和近代有关人力资源管理思想的简介

（1）古代

中国有五千年的文明历史，且素有文官治国的传统，在如何重人、育人、选人、用人与管理方面，都有着丰富的思想与实践经验。总结、批判、继承和发展这些思想与经验，对做好现代人力资源的开发与管理工作具有重要价值。

（2）近代

人是最宝贵的生产力；任人唯贤，尊重知识，尊重人才；重视教育，提高劳动者素质；正确处理国家、集体、个人之间的利益关系，调动劳动者的积极性；认为选人和用人是管理工作的关键；培养员工“爱厂如家”的观念；用福利待遇激励员工，提高员工工作满意度。

（三）人力资源管理的职能部门

1. 人力资源管理职能

部门的设置：人力资源管理职能部门结构如表 1-3 所示。

表 1-3 人力资源管理职能部门结构

人数	规模	人力资源管理机构及管理者	工作重心
百人以下	小型企业	经理	雇用、培训有能力的员工
100 人以上、300 人以下	中小型企业	人力资源主管	向企业经理负责，肩负企业人力资源管理工作
		小型人力资源管理机构，2～3 人组成	负责企业人力资源日常管理工作
300 人以上、1000 人以下	中型企业	人力资源管理部	负责企业人力资源日常管理工作
1000 人以上	大型企业（集团公司）	人力资源管理部（人力调动、薪酬福利、培训等科室）	科室负责人力资源模块工作
众多	特大型企业	公司总部和公司事业部均设有人力资源管理部门	总部负责全公司人力资源战略制定、人力资源规划预测、中高层主管人员的管理等事业部中的人力资源管理部负责该部人力资源管理工作，通常无权制定人事政策

2. 人力资源管理职能部门的人员构成

（1）支持型人员：包括打字员、职员和接待员。他们通常具有高中或技校学历，其工作性质偏文字，主要工作包括收集数据，保存有关记录。

（2）专家：具体从事一定专业领域管理活动的职业 / 技术型工作，包括报酬、人员配置和工作关系等领域。他们受过正规、专业的大学教育，或者是由支持型工作人员提升而来。其工作要求多方面的工作技能和承担多种工作责任。

（3）通才：要求他们善于应对突发事件，并将公司政策和有关人力资源管理的知识应用于对具体事件的管理上。他们对人力资源管理领域的全部或大部分相关职能进行管理和协调。通才能为直线经理提供必要的服务和建议以解决其人事问题。

（4）高级行政经理：他们负责协调高级管理层中人事职能与其他参谋、直线职能的联系，向不同的人力资源管理职能机构分配资源。高级行政经理也参与企业总体目标与战略的决策，并向其他高层管理者提供有关人力资源利用状况的报告。

（四）美日人力资源管理模式比较

1. 日本人力资源管理模式

终身雇佣制；一致性的雇佣形式——企业核心是男性雇员；企业工会——按特定企业成立工会制度；企业家族主义——企业是员工“父母”，员工以努力工作回报养育之恩；年功序列制——依据资历提升职位和工资；以录用当年毕业生为中心；模糊的职业设计和人与职务的双向开发。

2. 美国人力资源管理模式

灵活的人力资源配置模式，以详细职务分工为基础的制度化管理，以强烈物质刺激为基础的刚性薪酬体系，对抗性劳动关系，高度重视员工培训，注重吸引人才、留住人才的激励机制。

（五）现代人力资源管理发展趋势

人力资源管理的理论研究与实践在社会经济各领域日益广泛运用，呈现全新的发展趋势，具体可归纳为以下几点：

知识经济时代是一个人才主权时代、一个人才赢家通吃时代。人才主权时代，就业选择权强，人才赢家通吃；素质越高、越稀缺、越热门的人才机会越多；拥有独特人才优势的企业竞争力越强，越容易吸引留住人才。

人力资源管理的新职能就是向员工持续提供客户化人力资源产品与服务。

人力资源管理的重心是知识型员工。随着知识经济的发展，掌握先进的知识就是掌握先进的科技，因此知识型员工是企业的核心员工，他们决定着企业的生死存亡。

企业员工关系新模式：以劳动契约和心理契约为双重纽带的战略合作伙伴关系。劳动契约是指劳动合同，心理契约是指组织和个人双方彼此对对方应付出什么同时又应得到什么的一种主观心理约定。

人力资源管理在组织中的战略地位上升、管理重心下移。战略性人力资源管理的出现，表明人力资源管理在组织中的地位上升，同时员工关系管理进一步表明人力资源管理重心向下转移，其中直线经理是人力资源管理的主力军。

人力资源管理全球化、信息化。如今，经济全球化，信息时代更加进步，人力资源管理也出现全球化趋势，促使跨国公司更多出现，跨文化人力资源管理成为重要内容。

人才流动速率加快，流动交易成本与流动风险增加。当今，人力资源中的精英部分即人才流动率加快，因此培训成本增加，流动成本和风险同样增加。

第二章　人力资源战略管理

第一节　人力资源需求战略管理

一、人力资源规划

（一）人力资源规划的概念

1. 人力资源规划的定义

人力资源规划又称人力资源计划，它是企业计划的重要组成部分。其任务是预测企业发展中，对人力资源的需求状况以及人力资源的可获得性，并采取相应的战略措施，确保企业在需要的时间和需要的岗位获得所需要的人员（包括数量、质量和结构）。人力资源规划包括三层含义。

（1）企业所处的环境是不断变化的，企业环境的变化，必然影响企业发展战略，以及对人力资源需求的变化。人力资源规划就是要对这些变化进行科学的预测和分析，以保证企业在发展战略调整，导致人力资源需求结构变化的情况下，能满足企业战略发展的不同阶段对人力资源的需求。

（2）制定与企业发展战略相适应的人力资源政策，采取适当的措施，以满足企业战略发展的不同阶段对人力资源的需求。例如，制定鼓励员工自我开发的政策、合理流动政策等，采取企业内员工调动、晋升或降职，在企业外部招聘新员工，进行员工培训以及推行有效的激励机制等，以保证人力资源规划的实现。

（3）在实现企业战略发展目标的同时，要与员工分享企业的成功。企业的人力资源规划要为充分发挥员工的主观能动性创造良好的条件，以提高工作效率，实现企业的战略发展目标。同时，企业也要关心员工的利益和要求，帮助他们在为企业做出贡献的同时，实现个人的期望，只有这样，才能吸引和招聘到企业所需要的人才，满足企业战略发展对人力资源的需要。

概言之，企业进行人力资源规划的动因，在于企业经营环境的动态变化，以及企业在动态变化的环境中生存和发展的需要。由于企业在动态环境中发展，使它对人力资源的需求数量和结构也会发生变动。例如，当企业处于成长期时，一般重视销售，这时企业对营销人员的需求量很大，相对而言对技术、管理、策划人才的需求并不是那么迫切，随着企业逐渐走向成熟，企业对这类人才的需求才越来越多。经营环境的动态性和变化主要影响人力资源的供给，当市场对某一类产品需求旺盛时，与这类产品相关的人力资源供给情况将制约企业的经营和发展，而当市场上某一类产品或服务过剩时，企业内部与这类产品和服务相关的人力资源也会过剩。因此企业有必要进行人力资源规划，从企业发展战略出发，预测企业未来对人力资源的需求，以及人力资源的可获得性，以满足企业战略发展对人力资源的需求。

2. 人力资源规划与人力资源战略的关系

人力资源战略管理，即企业根据内部、外部环境分析，确定企业总体发展战略目标，继而制定出企业的人力资源管理目标，然后通过各种人力资源战略管理活动，实现企业人力资源战略管理目标和总的战略发展目标的过程。

人力资源的规划着眼于为未来的企业生产经营活动，持续、系统地收集和分析企业在不断变化的条件下对人力资源的需求信息，预先规划与企业战略发展相适应的人力资源供给计划，如制定相关的人力资源政策，采取相应的措施等，以便随时提供企业战略发展所需要的人力资源。人力资源规划所考虑的不是某个具体的人，而是一组人员，个别人员的发展规划寓于整个组织人员的发展规划之中。

人力资源规划是一种战略规划，其实质是企业的战略目标在人力资源供需方面的分解。通过对企业发展战略目标的分解，制定与之相适应的人力资源战略。而人力资源战略的实现，需要切实可行的企业人力资源规划，因此人力资源规划是人力资源战略的构成部分，人力资源的规划效果又制约着人力资源战略的实现。

3. 人力资源规划的作用

（1）有助于企业人力资源开发和发展

人力资源规划一方面对目前人力资源现状予以分析，以了解企业人力资源结构对企业生产经营的适应状况；另一方面，对未来发展阶段企业的人力资源需求和人力资源供给做出预测，以便掌握未来发展阶段中企业的人力资源的供需状况，从而使企业能提早制订出人力资源开发计划，满足未来发展阶段对人力资源的需求，所以，人力资源规划是人力资源战略管理的基础性工作。

（2）促使企业合理运用人力资源

在实践中，只有少数企业的人力资源机构与企业战略发展处于完全协调的理想状态。在相当多的企业中，其中一些员工超负荷工作，而另一些员工则连满负荷工作都没达到；一些员工能力有限，却居于重要职位，而另一些员工的能力却得不到充分的发挥。人力资源规划能改善人力资源分配的不平衡状况，以使企业人力资源结构能适应企业战略发展需要。

（3）有助于企业发展战略的实现

竞争性企业必须在激烈的市场竞争中不断地追求生存和发展，而影响企业在市场竞争中生存和发展的主要因素是人力资源。也就是说，企业能否适时适量获得所需的、适合的各类人力资源，是企业战略实现的关键。只有及时获得人力资源，并通过加强人力资源战略管理，使人力资源的配置、运用与企业的战略发展需求相一致，才能保证企业发展战略的实现。由于现代科学技术日新月异地发展，社会环境变化多端，如何适应这些多变的因素，配合组织发展目标，针对人力资源进行恰当的规划，于企业而言就显得极为重要。

（4）有助于降低企业的用人成本

影响企业用人数目的因素很多，如业务、技术革新、机器设备、组织工作制度、工作人员的能力等。人力资源规划可对现有的人力结构做一些分析，并找出影响人力资源有效运用的瓶颈，使人力资源效能充分发挥，降低人力资源成本。

（二）制定人力资源规划的过程

1. 企业人力资源规划战略管理的过程

企业人力资源规划战略管理的过程包括人力资源规划的制定和实施两个过程。制定人力资源规划，首先，要分析企业生产经营的环境和明确企业发展战略；其次，要对企业人力资源的存量、需求和供给进行分析、预测；再次，制定一定时期内切实可行的人力资源规划。人力资源规划的实施，首先，按规划部署企业的人力资源战略管理工作；其次，按规划要求对规划实施的情况进行评价；最后，对评价结果进行反馈，根据评价结果，企业人力资源战略管理职能部门调整自己的工作，进入下一个工作周期。

2. 人力资源规划的内容

（1）预测企业未来的组织结构

全球市场的变化，跨国经营的需要，生产技术的突破，生产设备的更新，生产程序的变更，新产品的问世等，这些环境的变化都可能导致企业发展战略的变化。企业的组织结构必须调整以便适应企业战略的变化，而组织结构的变化必然牵涉人力资源的配置，因此，进行人力资源规划前，首先应该对企业未来的组织结构进行预测。

（2）制订人力供求平衡计划

该计划应考虑以下两点：①因业务发展、转变或技术装备更新所需增加的人员数量及其层次；②因员工退休、辞职、调职、升迁、解雇等，需要补充人员数量及其层次结构。

（3）制订人力资源征聘补充计划

制订人力资源征聘补充计划时，应注意：①内部提升或对外征聘，以何种方式为先；②外聘选用何种方式；③外聘所选用的人员来源如何，有无困难，如何解决；④如果是内部提升或调动，其方向与层次如何。

（4）制订员工培训计划

员工培训计划包括两方面：①对内遴选的现有员工，对他们进行晋升、调职前的培训，以及对他们进行产品专业知识及工作技能方面的培训；②对外招聘未来急需的人才。

（5）制订人力资源使用计划

制订人力资源使用计划，即订定人力资源配置计划，其关键在于“人”与“事”的有效结合，做到事得其人，人尽其才。

通过以上有关人力资源规划知识的介绍，可以看出，在人力资源战略规划中，如何进行人力资源的需求和供给预测是较为关键的环节，而人力资源的需求预测相对于人力资源供给预测又显得更为重要。因为人力资源供给状况在某些程度上受到外部一些不可控因素的影响，企业本身不能主动采取措施控制供给，只能被动分析人力资源的可获得性，找出人力资源的可获得性与需求之间的差距。因此，企业要更多地关注需求预测的结果，通过与人力资源的供给状况进行比较，以帮助企业制定满足未来人力资源需求所要采取的主动措施。

二、人力资源需求预测

人力资源需求预测是指以企业的战略目标、发展规划和工作任务为出发点，综合分析各种影响因素，对企业未来一定时期所需人力资源的数量、质量等进行预测的活动。按照作用的范围进行划分，影响人力资源需求的因素可划分为宏观因素和微观因素。宏观因素，主要是指从全局和长远方面影响企业的外部因素，如经济、政治、社会、法律、技术、文化等。微观因素是指来自企业内部的因素，如企业的发展战略、经营状况、管理水平、员工的素质等，有时还包括人力资源自身因素等，这些因素主要影响企业在未来发展中的内部人力资源需求。

（一）企业人力资源需求预测内容

企业人力资源需求预测的内容包括以下四个方面。

1. 企业人力资源总需求预测

企业人力资源总需求预测，从实现企业战略发展的目标出发，对企业在其发展战略的不同阶段所需要的人力资源从质量、数量、层次结构和供给渠道等方面做出判断。由于人力资源需求预测离不开根据社会和经济发展对人力资源的总需求进行确定的总原则，因此，企业的人力资源战略需求，无论在结构上还是数量上，都随着社会经济发展的变化而变化。

2. 企业人力资源存量与增量预测

这是企业在目前和未来一定时期内，从数量上对拥有和获得不同层次的人力资源进行的推测与判断。就存量而言，主要指企业人力资源的自然消耗（如自然减员）和自然流动（如专业转移、变动）而引起的人力资源变动；就增量而言，主要指随着企业规模扩大、行业调整等带来的人力资源的需求。通过存量和增量的分析，依据社会、企业发展的趋势和人力资源再生能力，可以对企业战略发展不同阶段的人力资源的存量和增量做出预测，以便企业在适当的时机，进行卓有成效的人力资源管理，如采取有利的政策和措施、适当的人力资源开发等，及时满足企业战略发展对各类人力资源的需求。

3. 企业人力资源结构预测

企业必须根据社会经济结构的变化调整其发展战略，这就要求企业人力资源战略管理做出相应的调整。进行人力资源结构预测，是为了保证企业在战略调整的情况下保持合理的人力资源结构，避免因人力资源结构与企业战略发展的需要不相适应而造成损失。

4. 企业特种人力资源预测

这是针对企业对特种人才的需求而进行的预测，具有极强的针对性。有效的特种人力资源预测，可以使企业通过一些特殊手段与方法加快特种人才开发和培养，以便企业在产业结构调整、新兴行业发展需要时，能够及时供应数量、结构与之相适应的人力资源。

（二）人力资源需求预测的步骤

人力资源需求预测可以通过对现实人力资源需求、未来人力资源需求和未来人力资源流失状况的预测来实现。具体人力资源需求预测步骤如下。

1. 盘点企业存量人力资源，确定当前企业对人力资源的需求

了解企业组织结构及由此决定的部门人员编制、职位设置和人员配置，统计各部门、职位人力资源的缺编、超编情况；了解企业前期对不同职位的员工绩效评价

及反馈情况，员工当前的工作情况，统计出能胜任职位的员工数量、可调整职位的员工数量及不能胜任职位的员工数量（其中有很多情况可以由战略人力资源信息管理系统完成）。核实确认上述统计资料，确定当前企业对人力资源的增量需求和需要从企业流出的人力资源的数量。

2. 预测未来企业发展对人力资源的需求

了解企业发展的规模和结构调整的方向，明确由此引起的企业组织结构的调整、部门人员编制和职位设置的变化情况；统计将新增加的职位、人力资源需求的数量和层次结构；明确在统计期内可能流出企业的人力资源的数量和结构；统计通过企业内部员工职位调整和员工培训能够满足未来企业对新增人力资源的需求数量和层次结构；统计需要对外招聘员工的职位、数量和层次结构。

3. 数据汇总，预测人力资源总需求

现实人力资源需求、未来人力资源需求数据汇总，扣除未来流失人力资源数据，即可预测出企业在预定期间内对人力资源的需求。

（三）人力资源需求预测技术

企业人力资源需求预测的方法总的来说可分为定性预测方法和定量预测方法。定性预测的方法主要有专家经验预测法、德尔菲法（又称专家调查法），定量预测的方法主要有劳动定额法、比率分析法、回归分析法等。

1. 专家经验预测法

专家经验预测法是应用历史比较悠久、比较普遍的预测方法之一。它是建立在实践经验、逻辑思维、逻辑推理的基础之上的预测方法。这类预测技术通常是预测者在对人力资源状况进行深入调查的基础上，对调查所获得资料进行加工整理，然后根据所掌握的情况和数据，对人力资源发展的前景规模、方向速度等做出比较接近或符合实际的分析判断及推测。预测的质量主要取决于预测者的业务水平、分析能力、对各类有关资料数据的掌握程度，以及当时外部环境对预测者的心理影响等。

这类预测主要基于这样的推理：每个部门的管理者最了解该部门的人员需求，各部门的主管根据本部门的生产任务、技术设备等变化情况，凭借其经验、知识和综合分析能力，对本部门未来某一时期的人员需求情况进行预测，并上报给上一级部门，在此基础上，由企业专门的人力资源计划人员汇总，进行综合平衡，从中预测出整个企业未来的某一时期对各种人员的需求总量，并交由公司经理审批。由于这种预测方法是先由组织中最低层开始，层层上报，所以又称为自下而上预测法。

2. 德尔菲法

德尔菲法是美国兰德公司于20世纪50年代发明的，由于其简便易行，被广泛地运用于经济预测分析之中，对于那些缺乏资料的预测尤为适用。使用该方法的关键是，通过综合专家们各自的意见预测某一方面的发展趋势，这里的专家是指对所要预测的问题具有发言权的人。由于专家组成员之间存在身份和地位上的差别以及其他社会原因，有可能使其中一些人因不愿意批评或否定其他人的观点而放弃自己的合理主张，要防止这类问题的出现，必须避免专家们面对面的集体讨论，而是由专家单独提出意见。将在第一轮单独的预测意见集中起来加以归纳后反馈给专家们，然后继续重复这一循环，使专家们有机会修改他们的预测并说明修改的理由。

（1）用德尔菲法进行人力资源预测的实施过程

1）设立企业人力资源需求预测机构，负责组织完成人力资源预测工作。

2）将需要预测的专题概括为若干个问题，制成问卷式预测表，然后邀请20～30位专家。

3）对专家们进行工作前的培训，向专家们说明该项工作的重要性、工作要求和注意事项，取得专家们对这种预测方法的理解和支持。

4）以问卷调查的形式组织专家们进行预测。

5）预测机构对预测表进行统计，归纳出专家们的意见，概括成新的预测问题，再反馈给专家们进行第二轮判断或预测。如此反复，通常需经过3～4轮，专家们的意见趋于一致。

6）总结专家们的最终意见，并以文字或图表形式表述出来。

（2）使用德尔菲法应注意的问题

1）尽量避免专家们在预测中信息选择的倾向性和冒险的心理效应。因此，在预测前的专家培训中，必须强调各自的独立判断，在预测过程中，应注意保密，避免人际压力的影响。

2）应经多轮循环预测，而且在每轮预测后将专家们的意见进行汇总和归纳，重新提出有代表性的问题，使专家们有机会修改自己的预测结果。

3）问卷调查表所设定的问题，应该措辞准确，不引起歧义，征询的问题一次不宜太多。

4）应提供给专家们充分的信息，以便专家们做出更准确的判断。

（3）劳动定额法

劳动定额法是根据员工在单位时间内完成的工作量和企业计划的工作任务总量，推测企业需要的人力资源数量的人力资源需求预测法。

（4）比率分析法

比率分析法是企业的人力资源需求量和某一因素成比例关系时，预测人力资源需求的方法。

（5）回归分析法

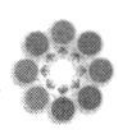

回归分析法是运用数学中的回归原理对人力资源需求进行预测的方法。这种方法是通过建立人力资源需求量与影响人力资源需求量的因素（一种或多种）之间的函数关系，从影响因素的变化推测人力资源需求量变化的一种数学方法。

（四）人力资源的供给预测技术

1. 人力资源供给预测的含义

人力资源需求预测对未来所需员工的数量和类型进行预测，为管理者提供了估计所需员工的数量和类型的手段，但是要明白所需员工来自何处，就需要研究人力资源可获得性及人力资源供给问题。通过对人力资源供给的研究，企业可以获得未来人力资源的供给信息，将供给信息与需求信息进行比较分析，有助于企业制定相应的措施满足企业战略发展对人力资源需求。如果忽视了人力资源供给预测的环节，将影响人力资源战略的整体实施。例如某家大型集团公司通过专家论证决定上马具有良好的市场前景的新产品，10 个月后，新项目所需的资金、设备均已到位，可是，该集团的新产品还没有投放市场，其竞争对手的产品已先于他们进入市场，究其原因，是由于其新产品生产线上缺少所需的技术工人，企业人力资源战略管理职能部门没有进行人力资源供给预测，自以为通过市场招聘员工没有问题，而实际情况是这类技术工人供不应求，企业只能对新招聘的非熟练员工进行上岗前的全面培训，延误了时间。可见，人力资源供给也是企业人力资源规划中的不可忽视的环节。

人力资源供给预测需要研究组织内部和组织外部的人力资源变动趋势。内部供给预测要考虑内部的有关条件，如人员年龄阶段分布，人员晋升、降职、离职、退休和新进员工的情况，核查员工填充预计的岗位空缺的能力，进而确定每个空缺职位上的接替人选。外部预测是根据企业生产发展变化和自然减员情况，预测企业所需人力资源在人力资源市场上的供求态势，企业必须根据人力资源市场的供求态势，制定周密的人力资源外延开发方案，并将其落到实处，确保企业战略发展所需要的人力资源能得到供给。

2. 人力资源供给预测技术

人力资源供给的预测包括对企业内部和对企业外部两方面的人力资源供给预测。就其预测技术看，人力资源外部供给预测常用的方法有市场调查预测法和相关因素指标分析法；内部供给预测常用的方法有马尔可夫法和人员接替模型。

3. 人员接替模型

许多企业的管理人员都是从内部员工中提拔，对管理人员供给的预测，最简单有效的方法就是对组织中各个层次的管理职位和各类人员制订接任计划（接班计划），亦即将工作分成若干种主要职能和次要职能，各层职务或各类人员的后备人员在每年鉴定、考核、评定后，由主管领导确定下一年度或下一任期是否提升，这种人员的接替模型更适合我国国情，便于采用。有的组织或企业根据接任计划还绘制了供领导人员内部使用的人员接替图和人员接替表。

三、人力资源的规划

人力资源的规划应该保持人力资源供给与需求间、预测技术与实际应用间的适当平衡，前面已经从人力资源的供需两方面加以分析，人力资源规划的第三步是把人力资源需求预测和供给预测的结果进行比较分析，制定人力资源的规划。

（一）人力资源的供需分析比较

比较分析人力资源供给和需求预测的结果，企业人力资源供求关系有三种基本状态。

1. 供过于求

供过于求，即人力资源的供给大于企业对人力资源的需求，存在着一定数量的冗余人员，这往往发生在企业经营萎缩时期。

2. 供不应求

供不应求，即人力资源的供给小于企业对人力资源的需求，表现为企业存在人力资源缺口，需要补充员工，这主要发生在企业的经营规模扩张和开辟新的经营领域时期。

3. 供求平衡

供求平衡，即在一定范围内，人力资源供给与企业对人力资源的需求基本一致。人力资源供求平衡是相对的，人力资源供需不平衡是常态，而平衡只是暂时的，是在动态中实现的。人力资源供需分析比较的结果为企业制定有关的人力资源管理政策和措施提供了依据。

（二）制定实现人力资源供求平衡的政策和措施

从人力资源供求关系的分析比较可知，人力资源供求关系可能存在三种状态。在人力资源供求预测的基础上，实现人力资源供求的动态平衡是企业发展战略的客观要求。因此，企业人力资源战略管理者需要制定相应的政策，采取适当的措施，调整人力资源的供求状态以实现人力资源供求的动态平衡。

1. 解决人力资源短缺的政策和措施

当人力资源供不应求时，企业出现人力资源短缺现象，解决的措施如下。

 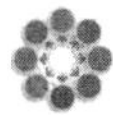

（1）培训本企业的员工，对经过培训的员工择优提拔补缺，并相应提高其工资待遇。

（2）进行平行性岗位调动，并适当进行岗位培训。

（3）制定相应的激励政策和措施，提高和调动现有员工的工作积极性，延长员工的工作时间或增加员工的工作量。

（4）重新进行工作流程的设计，以提高员工的工作效率。

（5）雇用临时工或返聘退休的员工。

（6）制定招聘政策，在企业外部招聘员工。

2. 解决人力资源过剩的政策和措施

当人力资源供大于求时，企业出现人员冗余现象，解决的措施如下。

（1）永久关闭或临时关闭不营利的分支机构，进而减少工作岗位。

（2）解雇或临时解雇员工。

（3）两个或两个以上的员工共同承担同一职位的工作，并相应地减少其工资。

（4）依赖员工自然减少。

（5）办理员工提前退休。

（6）缩短工作时间（或实行小时工资制），从而相应地减少工资。

（7）安排员工参加培训，调往新的岗位或适当储备一些人员。

辞退员工是减少冗余的最为快捷、有效的方法，但是容易产生劳资双方的纠纷，也会为企业带来许多社会问题。

同时，解决人力资源冗余问题需要有完善的社会保障体系作为支撑，以保证在企业快速地减少冗余的劳动力的时候，避免员工受到太多的伤害。

人力资源规划除了要考虑企业人力资源供求间的平衡，还要尽量实现企业需要与员工需要间的平衡，这样更利于调动员工的工作积极性，提高工作效率，保证企业长期战略发展的实现。因此企业应当采取适当的人力资源战略管理措施，缓解企业需要和员工个人需要间的矛盾。

（三）编制人力资源规划

通过人力资源供需比较分析，企业掌握了当前人力资源供求失衡的方向和数量，并制定解决的措施后，则可着手编制人力资源规划。

1. 人力资源规划的内容

企业的人力资源规划，一般来说包括人力资源总体规划和具体的业务计划。

（1）人力资源总体规划

人力资源总体规划侧重于企业人力资源管理的总策略和关系企业长期发展大局的方针政策和原则。主要有以下内容。

1）阐明企业战略发展一定时期内，人力资源需求的总量和结构；阐明规划期内人力资源需求的总趋势和人力资源配置的总框架。

2）阐明为满足企业人力资源需求，企业的方针、政策和人力资源战略管理的原则。

3）确定人力资源投资预算总额。

4）确定人力资源总的净需求，即人力资源需求预测和企业内部人力资源供给预测的差额。

（2）人力资源具体业务计划

人力资源具体的业务计划，包括招聘计划、培训计划、人员使用计划、绩效评估与激励计划等。

2. 人力资源规划书文本内容分析

（1）人力资源开发规划与战略制定的意义

人力资源开发规划与战略制定的意义就是明确人力资源战略管理在企业战略管理中的地位，及人力资源规划在人力资源战略管理中的地位。

（2）现有人力资源状况分析

进行预测和规划，必须以掌握和充分了解人力资源的现状作为基础。

首先，人力资源现状分析是搞好人力资源预测的前提条件，无论是用何种方法进行人力资源预测，都需要了解人力资源的现状，没有对人力资源现状清晰、准确、全面的了解，就无法进行人力资源需求预测。

其次，人力资源状况分析是制定人力资源开发战略及相关政策的重要依据。人力资源规划除了要根据预测和现状分析，确定人力资源发展的数量与质量目标之外，还要根据对员工队伍的缺陷及人力资源政策和人力资源管理过程中缺陷的诊断，提出相应的政策、办法、措施。这种诊断有别于人力资源预测，完全是以人力资源现状分析做基础的。

可以说没有对人力资源现状及存在问题的正确诊断，就无法制定出行之有效的人力资源规划。企业人力资源现状分析实施步骤如下。

1）将员工队伍的现状与员工所在单位当前和规划期内对人才资源要求进行比较，重点了解以下方面的情况：人力资源队伍的数量是否充足；人力资源队伍的素质是否合乎要求；人力资源队伍的专业结构是否合理；人力资源队伍的年龄结构是否合理；人力资源队伍的职级结构是否合理；人力资源队伍的配置使用是否合理；人力资源队伍的作用是否得到充分发挥，效益如何；人力资源队伍处于一种什么状态，是否稳定等。

2）企业人力资源队伍缺陷诊断。从政策和管理上进一步查找造成企业人力资源队伍缺陷产生和存在的原因，主要查看以下几个方面：企业人力资源战略管理的指导思想上是否存在问题，企业人力资源政策是否存在问题，企业人力资源配置使用上是否存在问题，企业人力资源服务保障上是否存在问题，企业人力资源教育培训上是否存在问题。同时分清哪些问题是历史原因造成的，哪些问题是现实原因造成的；哪些问题是全局性的，哪些问题是本团队存在的。

3）确定改善现有人力资源缺陷的计划。根据人才队伍缺陷和人才政策及管理过程中存在的缺陷，找出改善的措施及意见，制订人力资源总体规划和具体的业务计划。

（3）人力资源总体规划和具体的业务计划内容

主要内容包括：战略思想、战略目标、战略重点、战略步骤及各项具体业务计划。

1）战略思想

战略思想是企业发展战略的灵魂与核心，是战略制定成功与否的关键。战略思想通常都用最精炼的语言表达，要求切合实际、具有特色、提纲挈领、十分明确，具有很强的号召力和概括力，以期达到统一认识、统一步调的目的。

2）战略目标

战略目标包括总量目标、结构目标、素质目标、效益目标和体制目标五个具体的任务指标。任务指标要建立在充分研究论证的基础上，覆盖人才资源开发的主要方面，要能够分解，具有可操作性，符合经济建设发展要求和本组织的开发能力，不能过高或过低。

总量目标：规划期间人力资源战略管理所要达到的总量目标。

结构目标：包括年龄结构、性别结构、学历结构、专业结构、能级结构、解决人才合理布局和整体配置问题。

素质目标：提出人才政治素质、科学文化素质、技术技能素质和身体素质的标准。

效益目标：人才的个体效益（人才能位匹配，创造力得到充分发挥），人才的群体效益（群体配置合理，形成较强的人才群体合力）。

体制目标：建立起一个人力资源基本由市场配置的新的机制。

3）战略重点

战略重点是指人力资源战略管理实际操作过程中的难点、关键之处。

4）战略步骤及各项具体业务计划

战略步骤及各项具体业务计划，即制订人力资源具体的业务计划。为达到战略目标，主观划分实施时间段落，规定对应时间段各项具体执行的业务、负责人、检查人、检查时间、检查周期。

（四）人力资源规划实施评估与反馈

企业将人力资源总规划与各项业务计划付诸实施后，实施后的效果如何，预测的准确性、人力资源供需是否平衡，人力资源规划与其他计划是否协调等，这一系列的问题需要评估，都为下一次人力资源规划提供了依据。

第二节　人力资源配置战略管理

一、人力资源配置战略管理概述

（一）人力资源配置及其作用

1. 人力资源配置的含义

什么是人力资源配置？在国外，学者们有不同的解释，有的称作“Placement”（安排），有的称作“Matching”（匹配的），有的称作“Orienting Associates”。虽然这三个单词都是指人力资源配置，然而不同的解释有着不同的管理重点：“Placement”强调的是对人员的安排或安置，使每个人有事可干，有做事的条件与环境，即找到一个适当的岗位；“Matching”强调的是对人员与岗位双方面的选择与配合，这种配置具有双向性、动态性、协调性与匹配性；而“Orienting Associates”强调的是人员既要适合岗位，还要适合群体，既要适合物理环境又要适合心理与社会环境，这种配置具有整体性、互补性与社会性的特点。这三个单词实际上代表了人力资源管理在不同学科领域，不同时期的管理重点和特征。显然“Placement”所代表的是宏观经济管理领域学者的观点，而“Matching”和“Orienting Associates”都是微观经济管理学者的观点。两者的区别在于，“Matching”代表工业经济时期企业人力资源管理者的观点；而“Orienting Associates”则代表知识经济时代人力资源配置管理的观点。也就是说：

（1）从宏观经济管理领域的角度看

人力资源配置就是将社会中的所有人力资源充分合理地运用到社会生产及其经济活动之中，达到充分就业与合理分布，保证社会经济发展对人力资源的需要，以取得最佳管理效果，使人力资源效能充分发挥，以实现社会经济战略发展的目的，这是宏观的人力资源配置。

（2）从企业管理的角度看

所谓企业人力资源配置，在科学技术高度发达的市场经济体制下，就是通过考核、选拔、录用和培养，把符合企业发展需要的各类人力资源及时、合理地安排在所需要的岗位上，使其既适合岗位，又能与所在的团队融合，并发挥主观能动性，施展才华，最终实现企业人力资源战略管理的战略目标。当前，我国企业就是处于技术高度发达的市场经济体制下的市场经济微观主体，因此主要从现代企业战略管理的角度，即从微观经济管理的角度研究人力资源的配置。

2. 人力资源配置的内容和作用

（1）人力资源配置的内容

从人力资源配置的定义可以看出，企业的人力资源配置是以人力资源内涵和外延开发为依托，将企业员工安排到不同职位的过程。将不同素质和技能的员工配置到不同职位上的合理程度不同，同样数量但素质和技能各具特点的人力资源，发生的“效应”就不一样。如果战略管理者能够按照各类人力资源的特点，将他们配置到相应的职位上使其与其他资源协调配合，就能为各类人力资源实现“人尽其才，人才尽用”创造必要的条件。如果企业将各类人力错位配置，员工的才干就很难充分发挥，甚至会对企业战略发展目标的实现带来负面效应。所以，企业人力资源配置的内容，就是将其员工按不同素质和技能，安排到不同的职位上去。

（2）人力资源配置的作用

归纳起来，人力资源配置有以下几个方面的作用。

1）人力资源配置为组织目标实现提供保证。由于组织面临的外部环境、内部环境以及组织的目标任务都在发生变化。因此，企业内工作职位、职务的数目和结构，以及其对人员的要求也必须不断地变化，只有通过有效的人力资源配置，使企业的每一个岗位、每一个职位上都有一流的人员在工作，才能保证组织适应这些变化，维持组织的正常运转和推动组织的发展壮大，保证组织目标的实现。

2）人力资源配置是“人尽其才”的手段。由于员工个体的差异，员工个人的才能各异，各有所长，也各有所短，只有根据员工的特长将其安排到最合适的岗位上，才能扬长避短，充分发挥其潜能。

3）人力资源配置是激励员工的重要途径。通过有效的人力资源配置，使员工从事自己喜欢的工作，能够充分发挥自己的特长，利于调动员工的工作积极性，挖掘员工的潜能。

3. 人力资源配置的目标

（1）使合适的员工能从事适合的工作

企业要实现其战略发展目标，说到底就是在其产品或服务适应市场需要，有较好发展前景的条件下，解决在产出水平一定的情况下，如何使成本最小化的问题，或者说在成本一定的情况下，如何使效益最大化。因为只有在企业产品或服务低于市场平均成本，经济效益较好的条件下，企业才具有较强的竞争力，才能发展壮大。优化人力资源配置是降低成本，提升效益的有效途径。所以，企业人力资源战略配置管理的目标是，使合适的人干合适的事，人事相配，做到人尽其能、能尽其用、用尽其事、事尽其效。也就是说，使人力资源配置能从根本上促进员工与职位、员工与员工、团队与团队的协调配合，通过人力资源配置，发挥员工的主观能动性，在合理的人力资源规模条件下，取得最大的经济效益，从而实现企业战略发展目标。

（2）人力资源配置目标的具体表现

战略管理者在配置人力资源的时候，应该最大限度地提高人力资源的使用效益。人力资源配置的战略管理目标具体表现为以下四个方面。

1）人适其事。就是企业通过合理安排员工职位，为员工特长发挥创造条件。企业人力资源战略管理职能部门应对员工的特长、个性做深入的了解，针对其特点安排相应的工作，使每个人都有适合自己能力及特长的岗位和具体工作。从人力资源管理的角度看，导致国内的一些企业经济效益低下的原因是多方面的，但其中一个很重要的原因，就是缺乏战略管理的观念，不懂得或不愿意实行人本管理，在人力资源配置上仍然存在着随意性，员工专业不对口、能力得不到发挥的现象随处可见。

2）事得其人。就是企业的每个职位和每项工作，都找到技能特点与之相匹配的员工来承担，人事对等，责任明确。一方面，企业人力资源战略配置者应了解员工；另一方面，应该明确职位的特点及眼前与未来的要求，只有对职位要求的现状和未来的发展有清楚的认识，才能将适当的员工配置到相应的职位上。

3）人尽其才。就是企业在人力资源配置过程中，要了解员工的要求，尊重员工选择，与员工充分沟通，使人力资源配置真正做到人适其事，事得其人。只有在充分沟通的环境中，员工的技能特点和个性才能充分展现。尊重员工的选择则是企业充分调动员工的积极性，使员工的能力得到完全发挥的基本条件，也是提高经济效益，实现企业战略发展目标的客观需要。

4）事尽其功。就是做好人力资源配置战略管理各个环节的工作。或者说，通过人力资源配置战略管理，获得在现有条件下人力资源配置的最好效果。要做到事尽其功，需要做好人力资源配置中各个环节的协调配合，如果从单一工作环节看都不错，但各环节的协调配合跟不上，就可能造成各环节工作效果的相互抵消，最终降低人力资源配置的整体效果。

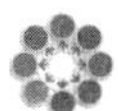

（二）人力资源配置战略管理中配置规模和时序问题

要实现企业有效的人力资源配置，必须正确回答以下问题：企业要完成某项工作需要配置多少员工，人力资源的配置是不是一劳永逸的，员工从事某一项工作是否时间越久效率越高，企业如何看待员工的流动等等。归纳起来，就是说企业在进行人力资源配置时要重视规模问题和时序问题。

二、企业人力资源配置方式

人力资源配置效率的高低，直接影响企业其他资源的合理利用和整体配置效益，这是决定企业能否持续、稳定、快速发展的关键因素。

（一）人力资源配置形式

人力资源的配置既包括一个国家对全部人力资源的宏观配置，也包括企业与部门层次的微观配置。从社会经济与管理的角度来说，人力资源宏观配置主要是通过国家制定的人力资源生产和再生产政策、制度并采取相应的措施，引导人力资源的生产和再生产的方向和规模，引导人力资源的流向和规模，以实现国民经济在部门、产业、地区之间的协调发展。人力资源的宏观配置状况是决定人力资源微观配置环境的重要因素。企业的人力资源配置形式，大致有以下三类。

1. 人岗关系型

人岗关系型，是根据员工与岗位的对应关系配置人力资源的形式。这种类型主要是通过对企业人力资源配置过程中各个环节的管理，保证企业内各部门、各岗位的人力资源数量和结构的合理性，就企业内部来说，目前这种类型的员工配置方式大体有如下几种。

（1）招聘。当企业内的员工数量和结构不能满足所设置职位对员工需求时，需要进行一种定向定位的招聘，或者进行定位公开的招聘，这实际上就是一种以岗位需要决定招聘员工的数量和结构的人力资源配置形式。

（2）岗位轮换。当企业内的员工数与岗位数基本相适应，但有的员工对岗位不满意或者不适应时，企业从建设有竞争力的团队，维持企业稳定发展的需要出发，通过将员工在不同岗位轮换，以满足员工的期望，进一步挖掘员工的内在潜力，并满足企业对人力资源结构调整需要的方式，这是一种员工之间在不同岗位上交叉或轮换的人力资源配置方式。

（3）试用。当企业的员工数大于或等于所设岗位对员工的需求数时，对于新上岗的员工，往往采用试用制，试用合格者保留在岗位上，不合格者则调离岗位，这是一种人力资源试用配置方式。

（4）竞争上岗。当企业内的员工数大于所设岗位对员工的需求数时，往往采用竞争上岗制，以达到让最优秀者上岗的人力资源配置形式。

（5）末位淘汰。当企业内的员工数多于所设岗位对员工的需求数时，或者为了在企业内部保持一定的竞争态势，以激励员工保持良好的职业状态，企业在实行试用制和竞争上岗制的过程中，对能力最差者实行下岗分流的人力资源配置方式。

（6）双向选择。当企业内的员工数与所设岗位对员工的需求数相当时，往往先公布岗位要求，然后让员工自由选择。

2. 移动配置型

这是一种通过员工在其所在岗位的横向或纵向岗位之间移动配置，以激励员工不断进行自我开发，努力工作，使员工工作效率最大化，从而保证人岗相适的人力资源配置方式。这种配置方式的具体形式大致有晋升、降职和平级调动等形式。

3. 流动配置型

这是一种通过员工在企业和人力资源市场之间的内外流动，以保证企业内每个部门、岗位对员工数量与结构需求的人力资源配置方式。这种配置方式的具体形式有三种：安置、调整和辞退。

（二）个人——岗位动态匹配模型

结合以上人力资源微观配置的三种形式，可以看出要合理地进行企业内部人力资源配置，应以个人——岗位关系为基础，解决好人力资源配置中的规模和时序问题，对企业人力资源进行动态的优化与配置，可遵循以下的个人——岗位动态匹配模型。

1. 人力资源规划

合理配置人力资源是实现企业战略发展目标的基本条件之一。人力资源规划是企业人力配置的前期性工作，是一个对企业人员流动进行动态预测和决策的过程，它在人力资源管理中具有统领与协调作用，其目的是预测企业的人力资源需求和可能的供给，确保企业在需要的时间和岗位上获得所需的合格人员，实现企业的发展战略和员工个人的利益。任何组织或企业，要想有合格、高效的人员结构，就必须进行人力资源规划。

2. 职位空缺申请与审批

这一环节确定人力资源配置规模。人力资源规划更多的是对企业所需人员数量以及企业内部所能提供的人员数量的一种预测，至于具体哪些部门、哪些岗位存在空缺，则需由各部门主管提出职位空缺与申请，并由人力资源战略管理职能部门进行仔细严格的审批。如果没有比较严格的审查，或是只有形式上设立的审查，而实质上根本不起作用，那么就极有可能导致企业冗员膨胀。因此，严格的职位申请与审批是有效的人力规划以及有效的人力资源利用与配置的基础。

3. 工作分析

确定了所需招聘人员的岗位以及各岗位空缺人员数量后，就应对这些岗位进行岗位分析，以确定职位工作任务、职责及任职资格条件等。事实上，工作分析应作为人力资源管理的一项基础性工作来做，而不必等到有招聘需求时才临时进行，如果工作分析做得详细，形成了规范的工作说明书，那么在有招聘需求时，就只需注意随着企业内外环境的变化，该岗位的职责及任职资格等是否有了新的变化。

4. 人才测评

有了工作分析后，就知道岗位对人员在知识、技能、个性等方面的要求，可据此设计人才测评的指标，并选用相应的测量工具。对求职者所进行的科学的人才测评，可以使企业了解应聘者是否能胜任某一职位，从而为人才合理配置提供依据。由于企业人力资源配置工作很多是在企业内部完成的，因此，通过人才测评与绩效考评等手段，对企业人力资源进行普查，在此基础上建立企业的人才库，将非常有利于企业进行人力资源配置。

5. 招聘与合理配置

合理配置就是把从企业内部或外部招聘来的员工安置在合适的岗位上，达到个人——岗位匹配。实际上，个人——岗位匹配包含着两层意思：一是岗位要求与个人素质要匹配。二是工作的报酬与个人的动力要匹配。可以说，招聘和配备职员的所有活动，都是要实现这两个层面的匹配。举例来说，有一家企业想招聘一名研究开发部经理，强调应聘者一定要具备什么样的知识、技能、才干和经验，应聘者当中也的确有具备这种素质的人，这是不是意味着可以实现个人——岗位匹配呢？并不一定，如果招聘企业给这个职位定的报酬标准与应聘者的期望有差距，个人——岗位匹配照样无法实现。

6. 动态优化与配置

人力资源配置中的时序规律表明，企业将员工招聘进来并进行了合理有效的配置后，还必须通过调配、晋升、降职、轮换、解雇等手段对人力资源进行动态的优化配置，因为随着企业内外环境的变化，岗位的任职资格势必会有新的要求，而随着时间的推移，在该岗位上工作的员工，也可能变得不再适合这个工作岗位的要求，或其能力已远远超出该岗位的要求。因此，有必要重新进行工作分析与人才测评，对岗位责任、岗位要求及现有人员的知识、技能、能力等进行重新定位。该升的升，该降的降，使人力资源的配置趋近合理。人力资源的动态优化配置，是企业人力资源持续达到优化配置的关键因素。因此，领导者尤其是人力资源战略管理职能部门应跟踪企业内外环境的变化，及时更新工作分析文件，各级管理者对岗位与员工应有全面、正确的了解，这样才有可能使企业整体的人力资源达到优化配置。

7. 产出

企业采取正确的措施和手段对人力资源进行合理配置后，合适的人工作在合适的岗位上，将会使员工的工作绩效、工作满意度、出勤率等得到提升，从而提高组织的整体效能。人力资源配置是否合理，无论是对企业的短期绩效还是长远发展都有重大影响，合理的人力资源配置可使人才达到人——岗匹配，尽量做到事适其人，人尽其才，才尽其用，人事相配，这样才能减少内耗，最大限度地发挥人力资源的作用，促进企业持续、稳定、快速发展。

（三）人力资源配置原则

人力资源配置的规模和时序规律表明，企业所配置员工的数量并不总与产出成正比，而且人力资源的配置是一个动态的、变化的过程，人力资源管理要做到人尽其才，才尽其用，人事相宜，事尽其功，企业的人力资源配置战略管理必须遵循正确的原则。这些原则可以概括如下。

1. 能级对应原则

合理的人力资源配置应使人力资源的整体功能强化，使人的能力与岗位要求相对应。企业岗位有层次和种类之分，不同的职位在企业生产经营活动中处于不同的位置，对员工有不同的能级水平要求，每个员工也都具有不同的能力，在纵向上处于不同的能级位置。岗位人员的配置，应做到能级对应，就是说每一个人所具有的能级水平与所处的层次和岗位的能级要求相对应。

2. 优势定位原则

个人的发展受先天素质的影响，更受后天实践的制约，后天形成的能力不仅与本人的努力程度有关，也与实践的环境有关，因此人的能力的发展是不平衡的，其个性也是多样化的，每个人都有自己的长处和短处，有其总体的能级水准，同时也有自己的专业特长及兴趣爱好。因此，遵循优势定位原则，主要从两个方面进行人力资源配置：一是指人员自身应根据自己的优势和岗位的要求，选择最有利于发挥自己优势的岗位；二是指管理者应将人员安置到最有利于发挥其优势的岗位上。

3. 动态调节原则

动态调节原则是指当员工或岗位要求发生变化的时候，要适时地对人员配备进行调整，以保证始终使合适的人工作在合适的岗位上，最大限度地提高员工的工作效率。如果搞一次定位，一职定终身，既会影响工作，又不利于员工的成长，能级对应，优势定位也只有在不断调整的动态过程中才能实现。

4. 内部为主原则

一般来说，企业在使用人才，特别是高级人才时，总觉得人才不够，抱怨本单位人才不足。其实，每个单位都有自己的人才，问题是“千里马常有”，而“伯乐不常有”，因此，关键是要在企业内部建立起人才资源的开发机制和人才的激励机制，这两个机制都很重要。如果只有人才开发机制，而没有激励机制，那么本企业的人才就有可能外流。从内部培养人才，给有能力的人提供机会与挑战，营造紧张与激励气氛，是促使公司发展的动力。当然，这也并非排斥从外部引入必要的人才。

（四）人力资源配置中人才获得的方法

战略性人力资源配置的关键是及时获得所需要的人才，合格的人力资源配置战略管理应该是当企业中任何关键职位出现空缺时，补充人员就已准备就绪，能够迅速地满足企业的需求。另外，根据前面我们讨论过的人才存在合理流动的必要性，企业应该努力保持足够的（不是过多的）人才积累以满足适当的人才流动的需要，掌握在人力资源配置中，保证及时满足企业对人力资源需求的方法，具有非常重要的意义。

1. 实行有目标的开发和接班计划

根据企业的发展战略，可以预测未来人力资源的需求，人力资源管理者分析内部人力资源状况，可以制订有目标的人力资源开发计划，通过进行员工培训、在岗锻炼、承担挑战性工作、员工能力（潜力）开发活动等，使员工能力得到拓展、深化和改进。一旦出现职位空缺时，企业可以将对未来工作已做好准备的员工调配到空缺的岗位，满足人力资源的需求。

人力资源管理者还可以针对组织中各个层次的管理职位和各类人员制订接班计划，将工作分成若干种主要职能和次要职能，确定各层职务或各类人员的后备人员，制订出人员接班计划，并对职位的接任人进行定期的考核和鉴定。当管理职位出现空缺时，运用接班计划，企业可以将能胜任特定管理职位的候选人调配到空缺的管理职位。

但是，在企业实际的管理活动中，有目标的开发计划和接班计划并没有得到非常广泛的应用，因为企业面临的环境变化太快，不可能提前很长时间制订计划，也没有足够的时间对员工进行培训和适应新工作的开发工作。同时，由于岗位空缺需要补充的人员少，企业出于成本方面的考虑，也不愿意采用开发计划满足人力资源的需求。

2. 自荐和工作招标

企业发布工作招标信息，员工根据个人的兴趣和对任职资格的理解自荐，企业的人力资源管理者便可从自愿投标者中选出适合的人选补充空缺的职位。

3. 重视人力资源的内部寻求

企业根据有关教育、培训、经验以及技能的记录，可以通过在企业内部进行人才搜寻，以满足企业人力资源配置的需求。通过这种方式确定合适的空缺职位的内部候选人，对企业文化建设，增强企业团队的竞争力非常有利，所以很多企业都非常重视人力资源的内部寻求。

（五）人力资源配置的国际化问题

在经济全球化的今天，许多企业走出国门进行全球化经营，企业可能会指派企业内部人员到不同国家去工作，也可能出于成本、市场适应性和其他方面的原因，雇用经营业务所在国的本土人员或第三国人员。企业需要了解跨国经营的特点，培养在不同环境中能够进行有效经营的管理者，同时也要努力开发当地的专门人才并培养人才，这使国际人力资源配置范围更大，复杂程度更高。

为海外工作的人员制订开发计划和接班计划较为困难，因为他们在本企业的主流活动之外，与那些决定国内人员配置的管理者联系较少，而且由于国内和国外报酬的差异，国内工作不具有海外工作的挑战性，而海外的员工难以抽调回国承担其他工作。因此，对企业应该为海外工作的员工提供有针对性的开发计划，为这个群体提供特殊的职业发展计划。

三、人力资源流动战略管理

人力资源配置中的时序问题，说明了人力资源配置不是一劳永逸的，而是一个动态的过程，在动态环境中，要实现人力资源的有效配置，便要进行人力资源的流动控制。

（一）人员流动的必要性和必然性

从企业的角度看，卡兹的组织寿命学说和库克曲线，证明了要保持企业创造力的提高和保持企业活力的条件之一就是不断改善企业结构和人员素质。

（二）人员流动的风险

虽然对整个行业而言，人员流动未必是坏事，但从企业的角度来看，有些人员流动很可能给企业带来损失，这种损失的直接表现是该岗位的人工成本增大，因为企业需要进行重新招聘和培训，而间接损失往往更大，可能引起工作进度的拖延，如果企业核心员工离职，还可能导致企业赖以生存的商业机密泄露，使企业遭到致命的打击。可见，人员流动同时又是一种企业的风险。我们将由于人员流动而给企业带来损失的可能性称为人员流动风险。相应地，人员流动风险也可分为两类：人员流入风险和人员流出风险，前者是指由于不合格人员的流入而给企业造成损失的不确定性；后者则指由于合格人员的流出而给企业造成损失的不确定性，又称人员流失风险。

合理的流动对整个社会来讲是必要的。但对企业而言，在带来活力的同时，有时也带来了损失，并且还增加了成本和风险，甚至还有可能带来致命的打击。

（三）人员流动的管理

从国外学者有关人员流动的理论可以看出，企业必须对人力资源的流动进行合理的控制，实施有效的管理。通常将员工的流动分为自愿流动和非自愿流动。以下我们就从这两个方面分别讨论人员流动的管理，并归纳出在人员使用的不同阶段人员流动管理方面的措施。

1. 非自愿流动的管理

尽管公司在人员甄选、培训和薪酬制度的设计方面做了最大的努力，但仍然会有一些员工无法达到所要求的绩效水平或者在工作时违反公司的规章制度。在以人为本的企业管理中，对待上述无法达到公司要求的员工，除了解雇以外，还应该有更人性化的管理措施。

（1）逐级惩戒

除了在一些极端情况下，一般不应当在员工第一次出现过失时就予以辞退。相反，解雇应当发生在惩戒制度执行完毕之后。有效的惩戒制度有两个核心的构成要素：文件（包括具体的书面工作规则和工作描述，这些文件应当在实行惩戒之前准备好）以及逐级惩戒措施。惩戒措施应当以逐渐加大力度的方式执行，并且这些惩戒措施一定要事先详细阐明并在惩戒措施中明文记载。惩戒的第一步可以从对第一次违反政策或犯错误的员工提出非正式警告开始，如果再犯则予以书面警告，以表明如果他下次再犯错误，就会被解雇。

（2）建设性争议解决法

在惩戒过程中，员工个人或者组织都有可能会希望引入外部的第三方力量帮助自己解决分歧或者冲突。作为一种最终的手段，员工可能会利用法律解决这类冲突。为了避免出现这种情况，现在越来越多的公司开始采取建设性争议解决方法，即以一种及时的、富有建设性的以及成本更低的方式解决冲突的做法。建设性的争议解决办法可以采取多种不同的形式，这种办法通常包括四个阶段：

1）开放式协商政策。冲突双方通过共同协商，找出双方都能接受的解决争议的办法。如果协商未果，则进入第二阶段。

2）同事审查。由组织中来自争议双方处于同一等级的代表组成听证小组，听取双方对于事件的看法，并帮助当事双方达成解决冲突的办法。如果未能达成一致，则进入第三阶段。

3）调解。由来自组织外部中立的第三方听取争议双方的陈述，并通过非约束性的程序帮助双方达成解决争议的办法。如果调解未果，则进入第四阶段。

4）仲裁。由来自组织外部的专业仲裁机构派员听取争议双方的陈述，并通过单方面发布解决争议的办法或者提出惩罚条件解决冲突。这种争议中的大多数仲裁员都是经验丰富的处理劳动关系问题方面的律师或者是退休的法官。

（3）员工援助计划

在国外，员工援助计划是由企业提供的一种服务，管理人员或者员工可以利用这种服务使自己所面临的各种问题得到专业化的指导。员工援助计划始于20世纪50年代，当时的重点是治疗酗酒，现在，员工援助计划已经被完全融入公司的整体健康福利计划之中，成为保健措施，尤其是精神保健措施的一个步骤。员工援助计划通常以公司发布的正式文件（如员工手册）的形式确认下来，然后，公司对管理人员（有时还包括工会代表）进行培训，教会他们如何让那些他们怀疑存在健康问题的员工去接受这种服务。同时，公司也会对员工进行培训，使他们在必要的时候知道如何去利用这一服务体系。最后，对该计划的成本和收益进行评价，一般每年评估一次。

（4）重新谋职咨询

解雇员工所产生的后果不仅会使被解雇者非常愤怒，而且会使他们感到不知所措，不知道接下来还会发生什么事情。如果被解雇者感到自己已经是一无所有，并且也没有其他更好的地方可以去，那么，产生暴力冲突或者提起诉讼的潜在可能性就会远远高于大部分公司所愿意承受的程度。因此，许多公司都为被解雇者提供重新谋职咨询，这种服务主要是力图帮助被解雇的员工顺利地完成从一种工作到另一种工作的转移。

有些企业在自己的内部有专业的咨询人员负责此项工作，如我国企业中的再就业办公室，就是这类机构。在另外一些公司中，则是利用外部的咨询机构以向公司收费的方式个案性地帮助员工谋取新的工作。不过，无论采取何种形式，重新谋职计划的目标都在于帮助公司被解雇的员工正确对待因失去工作而产生的心理问题（悲哀、沮丧、恐惧等），同时帮助他们找到新的工作。

2. 自愿流动的管理

人员流动除了由于员工不能满足公司要求被迫离开公司的非自愿流动外，还有一种流动是因为员工对公司或工作不满而主动离开公司，我们把后者称之为自愿流动。员工为何会对公司不满，不满产生后其反应如何，只有对上述问题做出回答，才能对员工的自愿流动进行战略性管理，从而确保企业能够留住绩效优秀者，同时又能使绩效较差者通过合理流动找到更适合自己的职位。

（四）员工不同使用阶段的人员流动管理

员工进入公司后，随着经验的累积、能力不断增强，已经基本掌握了相应职位的工作技能，现有的工作任务和内容已不能满足其对工作的需求，员工期望在职位和责任上有所提升或扩大，也就产生了流动的愿望，这时企业需要及时地进行人力资源的动态配置，使员工——岗位达到动态平衡。因此，归纳起来，在员工使用过程中，企业对人员流动实施有效管理，可以从以下三个方面进行。

1. 使用前的管理

人员的流动管理应始于使用前的招聘。企业在招聘前，首先，应做好人力资源的需求预测分析和工作分析，把握企业人力资源配置规模，制订好招聘计划，保证招聘的人员是企业目前所缺少的，这样就避免由于人员过剩或职位与能力不匹配而造成的人员流动。其次，企业在招聘时应严格把关，严格按照科学合理的招聘制度甄选人员，确保所录用人员都是不仅在个人技能上符合企业需要，而且在职业道德上，也是合格的。最后，企业在新员工培训和强化个人技能的同时，还要注重企业文化的宣传，以增强企业的凝聚力和员工归属感。

2. 使用中的管理

人员的流动，主要在使用的过程中发生。一般而言，企业招聘进来的都是比较优秀的人才，企业应随时注意、了解员工需求和满意度的变化情况，制定公平合理的、有吸引力的薪金奖励制度，科学合理的考核制度，以及员工职业发展计划等，从而增强员工归属感和满意度。

3. 对流动的员工管理

首先，对确有离开公司意向的人，公司应及时与其沟通，了解其想要离开的缘由。如果在短时期内，连续有多名员工辞职，企业更应该仔细分析他们各自离去的原因，分析近期影响企业雇员流动的关键因素。其次，公司应想办法尽量挽留难觅的人才，这是因为雇用新人填补空缺既浪费时间又浪费招聘与培训成本，是十分不经济的。最后，公司应及时寻找新的员工接替该岗位工作，做好工作交接。

第三章　人员招募与聘用

第一节　员工招聘概况

管理学大师卡耐基曾经说过："如果把我的工人带走，把工厂留下，那么不久后工厂就会生满杂草；如果把我的工厂带走，把我的员工留下，那么不久后我们就会拥有一个更好的工厂。"

人是企业最宝贵的资源。现代企业之间的竞争，说到底是人才的竞争。特别是知识经济时代，人力资源的重要性日益突出，企业管理已经从强调对物的管理转向强调对人的管理。重视人员的招聘，实现有效招聘可为企业输送源源不断优质的人力资源。这样，企业才能生产出高质量的产品，实现高效率经营，从而在竞争激烈的市场中立于不败之地。

一、有效招聘的意义

（一）确保录用人员的质量，提高企业核心竞争力

招聘工作作为企业人力资源管理开发的基础，一方面直接关系企业人力资本的获取与提升，另一方面直接影响企业人力资源开发管理等其他环节工作的开展。拥有高素质的一线员工，才能保证产品和服务的高质量；拥有高素质的技术人员，才能保证企业的研发计划高效有序地实施；拥有高素质的管理人员，才能保证组织战略的准确领会和贯彻，使企业获得竞争优势。

（二）降低招聘成本，提高招聘的工作效率

招聘应同时考虑三方面的成本：一是招聘直接成本，包括招聘过程中的广告费，招聘人员的差旅费、考核费、办公费及聘请专家费用等；二是重置成本，是指因招

 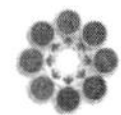

聘成果不佳需要重新招聘时产生的费用；三是机会成本，是指因人员离职及新员工尚未完全胜任工作产生的成本。招聘的职位越高，招聘成本越大。既要将招聘成本降到最低，又要保证录用人员的素质，是招聘成功的重要衡量指标之一。

（三）为企业注入新的活力，增强企业的创新力

招聘会为岗位配置新的人员，新员工将新的管理思想和新的工作模式带入工作中，特别是从外部吸收人力资源，即为企业增添了新生力量，弥补了企业内部人力资源的不足，又给企业带来新思维、新观念和新技术。

（四）减少离职，增强企业内部的凝聚力

有效的人力资源招聘，一方面，可以使企业更多地了解应聘者到本企业工作的动机和目的，从诸多候选人中选出个人发展目标和企业目标趋于一致并愿意与企业共同发展的员工；另一方面，可以使应聘者更多地了解企业、企业文化及应聘岗位，让他们根据自己的能力、兴趣与发展目标决定是否加盟企业。有效的双向选择可以使员工认同企业文化和价值观，愉快地胜任所从事的工作，减少员工离职及损失，增强企业的凝聚力。

（五）有利于人力资源的合理流动和人力资源潜能的发挥

一个有效的招聘体系，能促使员工通过合理流动找到适合的岗位，实现能岗匹配。调查表明，员工在同一岗位八年以上，容易出现疲顿现象，而合理流动会使员工感受到来自新岗位的压力与挑战，激发员工的内在潜能。

（六）扩大企业知名度，树立企业良好形象

招聘的目的绝不是简单地吸引大批应聘者，人力资源招聘的根本目的是获得企业所需的人员、减少不必要的人员流失，同时招聘还有潜在的目的：树立企业形象。企业可以利用各种招聘渠道发布招聘信息，提升企业知名度，表明企业实力，让社会更多地了解企业，从而展示企业的良好形象。

二、招聘的基本含义

招聘，是指在企业总体发展战略规划的指导下，用人单位制订相应的职位空缺计划，并寻找合格员工的可能来源，吸引他们到本组织应征来填补这些职位空缺，同时加以录用的过程。

招聘可以分为“招募”和“甄选”两个阶段。美国著名的人力资源管理专家雷蒙德·A. 诺伊等在其《人力资源管理：赢得竞争优势》一书中认为，人力资源的招

募是企业以发现和吸引潜在雇员为主要目的而采取的任何做法或活动。这是招聘的前期阶段，实际上，在人力资源规划和实际的新员工甄选之间架起了一座桥梁；所谓甄选，是对已经获得的可供任用的人选做出进一步的甄别、比较，从而确定本单位最后录用的人员，它是招聘的后一阶段，也是招聘工作任务的最终完成阶段。

由此可见，招募是聘用的基础和前提，聘用是招募的目的。招募主要是以宣传扩大影响，达到吸引人应征的目的；而聘用则是使用各种选择方法和技术挑选合格员工的过程。就招聘者而言，其使命就在于“让最适合的人在最恰当的时间位于最合适的位置，为组织做出最大的贡献”。

因此，有效招聘是指组织或招聘者在适宜的时间范围内采取适宜的方式实现人、职位、组织三者的最佳匹配，以达到因事任人、人尽其才、才尽其用的互赢共生目标。它包括四大要件：1. 申请者——职位匹配；2. 申请者——组织匹配；3. 职位——组织匹配；4. 时间——方式——结果匹配。

三、招聘的原则

招聘工作应当坚持以下基本原则。

（一）全面原则

对应聘人员从品德、知识、能力、智力、心理、过去工作的经验和业绩进行全面考试、考核和考察。因为一个人能否胜任某项工作或者发展前途如何，是由其多方面因素决定的，特别是非智力因素对其将来的作为起着决定性作用。所以，应尽可能地采取全方位、多角度的评价方法，客观地衡量申请者的竞争优势与劣势以及其与职位、组织间的适宜性。

（二）公平原则

公平原则指对所有应聘者要一视同仁，不得人为地制造各种不平等的限制或条件（如性别歧视）和各种不平等的优先优惠政策，努力为有志之士提供平等竞争的机会，不拘一格地选拔、录用各方面的优秀人才。

（三）公开原则

公开原则指把招聘单位、职位名称、数量、入职的资格、条件、测评的方法、内容和时间等信息向可能应聘的人群或社会公告周知，公开进行。一方面，给予社会上的人才以公平竞争的机会，达到广招人才的目的；另一方面，使招聘工作置于社会的公开监督之下，防止不正之风的蔓延。

 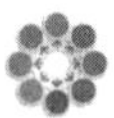

（四）竞争原则

竞争原则指通过考试竞争和考核鉴别，确定人员的优劣和人选的取舍。为了达到竞争的目的，一要动员、吸引较多的人员报考；二要严格考核程序和手段，科学地录取人选，防止“拉关系”“走后门”“裙带风”、贪污受贿和徇私舞弊等现象的发生，通过激烈而公平的竞争，选择优秀人才。

（五）能岗匹配原则

招聘是应坚持所招聘的人的知识、能力、素质与岗位要求相匹配。俗话说“骏马能历险，犁田不如牛”，一定要从专业、能力、特长、个性特征等方面衡量人与职位之间是否匹配。招聘的目标是实现能岗匹配。

（六）遵守国家法律的原则

在招聘过程中，企业应严格遵守《中华人民共和国劳动法》及相关劳动法规的规定，坚持平等就业、双向选择、公平竞争，反对种族歧视、年龄歧视、信仰歧视，尤其对弱势群体、少数民族和残疾人等应该给予保护和关心。严格控制未成年人就业，保护妇女儿童合法权益。

四、招聘与人力资源管理其他职能活动的关系

首先，科学的招聘工作是以人力资源规划和职位分析作为前提和基础的。只有通过预测未来的人力资源需求和供给，企业才能决定是否需要进行招聘以及需要招聘的空缺职位是什么；而招聘的标准，也就是需要什么样的人填补这些空缺职位，则要通过职位分析才能够得到。在现实中，如果我们留心观察，不难发现企业所发布的招聘信息，很多时候，其实就是一个比较简单的职位说明书。

其次，招聘工作直接影响着选拔录用的效果。由于招聘和录用是紧密联系在一起的两个活动，它们在时间上有先后，一般来说，选拔录用要在招聘的基础上进行，因此，招聘工作的好坏直接影响选拔录用的效果。如果吸引的应聘者数量过少或者质量不高，企业挑选的余地就会大大缩小；但是如果吸引的应聘者数量过多，也会给后面的选拔过程增加负担，增加选拔录用的成本。

最后，招聘工作需要人力资源管理其他职能的配合。由于在招聘过程中需要向外界进行有关企业的宣传，招聘人员必须充分了解企业各个方面的情况，因此，需要对他们进行相关的培训，这就要借助培训开发；此外，为了使招聘活动更有成效，企业必须增强自身的吸引力，提供具有竞争力的报酬就是其中一个很重要的方面，这要依赖于薪酬管理的有效实施。

五、招聘工作程序

组织的人员招聘与甄选工作是一个复杂、完整而又连续的程序化过程。外部求职者希望把自己配置到组织内部，内部员工希望在这一过程中流动到更合适的岗位上，组织则是在寻找合适的任职者，这个过程的每一部分都是为了保证组织人员录用的质量，为组织选拔出合格、优秀的人才。

人员招聘的程序如图 3-1 所示。

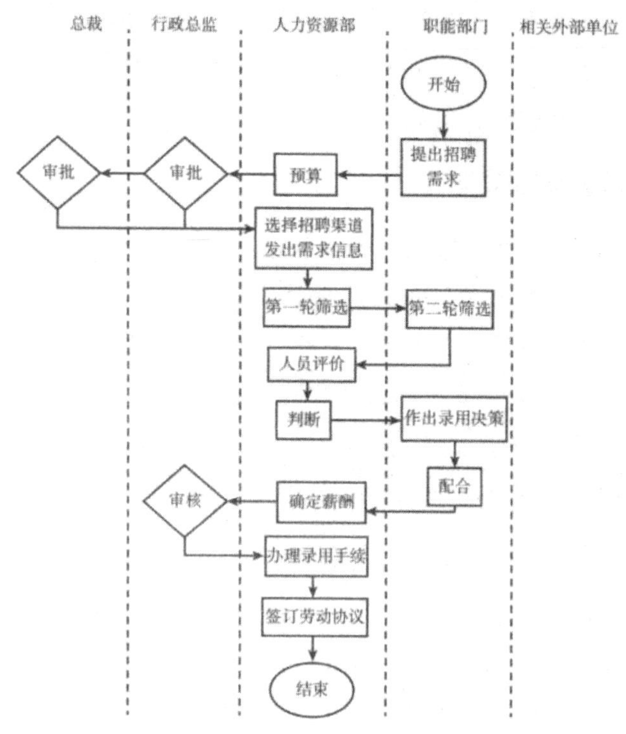

图 3-1 人员招聘的程序

第二节　员工招募的流程

一、员工招聘的准备

本节将向大家介绍克服此类仓促招聘的一剂良药——招聘计划。企业应当依据自身的发展，结合人力资源规划和工作分析制订招聘计划。

（一）制订招聘计划

由于内部招聘是在企业内部进行的，相对比较简单，因此，招聘计划大多都是针对外部招聘而制订的。一般来说，招聘计划主要包括以下几个方面的内容：招聘规模、招聘基准、招聘时间及招聘成本预算，企业还可以根据自己的情况再增加其他的内容。

1. 招聘计划的内容

一般而言，企业招聘计划包括以下内容：

（1）人员需求清单，包括拟招聘的职务名称、人数、任职资格要求等内容；

（2）招聘信息发布的时间和渠道；

（3）招聘团队人选，包括人员姓名、职务、各自的职责；

（4）应聘者的考核方案，包括考核的场所，大体时间、题目设计者姓名等；

（5）招聘的截止日期；

（6）新员工的上岗时间；

（7）招聘费用预算，包括资料费、广告费、人才交流会费用等；

（8）招聘工作时间表，尽可能详细，以便于他人配合；

（9）招聘广告样稿。

2. 制订招聘计划的注意事项

在制订招聘计划过程中，还要特别注意以下几点。

（1）录用人数以及招聘规模

1）确定计划录用的员工总数。为确保企业人力资源构成的合理性，各年度的录用人数应大体保持均衡。录用人数的确定，还要兼顾录用后员工的配置、晋升和退休金支付等问题。另外，在一定情况下，还要根据企业的实际情况考虑男女比例。

2）确定招聘规模。招聘规模就是指企业为了达到规定录用率，准备通过招聘活动吸引多少数量的应聘者。招聘活动吸引的人员数量既不能太多也不能太少，而应当控制在一个合适的规模。一般来说，企业是通过招聘录用的“金字塔”模型确定招聘规模的，也就是说，将整个招聘录用过程分为若干个阶段，以每个阶段通过的人数与参加人数的比例确定招聘的规模，如图 3-2 所示。

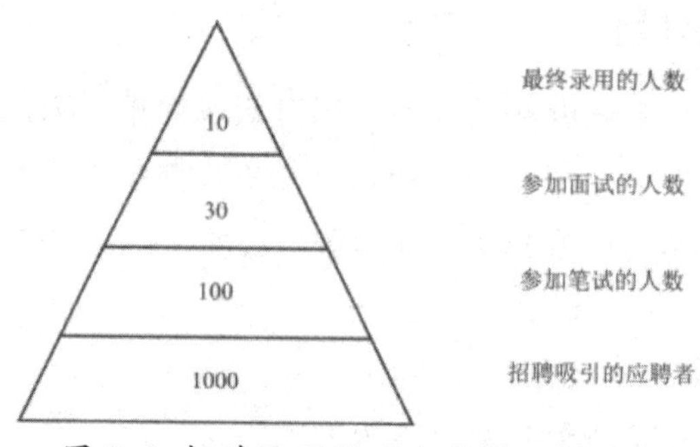

图 3-2 招聘录用的“金字塔”模型

在使用“金字塔”模型确定招聘规模时，一般是按照从上至下的顺序进行的，而招聘规模的确定，取决于两个因素：一是企业招聘录用的阶段，阶段越多，招聘的规模就越大；二是各个阶段通过的比例，这一比例的确定需要参考企业以往的历史数据和同类企业的经验，每一阶段的比例越高，招聘的规模就越大。

（2）招聘时间

有效的招聘计划还应该注意另外一种信息，即精确地估计从候选人应聘到雇用之间的时间间隔。随着劳动力市场条件的变化，这些数据也要相应地发生变化。由于招聘工作本身需要耗费一定的时间，再加上选拔录用和岗前培训的时间，因此，填补一个职位空缺往往需要相当长的时间，为了避免企业因缺少人员而影响正常的运转，企业要合理地确定自己的招聘时间，以保证职位空缺的及时填补。

1）遵循劳动力市场的人才规律。一般来说，每年的大学毕业生就业阶段是人才寻找就业机会的高峰，这段时间一般是从每年的 11 月开始，到第二年的五六月结束，其间除去大中专院校寒假放假阶段。在这个时期进行人员招聘，因为劳动力供给充分，所以可以在较大程度上雇用到素质较高的员工，同时也有利于节约招聘成本。

2）制订招聘时间计划。根据工作经验，计划好招聘各阶段的时间。招聘时间的选择最常用的方法是时间流逝数据法（Time Lapse Data，TLD），该方法显示了招聘过程中关键决策点的平均时间间隔，通过计算这些时间间隔确定招聘的时间。例如，企业计划在未来 6 个月招聘 30 位销售人员，根据“金字塔”模型确定的招聘规模为 3000 人。TLD 分析表明，根据以往的经验，在招聘广告刊登 10 天内征集求职者简历，邮寄面试通知需要 5 天，进行个人面试安排需要 5 天，面试后企业需要 4 天做出录用决策，得到录用通知的人需要 10 天做出是否接受工作的决定，接受职位的人需要 10 天才能到企业报到。按照这样估计，企业应在职位出现空缺之前 40 天就开始进行招聘。在使用这种方法确定招聘时间时也要考虑两个因素：整个招聘录用的阶段和每个阶段的时间间隔，阶段越多，每个阶段的时间越长，招聘开始的时间就应该越早。

（3）录用基准

即确定录用人才的标准。除个人基本情况外（年龄、性别等），录用人才的标准可以归纳为以下五个方面：与工作相关的知识背景、工作技能、工作经验、个性品质、身体素质。这里要明确一点，哪些素质是职位要求所必需的，哪些是希望应聘者具有的。

（4）录用来源

确定从哪里录用人才。确定录用来源有助于企业有效地把时间花费在某一劳动力市场上。费用最高的来源通常是猎头公司，其代理费大约为个人年薪的1/3。企业招聘高级管理人才时比较适用，而一般人员的招聘可到职业介绍所，费用较低。组织应根据成本及时间间隔数据定期收集、评价招聘来源信息，对各种信息来源进行分类，选择那些最快、最廉价的提供适当人选的信息来源。

（5）招聘成本计算

招聘成本就是招聘一个职位所需要的成本。单位招聘成本评价模式是对人力资源招聘工作量化和价值化的考察工具之一，包括内部成本和外部成本。单位招聘成本把内外部成本包容进来不仅是人力资源的要求，也是出于把招聘工作当作一种系统的动态工作流程考虑，它使人力资源招聘与员工薪酬、人力资源保留联系起来。

企业的招聘成本中的大部分来自于内部成本，招聘的内部成本一般由以下几项费用组成：

1）人工费用，就是公司招聘人员的工资、福利、差旅费、生活补助、加班费用等。

2）业务费用，包括通信费（电话费、上网费、邮资和传真费）、专业咨询与服务费（为获取中介信息而支付的费用）、广告费（在电视、报纸等媒体发布广告的费用）、资料费（公司印刷宣传材料和申请表的费用）、办公用品费（纸张、文具的费用）等。

3）其他费用，包括设备折旧费、水电费、物业管理费等。

外部成本所占的比例较小，主要是一些由于外部招聘环境变化而产生的成本投入附加值。

在计算招聘费用时，应当仔细分析各种费用的来源，把它们归入相应的类别中，以避免出现或重复计算。

（二）招聘渠道的确定

所谓“千军易得，一将难求”，企业要找到好人才，就必须广开渠道，灵活运用多种招聘方式。一般情况下，企业的招聘方式主要有外部招聘与内部选拔两种，同时这两种方式又与很多招聘渠道有着千丝万缕的联系。只要利用好这些方式与渠道，企业这棵“梧桐树”就不怕招不来“金凤凰”。

1. 内部招聘

内部招聘是指当企业出现了职位空缺的时候，优先考虑企业内部员工并调整到该岗位的方法。这首先提升了员工的工作兴趣和积极性，其次节省了外部招聘的成本。如果选择了内部招聘的方式，人力资源部门就需要将用人信息首先在企业内部进行发布公卅，其余的甄选程序和外部招聘是一样的。

内部招聘的方式主要有以下几种：

（1）提拔晋升

一方面，给员工升职、发展的机会，对于激励员工非常有利。从另一方面来讲，内部提拔的人员对本单位的业务工作比较熟悉，能够较快适应新的工作。

（2）工作调换

工作调换也叫作“平调”，是在内部寻找合适人选的一种基本方法。这样做的目的是要填补空缺，但实际上它还起到许多其他作用。

（3）工作轮换

工作轮换和工作调换有些相似，但又有不同。例如，工作调换从时间上来讲往往较长，而工作轮换则通常是短期的，有时间界限的。另外，工作调换往往是单独的、临时的，而工作轮换往往是两个以上、有计划地进行的。工作轮换可以使单位内部的管理人员或普通人员有机会了解单位内部的不同工作，给那些有潜力的人员提供以后可能晋升的条件，同时也可以减少部分人员由于长期从事某项工作而带来的烦躁和厌倦等感觉。

（4）人员重聘

有些单位由于某些原因会有一些下岗人员、长期休假人员、已在其他地方工作但关系还在本单位的人员等。这些人员中，有的恰好是内部空缺需要的人员。他们中有的人素质较高，对这些人员的重聘会使他们有再为单位尽力的机会。另外，单位雇用这些人员可以使他们尽快上岗，同时减少了培训等方面的费用。

2. 外部招聘

组织从外部招聘人员的渠道很多。那些快速成长的组织，或者需要招聘大量有熟练技术或者管理才能的员工的组织就需要从外部招聘。外部招聘的方式主要有以下几种：

（1）广告

广告是企业招聘人才最常用的方式，一方面，招聘可以很好地树立企业的形象；

另一方面，信息传播范围广，速度快，获得的应聘人员的信息量大，层次丰富。借助广告招聘时需要考虑两个问题：一是广告媒体的选择，二是广告内容的构思。

可选择的广告媒体很多：网络广告、报纸广告、杂志广告、电视广告、印刷品广告等，各种广告媒体分别具有自己的优点和缺点，企业应当根据具体的情况选择最合适的媒体。表 3-1 是对各种广告媒体的简单比较。

表 3-1 各种广告媒体的比较

媒体类型	主要优点	主要缺点	适用情形
报纸	标题短小精炼； 发行量大； 信息传播快； 广告大小可灵活选择	针对性不高； 保留时间短； 纸质和印刷质量会对广告设计造成限制	特定地区招聘； 短期内需要得到补充的职位； 候选人数量较大； 流失率较高的行业或职位
杂志	接触目标群体概率较大； 保存时间较长； 纸质和印刷质量较好	发行地域分散； 广告预约期长	应聘者地区分布较广； 应聘者集中在某专业领域，选择该领域中的人广泛阅读的杂志； 职位空缺不迫切
广播电视	视听效果有较强冲击力； 黄金时间受众人数多容易留下深刻印象	时间较短； 费用比较昂贵； 缺乏持久性	公司需要迅速扩大影响，将企业形象宣传与人员招聘同时进行； 需招聘大量人员； 用于引起求职者对其他媒体广告的注意
网站	不受时间和空间限制； 方式灵活、快捷； 可与招聘及 HRM 的其他环节形成整体； 成本不高	不上网的潜在应聘者可能没看到招聘信息	适用于有机会使用网络和电脑的人群
印刷品	容易引起应聘者的兴趣，并引发他们的行动	宣传力度有限； 可能会被人抛弃	适合于与其他形式的招聘活动配合使用

综上，企业应根据所要招聘的职位类型确定何种媒体是最好的选择，是地方性报纸还是全国发行的报纸，是大众读物还是技术性杂志等。选择在什么媒体上登广告之后，企业就要选择具体在媒介中的哪一家进行刊登，这就需要对不同的报纸、杂志、电视台的发行量、收视率有所了解。进行广告招聘时，广告费用也是一个不可忽略的问题。如果组织在进行大规模的人员招聘或是人员招聘难度大时，可以采取多种招聘广告媒体，力求覆盖目标人群的接触范围。

（2）现场招聘会

每年政府都会组织大量的招聘会促进就业，每年也会有大量的企业积极参加招聘会。参加现场招聘会也是企业搜寻人才的大好机会，这种招聘途径可以让企业与应聘者直接进行面对面的交谈，企业也可以利用招聘会进行一定程度的企业形象宣传，简单而有效。

（3）猎头公司

在员工素质变得越来越重要的今天，好的猎头公司毫无疑问是企业发展的推进器。因此，怎样才能利用好猎头公司就成了企业人力资源工作者亟待解决的重要问题。针对这个问题，企业应该采取一些必要的策略：

1）给猎头公司合理的利润；

2）相互依赖、相互尊重；

3）及时与猎头公司沟通；

4）信用第一；

5）把握好猎头公司的数量。

（4）网络招聘

网络招聘是一种新兴的招聘方式，并且已经成为大公司普遍使用的一种手段。2000年美国的一家咨询公司公布的一项追踪研究报告表明，《财富》全球500强中使用网上招募的已占88%。分地区来说，93%北美地区的大公司都使用网上招聘，欧洲有83%，亚太地区有88%。按行业来说，使用互联网招募员工最普遍的是医疗保健行业，全球500强中达到100%，制造和运输两个行业也在95%以上。而中国的网络招聘尚处在启蒙阶段。2000年，全国只有五六家公司做网络招聘，企业、个人对网络招聘还没有认知度，但随着互联网的发展及网上人数的增加，网络招聘已有一批固定的企业和人群，而且不断增加。

（5）人才中介机构

社会上有各种人才中介机构，其中有人事部门开办的人才交流中心，劳动部门开办的职业介绍机构，还有一些私营的职业介绍机构。这些人才中介机构都是用人单位和求职者之间的桥梁，为用人单位推荐用人，为求职者推荐工作，同时也举办各种形式的人才交流会、招聘会、洽谈会等。

一般来说，企业在这些人才交流机构中获得的职位候选人多数是较低职位的职员或者具备特殊技能的技工，另外，如果想寻找临时员工，借助人才中介机构也是不错的选择。

目前社会上的人才中介机构良莠不齐，因此，在选择人才中介机构时一定要慎重，一定要选择那些正规合法、声望好、有实力的人才中介机构。

（6）校园招聘

由于大学毕业生学历较高，可塑性强，被形象地比喻为“钻石的裸石”。因此，各类高校是企业人才资源的重要来源。一般企业吸引大学毕业生的方法有五种：

1）在学校设立奖学金，吸引学生毕业后去该企业工作；

2）为学生提供实习机会和暑期雇佣机会，以期日后确定长久的雇佣关系，并达到试用观察的目的；

3）在学校中建立“毕业生数据库”，对毕业生逐个进行筛选；

4）通过定向培养、委托培养等方式直接从学校获得所需人才；

5）在学校召开招聘会、企业宣讲会、发布招聘广告等。

3. 内部招聘和外部招聘的利弊比较

（1）内部招聘的优点

1）能够对组织员工产生较强的激励作用。对获得晋升的员工来说，由于自己的能力和表现得到了企业认可，会产生强大的工作动力，其绩效和对企业的忠诚度便随之提高。对其他员工而言，由于组织为员工提供晋升机会，从而感到晋升有望，工作就会更加努力，增加对组织的忠诚和归属感。这样，内部招聘就把员工的成长与组织的成长连为一体，形成积极进取追求成功的气氛，达成美好的远景。

2）有效性更强，可信度更高。由于企业管理人员对该员工的业绩评价、性格特征、工作动机以及发展潜力等方面都有比较客观、准确的认识，信息相对外部人员来说是对称的、充分的，在一定程度上减少了“逆向选择”甚至是“道德风险”等方面的问题，从而减少用人方面的失误，提高人事决策的成功率。

3）内部员工适应性更强。从运作模式看，现有的员工更了解本组织的运作模式，与从外部引进的新员工相比，他们能更好地适应新工作。从企业文化角度来分，内部员工已经认同并融入企业文化，与企业形成事业和命运的共同体，更加认同企业的价值观和规范，有更高的企业责任心和对企业的忠诚度，进入新的岗位适应性更强。

4）招聘费用率低。“本部制造”可以节约高昂费用，如广告费、招聘人员和应聘人员的差旅费等，同时还可以省去一些不必要的培训，减少了间接损失。另外，一般地说，本部候选人已经认可企业现有的薪酬体系，其工资待遇要求会更符合企业的现状。

（2）内部招聘的缺点

1）可能造成内部矛盾。“本部制造”需要竞争，而竞争的结果是失败者占多数。竞争失败的员工可能会心灰意冷，士气低下，不利于组织的内部团结。内部招聘还可能导致部门之间“挖人才”现象，不利于部门之间的协作。此外，如果招聘中按资历而非能力进行选择，将会诱发员工养成“不求有功，但求无过”的心理，使优秀人才流失或被埋没，削弱企业的竞争力。

2）容易造成“近亲繁殖”。同一组织内的员工有相同的文化背景，可能产生

"团队思维"现象，抑制了个体创新。尤其是当组织内重要职位由基层员工提拔，进而僵化思维意识，不利于组织的长期发展，如通用电气20世纪90年代所面临的困境被认为与其长期实施"内部招聘"策略有关。

3）失去选取外部优秀人才的机会。一般情况下，外部优秀人才是比较多的，一味寻求内部招聘，降低了外部"新鲜血液"进入本组织的机会，表面上看是节约了成本，实际上是对机会成本的巨大浪费。

4）除非有很好的发展/培训计划，内部晋升者不会在短期内达到对他们预期的要求，内部发展计划的成本比雇用外部直接适合需要的人才要高，且多个被提升员工由于"彼得原理"可能不能很好地适应工作，从而影响组织整体的运作效率和绩效。

（3）外部招聘的优点

1）人员选择范围广泛。从外部找到的人员比内部招聘多得多，无论是从技术、能力还是数量方面讲都有很大的选择空间。

2）外部招聘有利于带来新思想和新方法。外部招聘来的员工会给组织带来"新鲜的空气"，会把新的技能和想法带进组织。这些新思想、新观念、新技术、新方法、新价值观、新的外部关系，使企业充满活力与生机，能帮助企业用新的方法解决一直困扰组织的问题。

3）大大节省了培训费用。从外部获得有熟练技术的工人和有管理才能的人往往要比内部培训节省培训成本，特别是在组织急需这类人才时尤为重要。这不仅节约了培训经费和时间，还节约了获得实践经验所交的"学费"。

4）产生鲇鱼效应。外部招聘人才可以在无形中对原有员工施加压力，形成危机意识，激发斗志和潜能。压力带来的动力可以使员工通过标杆学习而共同提高。

5）有利于树立形象。外部招聘也是一种十分有效的交流方式，外部招聘会起到广告的作用。在外部招聘的过程中，企业可以借此在潜在员工、客户和其他外界人士中树立积极进取、锐意改革的良好形象，从而形成良好的口碑。

6）有利于平息和缓和内部竞争者之间的紧张关系。内部竞争者由于彼此机会均等，可能在同事之间产生互相竞争的局面，进而可能因为同事的晋升而产生不良情绪，如懈怠、不服从管理，从而不利于企业的运作和管理，外部员工的引入可能对此种情况产生平衡的作用，避免了组织成员间的不团结。

7）从宏观意义上说，外部招聘可以在全社会范围内优化人力资源配置，促进人才合理流动，加速全国性的人才市场和职业经理市场的形成，节约整个社会的教育和培训成本，具有明显的外部经济性，具有巨大的社会效益。

（4）外部招聘的缺点

1）外部招聘选错人的风险比较大。外部招聘通过几次短时间的接触，就必须判断候选人是否符合本组织空缺岗位的要求，而不像内部招聘那样经过长期的接触和考察，所以，很可能因为一些外部的原因而做出不准确的判断，进而增加了决策风险。

2）需要更长的培训和适应阶段。即使是一项对组织来说很简单的工作，员工也需要对组织的人员、程序、政策和组织的特征加以熟悉，而这是需要时间的。另外，从外部招聘的人员还有可能出现“水土不服”的现象，其个人特质很难融入企业文化潮流之中，导致人际关系复杂，工作不顺，影响积极性和创造力的发挥。

3）内部员工可能感到自己被忽视。外部的招聘会影响组织内部那些认为自己可以胜任空缺职位员工的士气。

4）外部招聘可能费时费力。与内部招聘相比，无论是引进高层人才还是中低层人才，都需要相当高的招聘费用，包括招聘人员的费用、广告费、测试费、专家顾问费等。来自外部的员工通常需要比较长的时间去了解组织及其产品和服务、同事以及客户，完成这个社会化的过程。虽然候选人可能具备出色的技能、培训经历或经验，并且在其他组织中也干得比较成功，但是这些因素并不能保证其在新组织中获得同样的成功或有能力适应新组织的文化。

5）外部人才之间、外部人才和内部人才之间往往存在复杂的矛盾。主要是相互不服气及“盲目排外”情结。这些矛盾进而引发部门之间的矛盾，个人行为上升到组织行为，导致部门之间协调配合不够、相互拆台，战略措施、方针政策得不到很好的贯彻执行。

二、人员甄选

人员甄选是指从应聘者的资格审查开始，经过用人部门与人力资源部门共同初选、面试、测试、体检、个人资料核实到人员录用的过程，是整个招聘工作中关键的、技术性最强且难度最大的一个环节。从20世纪50年代开始，在西方发达国家，企业招聘工作的重心就已经从寻找和吸引人员转移到了筛选方面。筛选在整个招聘过程中占据核心地位。如果不能有效地从招聘所网罗的人员中选出最优秀的，或者说，不能把不合格人员排除在企业大门外，而是等他们进入企业之后再去应付的话，就会直接或间接地给企业带来严重的时间、金钱和效率的损失，还会造成一些法律上的困扰。

人员甄选的具体流程如图 3-3 所示。

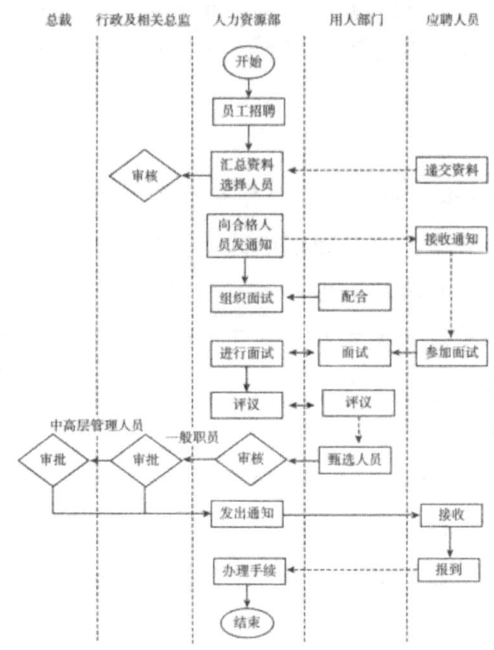

图 3-3 人员甄选的具体流程

（一）履历分析

履历分析，是通过对评价者的个人背景、工作与生活经历进行分析，了解一个人的成长历程和工作业绩，判断其对未来岗位的适应性。近年来，这一方式越来越受到人力资源管理部门的重视，被广泛地用于人员选拔等人力资源管理活动中。使用个人履历资料，既可以用于初审个人简历，迅速排除明显不合格的人员，也可以根据与工作要求相关性的高低，事先确定履历中各项内容的权重，把申请人各项得分相加得总分，再根据总分确定选择决策。

一般通过求职申请表或简历对应聘者进行履历分析和初步筛选。

（二）笔试

笔试是一种与面试对应的测试，是考核应聘者学识水平的重要工具。这种方法可以有效地测量应聘者的基本知识、专业知识、管理知识、综合分析能力和文字表达能力等素质及能力的差异。

笔试在员工招聘中有相当大的作用，尤其是在大规模的员工招聘中，它可以快速把员工的基本活动了解清楚，然后划分出一个基本符合需要的界限。适用面广，费用较少，可以大规模地运用。但是分析结果时需要较多的人力，有时，被试者会投其所好，尤其是在个性测试中更加明显。

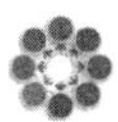

1. 笔试的形式

笔试形式主要有七种：多种选择题、是非题、匹配题、填空题、简答题、回答题、小论文，每一种笔试形式都有它的优缺点。比如，论文笔试是以长篇的文章表达对某一问题的看法，并表达自己所具有的知识、才能和观念等。

2. 笔试的类型

（1）技术性笔试

技术性笔试主要针对研发型和技术类职位的应聘，这类职位的特点是：对于相关专业知识的掌握要求比较高，题目特点是主要关于涉及工作需要的技术性问题，专业性比较强。这类考试的结果与同学们大学四年的学习成绩密不可分。所以，要成功应对这类考试，需要有坚实的专业基础。

对于这类技术性岗位，大公司和小公司的笔试内容的侧重点有很大的区别。一般小公司注重实用性，考得比较细，目的就是拿来就用。大公司则强调基础和潜力，所以考得比较泛泛，多数都是智力测验、情感测验，还有性格倾向测验。例如，Motorola 曾经的笔试内容主要是非技术的，有很多英文阅读和智力测验。

对于大公司的笔试，建议可以看看公务员考试的教材，有很多智商题，也有很多综合性问题，这类问题对大公司的笔试是很有帮助的。

（2）非技术性笔试

这类笔试一般来说更常见，对于应试者的专业背景的要求也相对宽松。非技术性笔试的考察内容相当广泛，除了常见的英文阅读和写作能力、逻辑思维能力、数理分析能力外，有些时候还会涉及时事政治、生活常识、情景演绎，甚至是智商测试等。

（三）面试

1. 面试的含义

面试是在特定场景下，通过评价者与被评价者双方面对面的观察、交谈，收集有关信息，从而由表及里地测评被评价者的素质状况、能力特征以及动机的一种人事测量方法。可以说，面试是人事管理领域应用最普遍的一种测量形式，是企业组织在挑选职工时最常用的一种重要方法。

面试给公司和应聘者提供了双向交流的机会，能使公司和应聘者之间相互了解，从而双方都可更准确地做出聘用与否、受聘与否的决定。

2. 面试分类

面试按不同形式，一般有如下几类。

（1）根据面试标准化程度分类

1）结构化面试：指根据对职位的分析，确定面试的测评要素，在每一个测评的维度上预先编制好面试题目，并制定相应的评分标准，对被评价者的表现进行量化分析。不同的测试者使用相同的评价尺度，对应聘同一岗位的不同被评价者使用相同的题目、提问方式、计分和评价标准，以保证评价的公平合理。结构化程度最高的面试方法是设计一个计算机化程序来提问，记录应聘者的答案，然后进行数据分析，给出录用决策的程式化结果，如公务员面试和一些银行、国企统一组织的面试。

2）非结构化面试：对与面试有关的因素不做任何限定的面试，也就是通常没有任何规范的随意性面试。特点是灵活，获得的信息丰富、完整和深入，但同时主观性强、成本高、效率较低，如一些企业聊天式的提问面试。

3）半结构化面试：是介于结构化面试和非结构化面试之间的一种面试方式，它包括两个含义：一是面试考官提前准备重要的问题，但是不要求按照固定的次序提问，且可以谈论那些似乎需要进一步调查的问题；二是指面试人员一举实现设计的一系列问题来对应聘者进行提问，一般根据管理人员、业务人员和技术人员等不同的工作类型设计不同的问题表格。这种半结构化面试可以帮助企业了解应聘者的技术能力、人格类型和对激励的态度等。

（2）根据面试的组织方式分类

1）一对一面试：这是一种运用比较多的面试方式。面试考官和应聘者单独进行面试，一个人进行口头询问，另一个人进行口头回答。

2）系列式面试：指几个面试考官依次对应聘者进行面试。在非结构化面试中，每一位面试考官从自己的角度观察应聘者，提出不同的问题，然后依据标准评价表对应聘者进行评定。之后将每一位应聘者的评定结果进行综合比较分析，最后做出录用决策。

3）小组面试：即由几个面试考官（其中一个为主考官）同时对一个应聘者进行面试。

4）集体面试：这是小组面试的一种变形，由多个面试人员同时对多个应聘者进行面试。面试小组提出一个需要解决的问题，然后不采取行动，而是观察哪位应聘者首先回答。

5）决策者综合面试：在挑选重要岗位人选时，由最高决策者直接进行的综合面试。这种方法通常在有一定地位和阅历的人对具体的岗位推荐了人选时采用。

（3）根据面试进程分类

1）一次性面试：是指用人单位对应试者的面试集中于一次进行。

2）分阶段面试：可分为两种类型，一种叫“依序面试”，一种叫“逐步面试”。依序面试一般分为初试、复试与综合评定三步；逐步面试，一般是由用人单位面试小组成员按照由低到高的顺序，依次对应试者进行面试。

（4）根据面试风格分类

1）压力面试：将应聘者置于一种人为的紧张气氛中，让应考者接受诸如挑衅性的、刁难性的刺激，以考察其应变能力、压力承受能力、情绪稳定性等。

2）非压力面试：在没有压力的情景下考察应聘者有关方面的素质。

（5）根据面试内容设计的重点分类

1）常规面试：主考官和应试者面对面以问答形式为主的面试。

2）情景面试：突破了常规面试考官和应试者那种一问一答的模式，引入了无领导小组讨论、公文处理、角色扮演、演讲、答辩、案例分析等人员甄选中的情景模拟方法。

3）综合性面试：兼有前两种面试的特点，而且是结构化的，内容主要集中在与工作职位相关的知识技能和其他素质上。

（6）根据面试途径分类

1）电话面试：不需直接面对面而是以电话交流为途径的面试。

2）视频面试：指通过视频聊天的方式对求职者面试。

3）现场面试：指面试官与求职者面对面直接交流沟通。

（四）心理测试

1. 心理测试的含义

所谓心理测试，就是指通过一系列的心理学方法测量被试者的智力水平和个性方面差异的一种科学方法。它是心理学领域的一种研究方法，但现在许多领域都广泛采用这种方法，在企业招聘中应用的范围尤其广泛。它可以了解一个人的潜力及其心理活动规律。而所谓的人事安排，就是让合适的人担任合适的工作。心理测试正可以了解一个人的实际能力，这样，决策者可以把适当的人安排在适当的岗位上。

2. 心理测试的类型

（1）心理测试从内容划分，主要有智力测验、个性测验和特殊能力测验三种。

1）智力测验。智力测验就是对智力的科学测试。所谓智力，就是指人类学习和适应环境的能力。智力包括观察能力、记忆能力、想象能力、思维能力等。智力的高低直接影响一个人在社会上是否成功。智力的高低以智商 IQ 来表示。

2）个性测验。个性是指一个人比较稳定的心理活动特点的总和。个性可以包括性格、兴趣、爱好、气质、价值观等。

3）特殊能力测试。特殊能力测试在一般员工招聘中并不常用。所谓特殊能力，就是指某些人具有他人所不具备的能力。

（2）根据形式的不同，也可以把心理测试划分为纸笔测试、投射测试、实验测试和仪器测试四种方法。

1）纸笔测试。纸笔测试简称笔试，就是要求被试者根据项目的内容把答案写在纸上，以便了解被试者心理活动的一种方法。

2）投射法。所谓投射法，就是让被试者通过一定的媒介，建立起自己的想象世界，在无拘束的情景中，显露其个性特征的一种测试方法。

3）心理实验法。心理实验法就是指有目的地严格控制，或者创造一定条件引起个体某种心理活动的产生，以进行测量的一种科学方法。实验法可以分为两种：一种是实验室实验法，另一种是情景实验法。

4）仪器测量法。仪器测量法就是指通过科学的仪器对被试者进行测试，以了解被试者心理活动的一种科学方法。

（五）评价中心

评价中心技术是在第二次世界大战后迅速发展起来的，它是现代人事测评的一种主要形式，被认为是一种针对高级管理人员的最有效的测评方法。一次完整的评价中心通常需要两三天的时间，对个人的评价是在团体中进行的。被试者组成一个小组，由一组测试人员（通常测试人员与被试者的数量为1 ：2）对其进行包括心理测验、面试、多项情景模拟测验在内的一系列测评，测评结果是在多个测试者系统观察的基础上综合得到的。严格来讲，评价中心是一种程序而不是一种具体的方法；是组织选拔管理人员的一项人事评价过程，而不是空间场所、地点。它由多个评价人员，针对特定的目的与标准，使用多种主客观人事评价方法，对被试者的各种能力进行评价，为组织选拔、提升、鉴别、发展和训练个人服务。评价中心的最大特点是注重情景模拟，在一次评价中心中包含多个情景模拟测验，可以说评价中心既源于情景模拟，但又不同于简单的情景模拟，是多种测评方法的有机结合。评价中心具有较高的信度和效度，得出的结论质量较高，但与其他测评方法比较，评价中心需投入很大的人力、物力，且时间较长，操作难度大，对测试者的要求很高。

评价中心的主要形式有以下几种。

1. 无领导小组讨论

无领导小组讨论是评价中心技术中经常采用的一种测评方法，是一种无角色群体自由讨论的测评形式。其操作方式是将被试者按一定的人数（一般为5～10人）编为一组，不确定会议主持人，不指定重点发言，不安排会议议程，不提出具体要求，根据考官提供的真实或者假设的材料（如有关文件、资料、会议记录、统计报表等材料），给被评价者一个待解决的问题（如业务问题、财务问题、社会热点问题等），给他们大约一个小时的时间，让他们展开讨论以解决这个问题。这种讨论可以形成较一致的意见，也可以不形成一致意见。

无领导小组讨论主要考察被评价者的组织协调能力、领导能力、人际交往能力、

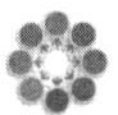

辩论说服能力以及决策能力等，同时也可以考察被评价者的自信心、进取心、责任感、灵活性、情绪的稳定性以及团队精神等个性方面的特点及风格。

2. 文件筐测试

公文处理练习也称为“文件筐”，这是一种具有较高信度和效度的测评手段，是对管理人员的潜在能力进行测定的有效方法，可以为企业高级管理人才的选拔、聘用、考核提供科学可靠的信息。在这种测评方法中，被评价者将扮演某一领导者的角色，他将面对一堆信件或文稿，包括通知、报告、客户的来信、下级反映情况的信件、电话记录、关于人事或财务等方面的一些信息以及办公室的备忘录等。

3. 模拟面谈

模拟面谈是评价中心中通常采用的人事测评方法——角色扮演的一种形式。一般是由评价者的一名助手扮演与被评价者谈话的人，这名助手是经过培训的，其行为将遵循一种标准化的模式。这个与被评价者谈话的人可以充当各种与被评价者有关的角色，甚至可以充当对被评价者进行采访的电视台记者。这种测评方法主要考察被评价者的说服能力、表达能力和处理冲突的能力以及其思维的灵活性和敏捷性等。

4. 演讲

在该测评方法中，被评价者按照给定的材料组织自己的观点，并且向评价者阐述自己的观点和理由。有时，在被评价者演讲之后，评价者要向被评价者提问。这种测评方法可以考察被评价者的分析推理能力、语言表达能力以及在压力下的反应能力。

5. 搜寻事实

在搜寻事实的任务当中，我们主要考察被评价者获取信息的能力、分析问题能力、理解和判断能力以及社会知觉能力，同时也可考察他的决策能力和对压力的容忍能力。

6. 书面的案例分析

在书面的案例分析测评方法中，通常是让一个被评价者阅读一些关于组织中的问题的材料，然后让他准备出一系列的建议，以提交给更高级的管理部门。这种测评方法可以考察被评价者的综合分析能力和做出判断决策的能力，它既可以考察一些一般性的技能，也可以考察一些特殊性的技能。

7. 角色游戏

角色游戏是一种比较复杂的测评方法。它要求被评价者扮演一定的角色，模拟实际工作情境中的一些活动。通常采用一些非结构化的情境，在被评价者之间进行交互作用。角色游戏的优点就在于它能够更好地再现组织中的真实情况。这种方法较为复杂，但它更为真实。这种方法的缺点就在于对被评价者的观察和评价是比较困难的，而且这种方法费时较长。

表 3-2 常用甄选技术四项指标上的评价

测评方法	效度	公平程度	可用性	成本
智力测验	中	中	高	低
性向和能力测定	中	高	中	低
个性与兴趣测验	中	高	低	中
面试	低	中	高	中
工作模拟	高	高	低	高
情景练习	中	中	低	中
个人资料	高	中	高	低
同行评定	高	中	低	低
自我介绍	低	高	中	低
推荐信	低	-	高	低
评价中心	高	高	低	高

第三节　招募工作的评估

一、员工录用

（一）背景调查与体检

1. 背景调查

背景调查可以提供极好的信息帮助企业做出正确的录用决策，但是必须正当地使用这些信息，对企业最有利的是得到关于如何合法地使用背景调查的合法建议。现在我国公民的权利意识越来越强，企业切不可因调查而侵犯了求职者的隐私权。

背景调查内容应以简明、实用为原则。内容简明是为了控制背景调查的工作量，降低调查成本，缩短调查时间，以免延误上岗时间而使用人部门人力吃紧，影响业务的开展；再者，优秀人才往往被几家公司互相争夺，长时间的背景调查是给竞争对手制造机会。内容实用指调查的项目必须与工作岗位需求紧密相关，避免查非所用，用者未查。

调查内容可以分为两类：一是通用项目如毕业学位的真实性、任职资格证书的有效性；二是与职位说明书要求相关的工作经验、技能和业绩，不必面面俱到。不可能调查核实简历或申请表上的所有内容，这样既费时又费钱，而如果招聘者调查的事情与工作无关，则有可能因此而惹上麻烦。

2. 体检

体格检查通常是选拔过程后紧接着的一个步骤。进行雇用前体检有三个主要原因：

（1）体检可以用来确定求职者是否符合职位的身体要求，发现在对求职者进行工作安排时应当予以考虑的身体素质局限因素。

（2）通过体检还可以建立求职者的健康记录和基线，以服务于未来满足保险或雇员赔偿要求的目的。

（3）通过确定健康状况，体检还可以降低缺勤率和事故，发现雇员可能不知道的传染病。

体检这一环节的执行相对比较简单，一般企业会指定一个有信誉的或长期来往的医疗机构，要求应聘者在一定时间内进行体检。在很大的企业组织中，体检通常在招聘者的医疗部门中进行。体检的费用由招聘者支付，体检的结果也交给招聘者。

体检也是录用时不可被忽视的一个环节。不同的职位对健康的要求有所不同，一些对健康状况有特殊要求的职位在招聘时尤其要对应聘者进行严格的体检，否则有可能会给企业带来许多麻烦。

（二）录用

录用程序比较烦琐，包含了决定录用人员、通知录用人员、签订试用合同、人员的初始安排、试用、正式录用等关键性的内容。概括来讲，新人录用程序可以分为以下几个步骤。

1. 录用通知

录用通知的首要步骤就是公布录用名单，这一步骤要靠录用标准和录用决策的相关程序来进行。在公布录用名单之后，接下来要进行的工作就是办理录用手续。

录用手续应当在劳动人事行政主管部门进行办理，并且在办理时应当提供足够的资料以证明录用职工具有合法性，只有这样才能受到国家有关部门的承认，并且使招聘工作受到劳动人事部门的业务监督。办理录用手续需要新员工的真实的个人信息，包括员工姓名、年龄、性别、民族、籍贯、文化程度、政治面貌、个人简历等。

办理完相关的录用手续，下一步的工作就是录用通知的实际操作。事实上，很多企业也会在办理录用手续之前进行录用通知的发放。

2. 签订劳动合同

劳动合同一般分为两种，一种是试用合同，另一种是正式的劳动协议。一旦签订相应的劳动合同，就表示企业与应聘者之间正式确立了雇佣与被雇佣的劳动关系，同时产生法律效力。因此，对劳动合同的签订应当慎之又慎。

在试用合同中，双方应当明确试用时间期限、试用期间的待遇以及相应的岗位安置等。在正式的劳动合同中，双方则应当正式敲定合同期内的薪资待遇、保险福利、岗位职能、违约处罚等内容。一般正式劳动合同的期限为一年，也可以根据双方的意愿适当延长期限。

3. 新人安置

在新员工正式进入企业之后，人力资源部门要及时为其安排相应合适的职位。一般情况下，新员工的职位与在招聘信息中发布的岗位是对应的，如果必要，也可以根据实际的情况进行调整，但是要遵循用人所长、人适其职的原则，使人与事的多种差异因素得到最佳配合。

二、招聘工作的评估与总结

（一）如何评价公司招聘的效果

评价招聘部门的工作是否成功，可以从以下几个方面来看。

（1）负责招聘的人员是否花时间与公司其他部门的经理一起讨论对应聘人员的要求。合格的招聘人员会花相当多的时间了解空缺职位的情况，同时，用人部门应该明确提出应聘本部门职位所需要的关键技能和条件。

（2）招聘部门的反应是否迅速，能否在接到用人要求后的短时间内就找到有希望的候选人。真正高效的招聘部门应该了解其他公司中表现出色的人并随时掌握各种候选人的资料。这就需要公司内部的其他职能部门在平时就为招聘人员提供消息和便利，而负责招聘的人员则需要为这些潜在的候选人建立档案甚至可以给他们打电话以了解其兴趣所在。

（3）部门经理能否及时安排面试，如果不能，就会错过真正优秀的人才。总是推迟面试，实际上是在传递两个信息：一个是应聘者觉得自己并不是那么重要，另一个是使公司的招聘人员觉得自己的工作没有受到重视。

（4）公司是否在物质资金方面给招聘部门支持并给予足够的授权。优秀的候选人大部分都以职业为重，但也非常关心自己能否得到特殊的对待，自己的工资待遇等条件能否得到满足。如果招聘部门有足够的权力和候选人进行这方面的洽谈，而且公司也能够从人力资源方面给招聘人员以支持并为候选人提供最好的条件，那么公司就能够在人才竞争中获得优势。

（二）招聘成本评估

招聘成本评估是指对招聘过程中的费用进行调查、核实，并对照预算进行评价的过程。

招聘工作结束后，要对招聘工作进行核算。招聘核算是对招聘的经费使用情况进行度量、审计、计算、记录等的总称。通过核算，可以了解招聘中经费的精确使用情况，是否符合预算以及主要差异出现在哪个环节上。

（三）录用人员评估

录用人员评估是指根据招聘计划对录用人员的质量和数量进行评价的过程。判断招聘人员数量的一个明显的方法就是看职位空缺是否得到满足，雇佣率是否真正符合招聘计划的设计。衡量招聘质量是按照企业的长短期经营指标分别确定的。在短期计划中，企业可根据求职人员的数量和实际雇用人数的比例认定招聘质量；在长期计划中，企业可以根据接收雇用的求职者的转换率判断招聘的质量。

录用人员的数量可用以下几个数据来表示。

1. 录用比：录用比＝录用人数 / 应聘人数 ×100%。

2. 招聘完成比：招聘完成比＝录用人数 / 计划招聘人数 ×100%。

3. 应聘比：应聘比＝应聘人数 / 计划招聘人数 ×100%；

如果录用比比例小，相对来说录用者的素质较高，反之则录用者的素质就较低；如果招聘完成比等于或大于100%，则说明在数量上全面或超额完成招聘计划；如果应聘比较大，说明发布招聘信息的效果较好，同时说明录用人员可能素质较好。除了运用录用比和应聘比两个数据反映录用人员的质量，也可以根据招聘的要求或工作分析中得出的结论对录用人员进行登记排列来确定其质量。

第四章　员工培训与开发

第一节　培训与开发概况

一、培训与开发的含义

培训与开发是指组织为实现经营目标和员工个人发展目标而有计划地组织员工进行学习和训练以改善员工工作态度、增加员工知识、提高员工技能、激发员工创造潜能，进而保证员工能够按照预期标准或水平完成所承担或将要承担的工作和任务的人力资源管理活动。

培训是企业实施的有计划的、连续的、系统的学习行为或训练过程，以改变或调整受训员工的知识、技能、态度、思维、观念、心理，从而提高员工的思想水平及行为能力，使员工具有适当的能力处理其所担任的工作，准备迎接将来工作中的挑战。

开发指为员工今后发展而开展的正规教育、在职体验、人际互助以及个性和能力的测评等活动。开发是以员工的未来发展为导向，主要学习员工未来发展相关的知识。

二、培训与开发的目标

（一）培养员工的能力

通过培训，员工掌握相关的技术、程序、方法和工具等，是个知其然的过程。通过培训与开发提高员工的能力。能力分为基本能力和处理实际问题的能力。基本能力是员工从事岗位工作所需要的知识和技能,处理实际问题的能力包括心理素质、理解能力、判断能力、创造能力、组织能力和协调能力等。

（二）迎合员工的需要

从员工本人的期望来看，企业员工特别是年轻人，都希望从事具有挑战性的工作,希望自己在工作中有成长的机会。这就给企业的管理者提出了一个严峻的问题:如何才能不断地给员工分配具有挑战性的工作？如何才能给员工提供发展的机会？培训与开发的就是使员工不但要熟练地掌握现有工作岗位上所需要的知识和技能，而且还要使他们了解和掌握本企业或本行业的最新科学技术动态，以增强他们在实践中的工作能力。事实证明，对企业员工“高工资”不是吸引或留住他们的唯一的标准，而有吸引力的培训则变得越来越重要了。

（三）适应竞争的需要

从市场竞争的角度看，市场竞争的本质仍然是人才。只有掌握最新科学技术的人，才能不断地研制出市场需要的新产品，才能生产出高质量的符合顾客需要的产品。企业进行培训的目的就是要培养一大批始终站在科学技术前沿的高级人才，并通过培训使广大的员工能适应工作内容变化的需要。正是由于管理的基本作用是管理人和使人掌握现代的科学技术，又由于环境的复杂多变，因而必须重视对企业管理人员的培训和提高。

（四）灌输企业文化

企业文化是企业所拥有的共同的价值观和经营理念。企业文化在增强组织的凝聚力、指引员工自觉行动、协调团队合作以及提升企业形象方面有着非常重要的作用。如何让员工适应并融入企业文化、自觉地遵守企业文化，是企业培训中的一个重要内容。

（五）提高企业效益

培训与开发是为了不断地提高企业的效益。对员工培训与开发的任务是要使员工掌握与工作有关的实际知识和技能，并使他们能适应和担负起随着工作内容变化的新工作。只有保持一支技能水准合格，价值观与行为标准都与企业要求一致的素质良好的员工队伍，才能提高他们在工作岗位上的工作效率；只有不断地对员工进行培训，才能保证企业拥有一批掌握本领域内最新科学技术并在实践中不断有所创造、有所发明的科学技术队伍和管理人员队伍。许多成功的国内外企业的实践充分证明，他们取得成功的最重要的秘诀之一是极为重视对本企业员工的不断培训。反之，失败的企业也往往是它们忽视对员工的培训所致。

综上所述，员工培训与开发已经组建成为企业求生存、求发展的必要途径。培训的目的是改善生产力，因此也是工作的一部分。如果要员工无后顾之忧、精神饱满地进入培训教室，就应尽量尊重员工的私生活，遵循休闲生活的原则来进行培训。另外，企业也不能毫无计划、一窝蜂地赶办培训，因为每个企业所面临的外在挑战不同，而内部人员素质也不尽相同。因此，在举办培训与开发课程时，务必顾及企业与员工的需求，事前通过需求分析，拟订培训计划，这样才能真正达到培训的目的。

三、培训与开发的流程

人员培训与开发如此重要，而培训活动的成本无论从时间、精力上来说都是不低的，因此精心组织培训过程就显得十分重要。把培训活动看成是一个系统来组织，即如图 4-1 所示的员工培训系统模型。

如图 4-1 所示，培训流程按发生时间顺序可以大致分为公司战略培训需求调研分析、培训计划制订、培训实施计划、培训效果评估与反馈五个过程。

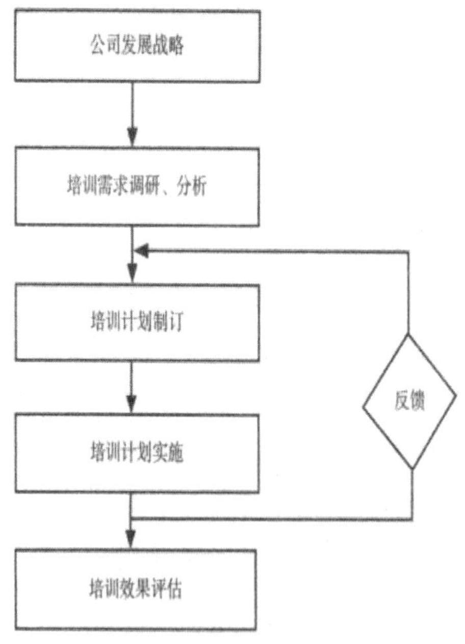

图 4-1 员工培训流程图

员工培训都要在公司发展战略指导下，企业管理人员根据企业理想需求与现实需求、预测需求与现实需求的差距，提出培训的需求动机，并报告给企业的培训组织管理部门。需求动机的提出是需求确认的第一步，也是整个培训过程的前提。经过需求分析，能够验证这种需求的意向是否合理并被采纳。

培训需求分析就是在进行培训活动之前，由培训部门及相关人员对组织的任务及成员的知识、技能等进行鉴别与分析，以确定是否需要培训的过程。培训需求分析是确定培训目标，也是实施培训方案的前提。培训需求分析包括组织分析、任务分析和个人分析等内容。企业根据培训需求调研分析从而制订培训计划，企业可以自己设计、制订培训计划，也可以请外部的专门机构帮助企业进行。因此，要做出培训计划必须要对企业有一定的了解。一般来说，企业在制订培训计划时，会同时考虑外部资源和内部资源。企业计划制订后需要其他各部门的支持并实施培训计划，然后企业根据培训效果进行评估并反馈评估结果。

第二节　培训与开发的流程

一、培训与开发需求分析

（一）培训需求分析的含义

在企业中培训需求是培训过程的开始，也是培训过程的重要环节。所谓需求，就是一个组织预期应该发生的事情和实际发生的事情之间的差距，这个差距我们称为“状态缺口”，这就形成了培训需求。

培训需求分析，就是判断是否需要培训及培训内容的一种活动过程。培训需求分析对企业的培训工作至关重要，它是真正有效地实施培训的前提条件，是培训工作实现准确、及时和有效的重要保证。培训需求分析具有很强的指导性，它既是确定培训目标、设计培训计划的前提，也是进行培训评估的基础。

（二）培训需求分析的内容

培训需求是由各个方面的原因引起的，确定进行培训需求分析并搜集到相关的资料后，就要从不同层次、不同对象、不同阶段对培训需求进行分析。

1. 培训需求的层次分析

从企业组织层次的角度来看，培训需求从组织、任务、人员三个层次进行分析。

（1）组织分析

培训需求的组织分析主要是通过对组织的目标、资源、特质、环境等因素的分析，准确地找出组织存在的问题与问题产生的根源，已确定培训是不是解决这类问题的最有效方法。培训需求的组织分析涉及能够影响培训规划的组织的各个组成部分，包括对组织目标的检查、组织资源的评估、组织特制的分析以及环境的影响等方面。组织分析的目的是在搜集与分析组织绩效和组织特制的基础上，确认绩效问题及其病因，寻找可能解决的办法，为培训部门提供参考。

（2）任务分析

又称为工作岗位分析，主要是确定各个岗位的员工达到理想的工作业绩所必须掌握的技能和能力。对工作岗位进行分析的最终结果是对有关工作活动的详细描述，包括对员工执行的任务的描述和完成任务所需要的知识、技术和能力的描述。人物分析，主要是研究怎样具体完成各自所承担的职责和任务，即研究具体的任职人的工作行为与期望的行为标准，找出其间的差距，从而确定其需要接受的培训。任务分析（工作岗位分析）的结果是设计和编写相关课程的重要资料来源。

（3）员工分析

又称为个人层次的分析，是指对员工的实际工作情况进行分析，人员分析的信息来源包括员工业绩考核的记录、员工技能测试成绩，工作人员个体现有状况与应有状况之间的差距以及员工个人填写的培训需求调查问卷等资料。为将来评价培训结果和评估未来培训的需要，对培训需求的分析应该形成一种制度，以便定期进行考核。

2. 培训需求的对象分析

一般情况下，企业新招募的员工和老员工的培训需求是不一样的。因此，培训通常包括新员工和在职员工的培训，所以，培训需求的对象分析包括新员工培训需求分析和在职员工培训需求分析。

新员工培训需求主要产生于新员工对企业文化、企业制度等不了解而不能快速融入企业，或者是对企业的工作岗位等的不熟悉而不能很好地胜任新工作。由于新员工的培训需求分析，特别是对于基础性工作的新员工的培训需求，通常使用任务分析法决定其在工作中需要掌握的各种技能。

在职员工培训需求主要是由于新技术在生产过程中的应用等，使在职员工的技能不能满足工作需要等而产生的，通常采用绩效分析法决定在职员工的培训需求。绩效分析方法的核心在于区分不能做和不愿意做的问题。首先，确定是不是不能做，如果是不能做，就要了解具体原因；员工不知道要做什么或不知道标准是什么；系统中的障碍，如缺少工具或原料；工作的辅助设备问题；人员选拔失误导致员工不具备工作所需技能；培训不够等。其次，确定是不是不愿意做，如果是不愿意做，就要进行改变员工工作态度或公司激励制度的培训。

另外，不同层次的人在企业经营活动中扮演不同的角色，在培训需求分析中重点就不一样，如表 4-1 所示。高层管理者倾向于从公司发展前景关注培训与其他人力资源管理活动；中层管理者则更关心影响本部门财务目标的那些因素；培训者更关注绩效差距产生的原因，确定培训对象和培训内容，选择培训方法，做好一切准备活动，并要争取上层管理人员的支持。

表 4-1　培训需求分析中的对象分析

	高层管理者	中层管理者	培训者
组织分析	培训对实现我们的经营目标重要吗？ 培训将会怎样支持企业战略目标的实现？	要花多少钱搞培训？	经理们会支持培训吗？我有资金来源购买培训产品和服务吗？
任务分析	公司拥有具备一定知识、技能或能力，可参与市场竞争的雇员吗？	在哪些工作领域内培训可大幅度地改善产品质量或顾客服务水平？	哪些任务需要培训？ 该任务需要具备哪些知识、技能或者其他特点？
员工分析	哪些职能部门和经营部门需要培训？	哪些人需要接受培训？（经理人？专业人员？一线员工？）	我怎样确定需要培训的雇员？

3．培训需求的阶段分析

根据培训针对的是目前存在的问题还是为满足将来的需要，可以将培训需求分为目前培训需求分析和未来培训需求分析。目前培训需求分析是针对企业目前存在的问题和不足而提出的培训要求，主要是分析企业现阶段的生产经营目标、生产经营目标实现状况、未能实现的生产任务、企业运行中存在的问题等方面，找出这些问题产生的原因，并确认培训是解决问题的有效途径。未来培训需求分析主要是为满足企业未来发展过程中的需要而提出的培训要求，主要采用前瞻性培训需求分析方法，预测企业未来工作变化、职工调动情况、新工作职位对员工的要求以及员工已具备的知识水平和尚欠缺的部分等。

（三）培训需求分析的方法

1．组织整体分析法

组织整体分析法是从组织的整体现实出发，以战略目标为依据确定组织培训需求的方法。组织整体分析法一般从分析反映组织经营状况的指标开始，如经营环境、利润率、投资回报率、销售利润率、员工流动率、客户满意率、权益报酬率等。通过分析这些指标，找出组织在技术、生产、经营、管理和公众关系等方面的差距，从而确定各种培训需求。组织整体分析法具有操作方便，容易得出具有普遍意义的培训需求的优点，从而引起高层管理人员的重视。但是，这种方法必须以得到充分的数据为基础，并理解掌握它们，然而得到这些详细真实的数据是比较困难的。

2．任务分析法

任务分析法也称工作分析法或工作盘点法，是依据工作描述和工作说明书，确定员工达到要求所必须掌握的知识、技能和态度。通过系统地收集反映工作特性的数据，对照员工现有的能力水平，确定培训应达到什么样的目标。在工作说明书中一般都会明确规定：①每个岗位的具体工作任务或工作职责；②对上岗人员的知识、技能要求或资格条件；③完成工作职责的衡量标准。除了使用工作说明书和工作规范外，还可以使用工作任务分析记录表，它记录了工作中的任务以及所需要的技能。工作任务分析表通常包括工作的主要任务和子任务，各项工作的执行频率，绩效标准，执行工作任务的环境，所需的技能和知识以及学习技能的场所。显然，依据上述几方面的信息，对比员工个人的实际状况，即可以找到培训需求了。

3. 员工个人培训需求分析法

员工个人培训需求分析法是员工对自己进行分析，对今后发展要求，并不断寻求进步的一种培训需求分析法，主要是员工根据工作感受和自己的职业发展规划，对自身的知识和能力结构进行主观评估，进而确定培训需求。这种方法具有深层性、针对性强和有效调动员工参与培训兴趣的优点。但由于员工很难客观地对自己进行评估分析，往往会产生不切合实际的培训需求。

4. 问卷调查法

问卷调查法是通过员工填写“培训需求调查问卷”，并对问卷信息进行整理、汇总、分析，从而确定培训需求的方法，这也是组织经常使用的一种方法。这种方法的优点是调查面广，资料来源广泛，收集的信息多，相对省时省力。缺点是调查结果间接取得，如对结果有疑问，无法当面澄清或证实，调查对象很容易受问题误导，获得的深层信息不够等。但在公共关系专家或统计专家的指导下，可以大大减轻这些缺陷的程度。

5. 绩效分析法

绩效分析法是通过考察员工目前的绩效与组织目标的理想绩效之间存在的差距，然后分析存在绩效差距的原因：是不能做还是不想做，还要进一步分析知识、能力和行为改善方面存在的差距的程度，最后确定培训的具体选择。这种分析法主要围绕“缺陷”展开，也称缺陷分析。通常，员工缺陷有两种：一种是“技能”上的缺陷，称之为“不能做”；另一种是“管理”上的缺陷，称之为“不想做”。前一种“缺陷”是指员工工作技能、工作技巧、工作熟练程度和业务知识水平等方面的不足，后一种“缺陷”是指员工工作态度、领导层的任务分派和指导、信息沟通与反馈等方面的不足。

对于缺陷的分析，可归结为组织和员工个人两方面的原因。

（1）技术缺陷。组织方面的原因是工作设计不合理、分配任务不当、工作标准过高、工作条件差。个人方面的原因是未能理解工作任务、缺乏工作所需的知识和技能等。

（2）管理缺陷。组织方面的原因有薪酬系统不合理、激励不当、人际关系紧张和组织氛围差等原因。个人方面的原因有责任心差、职业道德水平较低等。如果是属于个人知识、技能和态度方面的原因，则需要进行培训。

6. 观察分析法

观察分析法是亲自看每一位员工的工作状况，如操作是否熟练，完成每件工作需要多少时间等，通过仔细观察，从中分析出该员工需要培训的内容。该方法虽然简单，但是存在着无法克服的缺陷：如果观察者意识到处于被观察状态，易造成紧张，使其表现失常，使观察结果出现较大的偏差；在评价别人时，受个人成见的影响，评价人都会犯这样或那样的错误，导致评价结果出现偏差，而且消耗时间长是观察法的突出缺陷。

7. 前瞻性培训需求分析模式

前瞻性培训需求分析模式是以组织未来发展需要为依据确定员工培训需求的方法。随着技术的不断进步和员工在组织中个人成长的需要，即使员工目前的工作绩效是令人满意的，也可能会为工作调动或职位晋升做准备、为适应工作内容要求的变化等原因提出培训的要求，甚至员工个人的职业生涯发展计划也会对培训提出前瞻性的要求。同时，在组织发展过程中，会不断地产生对员工更高的知识和能力等方面的要求。

8. 培训需求的逻辑推理模式

培训需求的逻辑推理模式是根据员工对培训的不同需求，对员工各方面进行推理。这个模式主要分为七个阶段。

阶段一：说明员工目前工作的现状。

阶段二：检查过去的工作情形，从员工的上级、同事那里获得资料，并与员工直接讨论或做测试。

阶段三：培训工作者如果发现工作流程出了错误，则应该设法改善流程；如果是员工未能圆满地完成工作任务，则进入第四阶段。

阶段四：培训专家通过培训给予员工协助，例如，展示新的工作方法，改变工作观念上的认知偏差。

阶段五：消除员工心理上存在的障碍。

阶段六：考虑员工的健康状况及其他个人问题是不是导致其不良工作表现的原因。

阶段七：通过对员工个人内在心理需要的满足、消除其心理障碍改善员工的行为和态度。

9. 基于胜任力的培训需求分析法

胜任力是指员工胜任某一工作或任务所需要的个体特征，包括个人知识、技能、态度和价值观等。现在许多公司依据经营战略建立组织层面的胜任力模型，如公司员工招聘选拔、培训与开发、绩效考评和薪酬管理服务。基于胜任力的培训需求分析，主要步骤如下。

（1）职位概述。将所需要的绩效水平的胜任力分配到职位中，通过职位要求的绩效水平确定所需的相关胜任力。职位概述为胜任力识别和分配提供了基础。

（2）个人能力概述。依据职位要求的绩效标准评估职位任职者个体目前的绩效水平。结合有关数据资料，依据个体绩效现状及重要性排序确定培训需求。个人能力概述提供了员工胜任力的记录。职位和个人胜任力得到界定后，确定培训就变得容易了。同样地，组织层面的新的胜任力需要与已知的胜任力结构相呼应，并由此有效地预测组织范围内的未来培训需求。

（四）培训计划的制订

目前国内真正有系统培训计划的企业还不足50%，也就是说，仍然有一半以上的企业对培训计划缺乏计划概念，在管理方面计划性还十分欠缺，这对于培训管理来说是非常不利的。培训计划性不仅会间接地影响培训的效果，而且缺乏计划性的培训不仅容易在培训目标上出现诸多偏差，而且还容易导致资源应用不合理、分布不均匀等后果。最为重要的是，只有当培训计划是成长性的培训管理计划时，才能够使培训管理水平不断得到提高，并且不会出现“管理泡沫”的现象。

1. 培训目标的确定

培训目标就是以描述受训者应该能做什么作为培训后果，也就是扼要确定培训活动的目的和结果。

培训目标主要可分为知识传播、技能培养和态度转变三大类。

2. 培训计划的含义

所谓培训计划，是按照一定的逻辑顺序排列的记录，它是从组织的战略出发，在全面、客观的培训需求分析基础上做出的对培训时间（when）、培训地点（where）、培训者（who）、培训对象（whom）、培训方式（how）和培训内容（what）等的预先系统设定。培训计划必须满足组织及员工两方面的需求，兼顾组织资源条件及员工素质基础，并充分考虑人才培养的超前性及培训结果的不确定性。

培训计划要考虑的问题有：

（1）why：为什么要进行培训？人力资源的开发即要在最大限度上挖掘人的潜力使人在工作中充分发挥其优势。培训是人力资源开发的主要手段之一。

（2）what：培训内容是什么？

（3）who：培训的负责人是谁？

（4）whom：培训的对象是谁？

（5）when：什么时间进行培训，需要多长时间？

 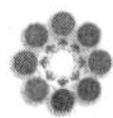

（6）where：培训所在的场所和环境？

（7）how：如何实施培训？实施操作步骤和采用什么方式、技术？

（8）how much：培训的投入和预算是多少？培训的直接成本和间接成本是多少？

3. 培训计划的种类与内容

培训计划按不同的划分标准，有不同的分类。以培训计划的时间跨度为分类标志，可将培训计划分为长期培训计划、中期培训计划和短期培训计划。按计划的层次可分为公司培训计划、部门培训计划与培训管理计划。

一个完整的培训计划应包含培训目的、培训对象、培训课程、培训形式、培训内容、培训讲师、培训时间、培训地点、考评方式、培训预算以及培训出现问题时的调整方式等内容。

二、培训与开发的方法

（一）讲授培训法

讲授属于传统模式的培训方式，指培训师通过语言表达，系统地向受训者传授知识，期望这些受训者能记住其中的重要观念与特定知识。讲授法运用的具体要求有以下几点。

1. 讲授内容要有科学性，这是保证讲授质量的首要条件。

2. 讲授要有系统性，条理清晰，重点突出。

3. 应尽量配备必要的多媒体设备，以加强培训的效果。

4. 培训师与受训者要相互配合，用问答方式获取员工对讲授内容的反馈。这是取得良好的讲授效果的重要保证。

5. 培训师应具有丰富的知识和经验，讲授时语言要清晰、生动、准确。

（二）研讨法

所谓研讨法，是指由指导教师有效地组织研习人员以团体的方式对工作中的课题或问题进行讨论，并得出共同的结论，由此让研习人员在讨论过程中互相交流、启发，以提高研习人员知识和能力的一种教育方法。

集思广益是讨论法的基础，只有收集众人之智慧，并相互激发，才可达到1+1>2的创造性效果。其关键是要畅所欲言，通过自由思考，能产生各种各样的想法，然后把这些想法协调起来解决某一问题。按照费用与操作的复杂程序又可分成一般研讨会与小组讨论两种方式。研讨会多以专题演讲为主，中途或会后允许员工与演讲者进行交流沟通，一般费用较高，而小组讨论法则费用较低。

（三）案例研究法

案例研究法为美国哈佛管理学院所推出，目前广泛应用于企业管理人员（特别是中层管理人员）的培训，是指为参加培训的员工提供员工或组织如何处理棘手问题的书面描述，让员工分析和评价案例，提出解决问题的建议和方案的培训方法。目的是训练他们具有良好的决策能力，帮助他们学习如何在紧急状况下处理各类事件。

此方法是针对某一具有典型性的事例进行分析和解答，始终要有个主题，即“你将怎么做？”参加者的答案必须是切实可行和最好的。培训对象则组成小组完成对案例的分析，做出判断，提出解决问题的方法。随后，在集体讨论中发表自己小组的看法，同时听取别人的意见。在讨论结束后，公布讨论结果，并由教员再对培训对象进行引导分析，直至达成共识。

（四）角色扮演法

角色扮演是指在一个模拟的工作环境中，在未经预先演练且无预定的对话剧本而表演实际遭遇的情况下，指定参加者扮演某种角色，按照其实际工作中应有的权责来担当与其实际工作类似的角色，模拟性地处理工作事务，借助角色的演练理解角色的内容，从而提高处理各种问题的能力。

此法相当于一种非正式的表演，不用彩排，它通过员工自发地参与各种与人们有关的问题，扮演各种角色，通过这种方式体验其他人的感情，通过别人的眼睛看问题，或者体验别人在特定的环境里会有什么样的反应和行为。通过这种方法，参加者能较快熟悉自己的工作环境，了解自己的工作业务，掌握必需的工作技能，尽快适应实际工作的要求。

（五）操作示范法

操作示范法是部门专业技能训练的通用方法，一般由部门经理或管理员主持，由技术能手担任培训员，以现场向受训人员简单地讲授操作理论与技术规范，然后进行标准化的操作示范表演。利用演示方法把所要学的技术、程序、技巧、事实、概念或规则等呈现给员工。员工则反复模仿实习，经过一段时间的训练，使操作逐渐熟练直至符合规范的程序与要求，达到运用自如的程度。

（六）头脑风暴法

头脑风暴法是一种通过会议的形式，让所有参加者在自由愉快、畅所欲言的气氛中，针对某一特殊问题，在不受任何限制的情况下，提出所有能想象到的意见自由交换想法或点子，并以此激励与会者的创意及灵感，以产生更多创意的方法。

 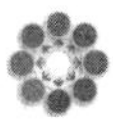

头脑风暴法主要用于帮助员工尝试解决问题的新措施或新办法，用以启发员工的思考能力和开阔其想象力。此方法重在集体参与，许多人一起努力，协作完成某项任务或解决某一问题。集体参与增加员工的团队协作精神；增强个人的自我表现能力以及口头表达能力，使员工在集体活动中变得更为积极活跃；在集体参与的过程中会有很多新的思想产生。

（七）视听教学培训法

视听教学是指针对某一特殊议题所设计，利用现代视听技术（如投影仪、录像、电视、电影、电脑等工具）对员工进行培训。现在的视听教学多强调应用电脑科技，配合光碟设备，以满足员工个别差异、自学步调与双向沟通的需求。

（八）E-Learning

所谓E-Learning，就是网络培训。简单地说，就是在线学习或网络化学习，即在线教育领域建立互联网平台，学员通过计算机上网，通过网络进行学习的一种全新的学习方式。它包括互联网在线学习和内部网在线学习两种基本方式。

这种方式离不开多媒体网络学习资源，网上学习社区及网络技术平台沟通的网络学习环境。在网络学习环境中，汇集了大量的数据、程序、教学软件、兴趣讨论组、新闻组等学习资源，形成了一个高度综合集成的资源库。而这些学习资源对所有人都是开放的。一方面，这些资源可以被成千上万的学习者同时使用，没有任何限制；另一方面，所有成员都可以发表看法，将自己的资源加入到网络资源库中和大家共享。这一平台能为企业创建学习型组织奠定良好的基础，21世纪最成功的企业将会是“学习型组织”，因为“未来唯一持久的竞争优势是有能力比你的竞争对手学习得更快”。

（九）游戏法

游戏法是当前一种较先进的高级训练法，是指通过让员工参与小游戏来进行培训，了解游戏的实质内容。游戏法具有更加生动、更加具体的特点，游戏的设计使员工在决策过程中会面临更多切合实际的管理矛盾，决策成功或失败的可能性都同时存在，需要受训人员积极地参与训练，运用有关的管理理论与原则、决策力与判断力对游戏中所设置的种种遭遇进行分析研究，采取必要的有效办法去解决问题，以争取游戏的胜利。

（十）自我培训法

自我培训的一般含义是自己做自己的老师，自己给自己讲课，对自己进行训练，达到教与学的统一。自我培训的根本含义是激励员工的自我学习、自我追求、自我超越的动机，这同时也是一种激励，激励员工超越自我实现自我的愿望。

要想真正实现员工的自我培训，企业必须全面做好各方面的准备，建立健全培训激励机制，从制度上对员工的自我培训进行激励。例如，对员工的技能改进、学业晋升实施奖励，对技能水平达到一定高度的员工进行晋升，通过各种形式的竞赛、活动，对员工进行确认和表扬等，都是些不错的手段。自我培训的方法很多，企业员工可以根据自己的实际情况具体实施。

（十一）虚拟实现法

虚拟现实通常是以计算机为基础开发的三维模拟，通过使用专业设备（佩戴特殊的眼镜和头套）与观看计算机屏幕上的虚拟模型，学习者可以感受模拟情景中的环境，并同这一环境中的要素，如设备、操纵器和人物等进行沟通。它可以刺激学习者的多重感觉，有的设备还具有将环境信息转变为知觉反应的能力，如可以通过可视界面、可真实地传递触觉手套、脚踏和运动平台创造一个虚拟的环境，利用各种装置，学习者可以将运动指令输入电脑，这些装置就会让学习者产生身临其境的感受。

对以上各种培训方法，我们可按需要选用一种或若干种并用或交叉应用。由于企业人员结构复杂、内部工种繁多、技术要求各不相同，企业培训必然是多层次、多内容、多形式与多方法的。这种特点要求培训部门在制订培训计划时，就必须真正做到因需施教、因材施教、注重实效。

三、员工培训方案的设计与实施

员工培训与开发的工作要取得好的效果，就必须有组织、有计划、有目的地进行。而培训与开发方案的设计与实施就是其中最基础的工作，也是最重要的一个环节。

（一）员工培训方案的构成

一个完整的培训方案必须包括培训目标、培训对象、培训内容、培训形式、培训师、培训时间、培训地点、培训组织、培训评价以及培训经费等。

1. 培训目标

确定培训目标会给培训计划提供明确的方向。有了培训目标，才能确定培训对象、内容、时间、培训师、方法等具体内容，并在培训之后对照此目标进行效果评估。在培训设计中，培训目标既可以明确地表述，也可以在对其各个要素的选择之中体现。一般情况下，它们是通过培训内容，以行为术语表述出来，而这些术语通常属于认知范围。在我们所熟悉的培训的教学大纲中，最常见的有如“了解”“熟悉”“掌握”等认知指标。确定了总体培训目标，再把培训目标进行细化，就成了各层次的具体目标。目标越具体越具有可操作性，越有利于总体目标的实现。

2. 培训对象

培训对象作为培训方案的主体，也是培训方案的一个要素。根据培训需求、培训内容，可以确定培训对象。因为培训方案把培训对象的需求作为培训方案的主要依据，不会把它与其他要素同样对待。在培训方案的设计中，培训对象不仅是培训的接受者，同时也是一种可利用的学习资源。而且，只有充分调动培训对象积极参与培训方案的设计，才有可能让培训的效果最佳、效益最大。岗前培训的对象是新员工，而在岗培训或脱产培训的对象是即将转换工作岗位的员工或者不能适应当前岗位的员工。

3. 培训内容

一般来说，培训内容包括三个层次，即知识培训、技能培训和素质培训。培训内容的安排有范围和顺序两个问题需要我们重视。顺序是指内容在垂直方向的安排，即要体现其连续性和逻辑性，以使学员按照合乎逻辑的步骤不断取得学习上的进步。范围是指对培训内容在水平方向上的安排，既不能太宽、也不能太窄，要精心地限定，使其尽可能地对培训对象有意义并具有综合性，而且还要在既定的时间内安排。培训内容可以是学科领域内的概念、判断、思想、过程或技能。

4. 培训形式

培训形式，主要指的是学习活动的安排和教学方法的选择。这些安排和选择要与培训的目标和方向直接相关。学习活动的安排及教学方法的选择，旨在提高培训对象的学习兴趣，使他们在学习过程中将注意力集中在培训所希望的方向上。培训的形式有很多种，如讲授法、演示法、案例分析法、讨论法、视听法、角色扮演法等。各种培训形式都有其自身的优缺点。为了提高培训质量，达到培训目的，往往需要将各种形式配合起来灵活运用。

5. 培训师

培训师是培训的执行者。培训师可以根据课程的目标和内容要求选择。“能者为师”是一个基本原则，但是这里的“能者”并不是指培训内容的专家学者，而主要说的是有能力驾驭课程、引导培训对象达到培训目的的人。

培训师可以在内部资源或外部资源中选择。内部资源包括企业的领导、具备特殊知识和技能的员工，外部资源是指专业培训人员、公开研讨会或学术讲座等。外部资源和内部资源各有优缺点，应根据培训需求分析和培训内容来确定。

6. 培训时间

时间是不可再生的有限资源，要最大限度地利用它。培训管理者要巧妙地利用有限的培训时间，培训师要使培训对象在整个培训期间积极地参与学习活动，把课堂时间看成是最有价值的时间。课后作业也是一种开发利用时间的方法。

7. 培训地点

培训地点主要就是指培训教室。另外，还有一些特殊空间可以利用，如图书馆、实验室、研讨室、运动场等。若以技能培训为内容，最适宜的场所为工作现场，因为培训内容的具体性，许多工作设备是无法弄进教室或会议室的。

8. 培训组织

培训方案大多数的教学组织形式是面向全体培训对象的班级授课制，但是分小组教学也经常被课程设计者运用。通常的分小组教学是根据培训对象的学习能力的相似和学习进度的相同来设置的。分组教学为因材施教的个性化培训提供了某种可能。

9. 培训评价

从培训需求分析开始到最终制订出一个系统的培训方案，并不意味着培训方案的设计工作已经完成，还需要不断评价、修改。只有不断评价、修改，才能使培训方案逐渐完善。培训评价程序要安排好、制定好，它是用来确定培训对象在多大范围内和程度上掌握了学习内容，达到了程序设定的行为目标。学科课程的评价重点放在定量的测定上，衡量可以观察到的行为。例如，在报告培训对象的学习状况时，常常用A、B、C、D等人们假定能表明某种程度的字母等级来表示。

10. 培训经费

培训经费包括场地费、交通费、授课费、餐费、住宿费、教材费、设施费、文具用品费等。

（二）员工培训方案设计

1. 员工培训方案设计程序

培训方案设计是一项创造性的工作，也是一项系统性的工作。因此，在设计培训方案时，要有一个指导体系，并遵循一定的程序。如果完全依靠主观想法设计方案，必然会导致培训的失效。当然，培训管理者也不能总是按部就班地进行设计，而应发挥创造力，这是由培训方案活动本身的特性所决定的。

（1）设计准备。在开始方案设计之前，培训项目负责人首先要进行相关的准备工作。这些准备工作将对以后的方案设计产生重要的影响，准备工作做得越充分，方案设计也就越容易。

（2）设计目标。设计目标是指在培训方案结束时，希望培训对象通过学习能达

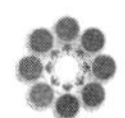

到的知识、能力的水平。目标描述是培训的结果，而不是培训的过程，所以重点应放在培训对象应该掌握什么上。明确的目标可以增强培训对象的学习动力，也可为考核提供标准。

（3）搜集材料。目标确定以后，培训主管就要开始搜集与培训内容相关的材料。培训主管搜集材料的来源越广越好，可以从企业内的各种资料中查找自己所需要的信息。征求培训对象、培训相关问题的专家等方面的意见，借鉴已开发的类似方案，从企业外部渠道挖掘可利用的资源。除了这些信息资料以外，还要了解在培训中所需的授课设备，如电影、录像、幻灯等多媒体视听设备。这些现代化的教学手段有助于增强课堂的趣味性，提高培训效果。

（4）要素拟定。培训方案设计涉及很多方面，培训主管可以将其分成不同的模块，分别进行设计。当然，模块设计不能脱离这个方案，它们之间也具有关联性。

（5）试验方案。培训方案设计完成以后，工作并没有完成。此时需要对培训活动按照设计进行一次排练，这就像演戏一样，在正式公演之前要做一次预演，以确保做好了充分的准备。这是对前一阶段工作的一次全面检阅，不仅包括内容、活动和教学方法，还应包括培训的后勤保障。

（6）反馈与修订。在方案预演结束以后，甚至在培训项目开展之后，要根据培训对象、培训专家以及培训部门的意见对方案进行修订。此项工作非常重要，及时发现问题、解决问题对培训效果将有积极的影响。方案需要做出调整的内容视存在的问题而定，有些只需要对一小部分培训内容做出调整，也有可能要对整个培训方案进行重新设计。但不管怎样，存在的问题一定要及时地解决。

2. 员工培训方案设计要点

设计培训方案一定要充分开发和利用一切能利用的培训资源，以便取得良好的培训效果。培训方案设计必须充分体现人、财、物、时间、空间以及信息等几个主要的资源领域的合理配置，协调统一地发挥作用。以下为培训方案的设计要点。

（1）注意互动。培训师与学员作为培训活动中的两大主体，在培训中扮演的是两个完全不同的角色。在培训方案的设计中，应注意培训的互动，即让受训者变成培训者，不应将其区分得如此清楚，应充分开发学员本身所携带的“财富”，增强培训效果。

（2）充分、合理地利用时间。培训主管在设计培训方案时，要充分、合理地利用时间。对时间的理解应有两方面：①总的课程时间长度，即总学时；②单位的时间长度，即每天的学时数。这种时间的设计是有必要的，它可以使人们对课程所需的时间有一个总体的认识。

（3）合理使用空间。培训负责人在设计培训方案时，应合理使用空间资源。对此可以从内涵和外延两个方面讨论对培训空间的开发利用。从内涵来看，在设计培训方案时，应重新审视所能掌握的培训课程要求的最传统、最基本的空间——教室；从外延来看，可以把培训方案的实施地点设计到现场、室外，以及所能利用的社会环境之中去。

（4）开发教材。培训教材的开发是方案设计的中心，能否为培训对象提供一套与课程内容吻合的教材，是培训方案设计中的一个重要方面。因此，应该尽可能地开发一切所能利用的信息资源，打破传统的教科书的体系，同时充分利用现代科学技术的先进成果，把单一的文字教材扩充到声、像、网络和其他各种可利用的媒体。

（5）运用多种方法与手段。培训方案的设计必须跟上时代的步伐，利用最新的方法与手段，最大限度地发挥培训的作用。方法与手段的先进性与多样性，是培训方案设计的一个很重要的特色。培训只有运用多种方法与手段把学习者的听觉、视觉、触觉等器官功能都调动起来，才能得到最好的学习效果。

（6）个性化教学。所谓个性化教学，就是真正地因人施教，根据受训者不同的背景与不同的岗位需要，给每一个学员单独设计课程计划。利用多媒体技术开发的个人学习软件，一个教学班可以在同一时间、同一地点上同一门课。每个人都可以根据自己的学习计划，采取不同的策略，根据不同的理解与接受程度去学习，而且每一个人对课程内容的学习时间和进度都可以不同。但是，使其达到共同的课程目标却成为可能。

（7）整建制培训。所谓整建制培训，就是一个组织或一个团体，其内部有许多不同的岗位，要求在同一时间内对组织中的所有成员进行各自不同的岗位培训。要同时开设若干门不同的课程，这是许多培训机构不可能适应的，但多媒体技术的应用可使这种特殊的培训要求得以实现。

（三）员工培训方案的实施

1. 培训准备

（1）落实场所与设施。由于培训场所对培训会产生很大的影响，并关系到培训实施的效果，所以必须慎重地选择。特别是在利用外界的培训场所时，对场地的大小、通风、空调、噪声、安全等必须做仔细的检查。

（2）通知培训对象。为了使培训对象对培训课程的意义、目的、内容等要点事前有所了解，以便有正确的心理准备，并使其能在培训前自觉地进行一些必要的调查研究。培训部门在可能的情况下，应准备一些相关的资料在课前发给培训对象，这些资料最好在培训前 10 ～ 20 天分发。开班前 2 天，要再次确认培训对象能否参加培训。

（3）联系培训师。培训需要哪方面的专家要在培训实施前尽早确定，然后把希望讲授的内容、培训要求、用何种方法授课明确地传达给培训师，并请其提供培训大纲，以便进行审核。在审核时主要看内容是否完整、重点是否突出，同时要注意培训师之间所培训的内容有无交叉、有无遗漏。对接送培训师的时间和方法、食宿安排、酬金支付，以及培训师对教材、教室、教学器材、座位的安排等有何要求也要提前沟通好。

2. 培训介绍

做好培训准备工作，待培训对象报到后，就进入了正式的培训实施阶段。

（1）介绍培训主题。主要是向培训对象说明培训的目的，并对培训对象提出学习期望。

（2）课程简介。为了使培训对象了解培训课程的意义、目的、要求、培训方法等，要进行简短的课程介绍。此介绍最好在开训式之后进行，有利于消除学员的紧张感。

（3）介绍培训师。培训师可以自我介绍，也可以由培训负责人代为介绍。目的是让培训对象了解培训师的工作经历，对与培训主题有关的工作经历可以介绍得详细些，这会增加培训对象的信任。

（4）介绍日程安排。介绍这次培训中将要涉及的问题，哪些内容需要考试，以增强培训对象的注意力，促进其学习。通过介绍，使培训对象明确，经过这次培训后应达到的目标。说明如何通过这些安排达到预定的目标，即培训对象在培训结束后能做到什么。

3. 课程讲解

在大多数企业中，培训负责人要亲自进行课程讲解。其形式主要有课堂讲授、媒体教学、组织讨论和解答疑问等。

（1）课堂讲授。讲课往往是培训负责人的重要工作之一，也是培训负责人显示工作能力的重要途径之一。有经验的负责人知道应把课程内容分为几部分，通过讲授——活动——总结的循环，避免培训对象感到乏味，也使其有足够的时间消化吸收。在设计课程内容时，要把自己放在对这些内容一无所知的培训对象的位置上，从他们的角度考虑课程安排。在讲课过程中，可以使用一些辅助设备如投影等，帮助强调重点，吸引培训对象的注意力。

（2）媒体教学。有时课程的内容需要通过录像、幻灯等媒体传授，这时要避免学员陷入被动的“看电视”中，其方法是尽量使多媒体教学成为双向的交流。

（3）组织讨论。组织讨论是课程讲解的重要手段之一。讨论的方式有两种：一种为正式讨论，一种为非正式讨论。例如，培训负责人可以先发给大家有关的阅读材料和一些书面问题，让其做准备，然后就这些问题进行讨论。在讨论中可以不时地插入一些问题，引导培训对象考虑如何把学到的知识运用到他们的工作中去。非正式讨论是指在课程讲解计划中没有正式安排，而在培训过程中随时进行的讨论，以此检查培训对象的掌握情况，鼓励其更多地参与到培训中来。

（4）解答疑问。课程讲解完毕之后，一般都要进行疑问解答。培训负责人最好对可能提出的问题有所准备，以便更好地解答问题。

4. 课程管理

（1）上课前的准备工作

1）上课前与培训师的联系。培训的实施必须按照课程的设计进行，因此培训主管一定要与培训师和培训对象进行沟通。

2）培训教室及设备的准备。培训主管必须确保教室清洁，布置座位要准确无误。教室的大小、教学器材的准备，尤其是投影仪、电脑、麦克风、白板笔等在开课前要做最后的检查与调整。

3）关心前排座位的空席。如果培训对象的座位没有固定，培训对象常会坐后排，前排座位容易成为空席，这时要引导培训对象到前排就座，先让前排的座位坐满，这样有利于营造培训的气氛。

4）培训师休息室的安排。最好在教室附近安排一间房，供培训师休息使用，并对其中的卫生设备等事先进行检查。

（2）上课中的管理

1）对教室环境的关心。要关注来自道路的汽车声、施工噪声、其他培训班的声音、走廊的脚步声、谈话声等，如噪声不能克服，应尽快准备替代的教室。

2）外来电话应对。课程进行中原则上不允许培训对象接电话（特殊情况下除外）。可将对方的姓名、单位、事由等记录下来，等下课后再交给培训对象。最好把教室内的电话线暂时掐断。上课时，要求培训对象一律关闭手机或调为振动。

3）注意上课情况。培训主管应注意有无打瞌睡的人。培训对象打瞌睡一方面与培训师的授课水平有关，另一方面与培训对象有关，也可能与教室的环境有关。不管什么原因，如果出现类似情况要采取适当的方式，提醒培训对象注意。同时，还要防止培训对象中途离席。

4）上课禁止吸烟。休息时可以吸烟，但要到固定的场所，并要求培训对象将烟蒂、空杯子等放到指定的地方。

5）旁听讲课。培训主管及工作人员要尽量去听课，一方面可以了解培训师的教学情况，另一方面可以观察培训对象的反应，以便及时与培训师沟通。

6）培训师的食宿安排。培训师用餐的时间要短，用餐后尽快让培训师休息；晚餐后为了不影响次日的上课，喝酒和娱乐活动要适度；和培训师聊的话题要以其关心的问题为主。

（3）下课后的收尾工作

1）在培训师讲课结束时进行归纳。培训主管在培训师授课结束后，对培训师的讲课进行简要的归纳，并对培训师的付出表示感谢。

2）与培训师交换意见。就培训师通过讲课与培训对象的接触，以及在上课期间对企业的感受，虚心听取培训师对企业工作的意见，并将其记录下来。

3）送培训师。将课酬等与培训师结清后，表示谢意，然后将培训师送走。

5．培训评价

一项培训项目结束以后，还应对此培训进行评价并做一些扫尾工作。做任何事情都要有始有终，培训也是一样。当然，好的开始可以给培训对象和培训主管带来信心，而整个培训过程更是传授新知识和技能的主要环节，所以使培训有一个好的结束，更会取得意想不到的效果。

（1）培训考核。对培训对象培训效果的确定，要通过考试（对成人的考试主要以分析问题和解决问题的能力为主）、写论文、答辩、案例分析等方式进行。

（2）培训效果调查。要听取培训对象对培训的意见，可通过座谈、问卷等形式进行。

（3）结业仪式。结业仪式致辞、颁发结业证书、培训总结、培训对象代表致辞、宣布培训结束。

（4）学员送别。全体培训工作人员应给培训对象送行，对培训对象在培训期间的努力和合作表示感谢，并祝愿培训对象将培训得到的知识运用到日后的工作中去。

（5）整理。送走培训对象之后，培训负责人要整理培训教室、办公室、休息室等。同时，要将培训课程实施的材料、文件加以整理，连同资料一起存档。

（6）实施过程检讨。由全体培训工作人员对整个培训过程做完整的回顾，找出问题和不足。这项工作要在培训实施完成后马上进行。

（7）培训效果跟踪。培训后，培训对象在知识、技能、态度等方面较培训前有无提高，培训负责人和工作人员要主动、及时地到培训对象所在部门去听取其上司和同事的反映。还可征求培训对象对培训的意见。培训效果有时很难马上反映出来，所以培训负责人要有长期跟踪的心理准备。

第三节　培训与开发的评估

一、培训效果评估

（一）培训效果评估的内涵和意义

培训的主要目的是确保组织中的成员拥有能够满足当前和未来工作所需要的技术或能力。组织之所以需要对人力资源培训项目进行认真、系统的评估，是希望通过系统地收集有关培训的描述性和评判性信息，在判断该培训项目的价值以及持续地改进各种培训活动时做出更明智的决策。

有关培训效果评估的概念曾经有许多学者有过阐述，综合各位学者的见解，培训效果评估指收集企业和受训者从培训当中获得的收益情况以衡量培训是否有效的过程。组织对所开展的培训项目进行评估的意义主要体现在以下几个方面。

1. 通过评估可以让管理者以及组织内部的其他成员相信培训工作是有价值的。如果培训专员不能用确凿的证据证明他们对组织所做的贡献，那么在将来编制预算的时候，培训经费就可能被削减。

2. 通过评估可以判断某培训项目是否实现了预期的目标，及时发现培训项目的优缺点，必要时进行调整。

3. 计算培训项目的成本——收益率，为管理者的决策提供数据支持。

4. 区分出从某培训项目中收获最大或最小的学员，从而有针对性地确定未来的受训人选，并为将来培训项目的市场推广积累有利的资料。总之，评估是培训流程中的关键组成部分。只有通过评估，大家才能了解某个培训项目是否达到了预期的目标，并通过培训项目的改进提高员工个人以及组织的整体绩效。

培训效果可以从不同层次来评估，包括反应评估、学习评估、行为评估和结果评估，不同层次的评估内容、方法、时间以及主体都会有所不同。

（二）培训效果评估的形式选择

1. 非正式评估和正式评估

（1）非正式评估。非正式评估指评估者依据自己主观性评价做出的判断，而不是用事实和数字加以证明的评估。

非正式评估的一般不需要记录有关信息，但有时需要记下某些注意到的、认为对评估有价值的信息，如培训对象的有关表现、态度和一些特殊困难等。虽然非正式的培训评估是建立在评估者的主观看法上，但在有些时候能够发挥很大的作用，尤其是在要就培训者与培训对象之间的关系以及培训对象对待评估的态度等问题做出评估时。

非正式评估最大优点是可以使评估者能够在培训对象不知不觉的自然态度下对其进行观察。因为培训对象的这些态度在非正式场合更容易表现出来，这就减少了一般评估给培训对象带来的紧张和不安，不会给培训对象造成太大的压力，可以更真实而准确地反映出培训对象的态度变化，从而在某种意义上增强了信息资料的真实性，增强了评估结论的客观性和有效性，可以使培训者发现意料不到的结果。非正式评估另外一个优点是方便、易行，几乎不需要耗费什么额外的时间和资源，从成本——收益的角度来看是很值得的。

（2）正式评估。当评估结论要被高级管理者用来作为决策的依据，或者为了向特定群体说明培训的效果时，就需要用到正式评估。

正式评估往往具有详细的评估方案、测度工具和评判标准。正式评估尽量剔除主观因素的影响，从而使评估更有信度。在正式评估中，对评估者自身素质的要求降低了，起关键作用的因素不再是评估者本身，而是评估方案和测试工具的选择是否恰当。

正式评估的优点是：在数据和事实的基础上做出判断，使评估结论更有说服力；更容易将评估结论用书面形式表达出来，如记录和报告等；可将评估结论与最初计划进行比较核对。

在一些正式的评估中，并不是完全排除了评估者的主观因素。作为一名评估者，应该分清楚在对培训对象的评估中，哪些是正式的，哪些是非正式的；哪些是主观的，哪些是客观的。

2. 建设性评估和总结性评估

（1）建设性评估。建设性评估就是在培训过程中以改进而不是以是否保留培训项目为目的的评估。如果评估结论表明培训项目并不像培训者所期望的那样良好地运转，就可以对培训项目做出适当的调整，如改变培训的形式等。建设性评估经常是一种非正式的、主观的评估。

培训过程中的建设性评估作为培训项目改进的依据，它有助于培训对象学习的改进。除此之外，建设性评估还可以帮助培训对象明白自己的进步，从而使其产生某种满足感和成就感。这种满足感和成就感在培训对象后一阶段的学习中，将会发挥巨大的激励作用。

当进行建设性评估时，需要保证定期评估不过分频繁，也不能让培训对象有一种他们一直在进行简单、乏味和重复学习的感觉。否则，建设性评估就无法发挥它的激励作用，其他一些优势也会因此而丧失。很显然，如果培训对象对频繁的评估感到厌烦，甚至因此憎恨培训，认为进行测试的时间甚至超过学习、工作的时间，那么评估显然是失败的。这时，我们就要考虑评估频率的问题。

评估频率的问题主要是针对建设性评估提出的，它指进行两次连续评估之间所隔时间的长短。时间越短，频率越高；时间越长，频率越低。何为适当的频率，只能针对每一培训项目的实际情况而言，并没有一个统一的标准。尽管如此，对于多次评估利弊的分析还是有助于我们对评估频率的选择的。

（2）总结性评估。总结性评估指在培训结束时，为对受训者的学习效果和培训项目本身的有效性做出评价而进行的评估。这种评估经常是正式和客观的。

总结性评估的终局测试身份正规，具有较强的说服力。它适用的情况包括：当评估结论将被作为决定给予受训者某种资格，或为组织的决策提供依据时才采用。但是，终局测试毕竟是结束的象征，无论评估结论如何，只能用于决定培训项目的生死，而不能作为培训项目改进的依据；只能用于决定是否给受训者某种资格，而再也无助于受训者学习的改进。

总结性评估关注整个培训项目使受训者获得的改进，从而引发出这样一个问题：评估者是否能够全面评估受训者所学习的全部内容。一个短期培训可能不具有这个问题，但对于一个长期培训而言，这个问题往往十分突出，为了解决这个问题，评估者不得不定期地对受训者进行相隔不算太长的阶段性测试。

进行总结性评估时，必须注意培训目标和预期培训效果从头到尾是清晰的，这不仅是对培训者而言，同时也包括受训者。在培训之前，可以通过书面测试或小型座谈会的形式，使受训者了解培训目的。

（三）培训效果评估的信息收集

培训效果评估信息的收集主要有四种方法，即资料法、观察法、面谈访问法和调查问卷法。

1. 通过资料收集评估信息

要收集有关培训项目效果评估的全面资料，首先就要明确需要收集的资料有哪些，并列清表格，避免毫无目标地收集。要收集的资料包括：培训方案的资料，有关培训方案的领导批示，有关培训的录音，有关培训的调查问卷的原始资料和统计分析资料，有关培训的考核资料，有关培训的录像资料，有关培训实施人员写的会议记录，编写的培训教程等。

2. 通过观察收集评估信息

通过观察收集培训效果评估信息主要分为三个阶段，即培训前观察收集、培训中观察收集和培训后观察收集。一般需要收集如下信息：培训组织准备工作观察，培训实施现场观察，培训对象参加情况观察，培训对象反映情况观察，观察培训后一段时间内培训对象的变化等。

3. 通过面谈访问收集评估信息

面谈访问法是通过面对面进行交流，充分了解相关信息的方法。面谈访问法有利于双方相互了解，建立信任关系，获得比较准确的信息，但是面谈访问法也有自身的弱点。面谈访问法需要花费较长时间，在一定程度上可能影响被访谈者的工作。而且面谈访问法的技巧要求较高，一般被访谈者不会轻易吐露实情。面谈访问法有个人面谈访问法和集体面谈访问法两种具体操作方法。

面谈访问法一般在培训项目开展之前和培训项目开展之后进行，在培训项目进行过程当中进行面谈访问往往会影响培训计划的正常进行。

面谈访问的范围相对较为广泛，组织内部的决策者也同样包括在内，要通过访问组织决策者来了解高层领导人员对所评估的培训项目的期望。一般面谈访问的对象包括：访问培训对象、访问培训实施者、访问培训管理者、访问培训对象领导和下属。

面谈访问法通常的应用问题清单如下。

（1）事前对决策者面谈访问问题的清单。例如：

①请问本次培训与企业目标和战略的相关性如何？

②请问您对本次培训持怎样的态度？

③请问您如何看待本次培训给予的支持性资源？

④请问您如何预测本次培训的效果？

⑤请问通过本次培训您想解决什么问题？

⑥请问本次培训的前提是什么？

⑦请问本次培训的目标是什么？

⑧请谈一下本次培训采用的策略和方法好吗？

⑨请谈一下本次培训的资源配置及计划构想好吗？

（2）事后对培训项目管理者面谈访问问题的清单。例如：

①请问您认为本次培训的目标实现程度如何？

②请问您认为本次培训较为成功的地方有哪些？

③请问本次培训中应该改进的地方有哪些？

④本次培训计划有哪些失误？

⑤您认为本培训项目还有必要进行推广吗？

（3）事前对培训对象面谈访问问题的清单。例如：

①您认为您有必要参加本次培训吗？

②您希望通过本次培训解决哪些问题？

③您得到了本次培训的详细通知了吗？

④您觉得本次培训安排的合理性怎样？

⑤您会积极参与本次培训吗？

（4）事后对培训对象面谈访问问题的清单。例如：

①能谈一下您对本次培训的整体看法吗？

②您参加本次培训的目的达到了吗？

③本次培训哪些方面是您最为满意的？

④您认为本次培训主要的不足有哪些？

⑤您将培训所学应用到工作中了吗？

（5）事前对培训对象相关人员面谈访问问题的清单。例如：

①您认为您的下属（上司）有哪些不足？

②您期望您的下属（上司）达到怎样的水平？

③您的下属（上司）最急需的培训是什么？

④通过下属（上司）的培训对您的帮助怎样？

⑤您认为什么样的培训适合您的下属（上司）？

（6）事后对培训对象相关人员面谈访问问题的清单。例如：

①能谈一下您的下属（上司）通过培训有哪些变化吗？

②培训对您的下属（上司）的进步有何帮助？

③您的下属（上司）是怎样将培训所学应用到工作中的？

④您的下属（上司）怎样评价本次培训？

⑤您的下属（上司）还有什么问题没解决？

（7）事前对培训实施人员面谈访问问题的清单。例如：

①您在本次培训中的工作明确吗？

②您对本次培训有什么意见？

③您应该承担本次培训中的工作吗？

④您愿意承担本次培训中的工作吗？

⑤您有足够的能力和经验承担此项工作吗？

（8）事后对培训实施人员面谈访问问题的清单。例如：

①您完成了本次培训承担的工作了吗？

②您对自己的工作满意吗？

③您在工作中出现了哪些问题？

④您对您的伙伴的工作情况怎样看？

⑤您的伙伴的工作哪些方面需要改进或奖励?

4. 通过调查问卷收集评估信息

调查问卷收集培训效果评估信息主要在培训前、培训中和培训后进行，其中在培训前的评估调查问卷可以通过培训管理人员获得，因为培训项目开展之前培训管理人员要进行培训需求的调查，培训需求调查问卷基本包括了培训前培训效果评估信息的内容。一般需要进行以下调查：培训课程调查，培训组织调查，培训内容及形式调查，培训师调查，培训效果综合调查。为不影响培训项目的正常进行，同时降低评估对象的反感情绪，培训中的评估调查宜简不宜繁，占用的时间应该较短，因此，调查问卷也要重点突出。

二、培训效果评估的方法

(一) 培训效果评估的定性分析方法

定性评估法指评估者在调查研究、了解实际情况的基础之上，根据自己的经验和相关标准，对培训效果做出评价。

以定性方法进行评估只是对培训项目的实施效果做出一个方向性的判断，也就是说，主要是“好”与“坏”的判断，由于其不能得到数量化结论，故不能对培训效果达到的程度做一个准确表述。

定性评估法的优点在于综合性较强、需要的数据资料少、可以考虑到很多因素、评估过程评估者可以充分发挥自己的经验等，因此定性方法简单、易行，尤其在培训中有些因素不能量化时，进行定性评估就比较适合。如对员工工作态度的变化进行评估，要想全部量化成一系列的指标几乎是不可能的。

但定性评估法一大缺点在于其评估结果受评估者的主观因素、理论水平和实践经验影响较大。不同评估者可能由于工作岗位不同、工作经历不同、掌握的信息不同、理论水平和实践经验的差异以及对问题的主观看法不同，往往会对同一问题做出不同的判断。

定性评估法有很多种，如讨论、观察、比较、问卷调查等方法都是定性评估法的范畴。

1. 讨论法

将受训者召集到一起，开一次讨论会。会议上，让每一个受训者告诉你他学会了什么，他是如何把所学到的知识应用到工作中去的，以及他需要什么样的进一步帮助等一些问题，从中获取关于培训效果的信息。

讨论会不要在培训一结束就举行，在培训结束一段时间以后举行可能更为合适，比如一个月后。这时，培训的效果基本上体现出来了，过早地评估可能很难得到有效的信息。

2. 观察法

观察法指评估者在培训结束以后亲自到受训者所在的工作岗位上，通过仔细观察，记录培训对象在工作中的业绩并与培训前的进行比较，以此衡量培训对受训者所达到的效果。

这种方法由于要花很多时间，并不能大范围使用，一般只是针对一些投资大、培训效果对企业发展影响较大的项目。

3. 比较法

比较法是一种相对评估法，包括纵向比较评估和横向比较评估两个方面。纵向评估是将评估对象放在自身的发展过程中，进行历史和现实的比较，看其发展的相对位置是进步了还是退步了，其效果是增强了还是削弱了。

横向比较评估是首先在评估对象中选择好培训组，接着选择对比组，然后分别进行测定，这两个测定结果应该是相似的，即工作表现、工作绩效以及个性特征（包括性别、年龄、教育水平、在职年限以及技能水平）相似，接着对培训组进行培训，而在同一时期对比组照常工作而不进行培训，最后在同一时间内对培训组和对比组分别进行评估，以此判定培训是否达到了效果。

此外，比较法中还有一种“达度”评估方法，就是在评估对象之外，确定一个客观的标准，评价时，将评估对象与客观标准进行比较，衡量评估对象达到客观标准的程度，并依照其程度分出高低等级决定取舍。

4. 问卷调查法

问卷调查法即以书面的形式，拟订若干问题请有关人员填写、回答。对一些评估指标可以通过问卷的方式直接向评估对象了解，有时还把答案按一定标准折合成分数。这种方法也是目前企业培训活动中运用非常普遍的方法。运用这种方法的关键在于设计出一份优秀的问卷。一份优秀的问卷应该与培训目标紧密相连，并且与培训内容有关，问卷内容应包括培训的一些主要因素，如培训师、培训场地、培训教材等主要环节。

为了对不同对象或者培训活动的某个特定阶段进行重点评估，评估者可以专门就某一对象或培训活动的某一特定阶段设计问卷，以便及时获得有关信息，如专门对受训者进行评估，或专门对培训师进行评估，或专门对课程、教材进行评估。此外，评估者亦可专门就某一对象在培训活动的不同阶段的表现设计问卷进行评估。

问卷评估的内容或范围可多可少、可大可小，但问卷上的每一问题应有一定的深意。总之，问卷设计是否得当，往往是这一方法能否成功运用的根本。

评估问卷没有统一的格式，问题也不固定。评估者可以根据评估目的、评估要求和评估重点自行设计。

（二）培训效果评估的定量分析方法

定量分析是对培训作用的大小、受训者行为方式改变的程度以及企业收益的多少给出数据解析，通过调查统计分析发现与阐述行为规律。定量分析体现了国际管理科学的发展趋势，有助于企业树立以结果为本的意识，有助于扭转目标错位，所关注的应是受训者素质能力的提高程度，而不是证书之类的“符号”形式。从定量分析中得到启发，然后以描述形式说明结论，这在行为学中是常见的。

根据培训目标要求和受训对象的工作实际，确定评估内容及使用的具体指标，即构成评估方案。培训效果表现形式是多样的，因此，一种评估方案的指标形成一个完整的体系，在评估时进入体系的相关指标是能反映培训效果并被使用的指标。建立评估指标体系时容易出现两种偏差：一种偏差是指标体系列入了不相关的指标，如进行安全意识培训，评估的是员工的缺勤改变情况；另一种偏差是指标体系不完整，如对管理者进行沟通技巧培训，结束后只评估他与其他管理者的沟通技巧改变，忽略了他与下属间的沟通技巧改变。

培训效果评估的指标包括受训者在工作中行为的改进和企业在培训中获得的成果。行为改进主要是软性指标，如工作习惯、沟通技能、对企业文化的认同感、自我管理能力等。这类指标无法收集直接数据，通常是问卷调查的结果或主管的观察印象。评估时可将指标划分为几个等级，如优、良、中、合格、不合格，然后给每级一个描述，并与收集到的效果信息进行比较得出一个等级（水平）结果。

企业在培训中所获得的成果主要是硬性指标，如时间节省、生产率提高、产量增加、废品减少、质量改进、成本节约、利润增加等。下面分别介绍几种定量分析方法。

1. 成本——收益分析

通过成本——收益分析，计算出培训的投资回报率（IR）是培训效果评估的一种最常见的定量分析方法。培训成本来源包括项目开发或购买成本，培训师工资成本，培训师及受训者学习材料成本，培训场所、设备成本，培训组织者及辅助员工的工资和福利成本，因培训发生的交通及餐宿成本，受训者因参加培训而损失的生产量等。若是一次性发生的成本，如项目开发、购买培训设备、修建场所等，可按会计方法分摊。培训的实施可能会降低生产成本或额外成本，或改进产品质量，或者增加产量或者增加市场销售。总之，培训收益是企业因培训获得的经营成果的增加量。

考虑到培训效果发挥的年限，我们可以用更一般的表达式来计算培训收益：

$$TE=(E2-E1)\times TS\times T-C$$

其中：TE——培训收益；

E1——培训前每个受训者一年产出的效益；

E2——培训后每个受训者一年产出的效益；

TS——参加培训的人数；

T——培训效益可持续的年限；

C——培训成本。

培训的投资回报率是指用于培训的每家单位投资所获取的收益，它也可以作为衡量培训成果的一个指标。当然，投资回报率和培训效果是成正比的。我们可以用下列公式表示培训的投资回报率：

$$IR=\frac{(TE-C)}{C}\times 100\%$$

其中：IR——投资回报率；

TE——培训收益；

C——培训成本。

2. 等级加权分析

当培训效果的评估指标由多指标组成时，需要给评估对象建立指标体系，确定各项指标的权重，如每个指标分 5 级水平，由多名评估人员进行评估，然后根据统计结果进行分析。指标体系的总权重为 100%（即 1），如某个指标按其重要程度被赋权 15%（即 0.15）。将培训效果的评价指标进行加权量化，获得评价结果以后，就可以与培训前的相应评价指标进行对比分析，以此评估培训效果。

3. 评估的可信度

按照上面介绍的定量分析方法，对受训者培训前后各测评一次，便可评估出培训的效果。由于企业的工作是多方面的，工作业绩是多维度的，评估人员的素质（成熟度、统计能力、品德等）也有高有低，因此培训活动是多因多果的。有的经营结果可能不是由于培训而是其他因素，如采用新设备产生的；有的行为结果是培训产生的，但却难以衡量，如受训者的良好表现可促使其他员工努力学习以改善工作的这种辐射反应。为了让评估的结果使人信服，真正对管理者、决策者有借鉴意义，那么评估结果的可信度，可采取前面所介绍的评估方案：前测——后测评估方案、后测——对照组评估方案和前测——后测——对照组评估方案，特别是前测——后测——对照组评估方案，能极有效地提高评估结果的可信度。

为了确保培训评估的有效性和全面性，评估人员还要注意几个问题：时刻牢记培训目的和评估的基本要求，不能把“全员参与、气氛热烈、领导重视、投资量大、教师有名气、媒体有报道”这些表象的信息当作培训的成果来收集；评估方案设计要科学、合理，操作方便，经济性好；评估要认真对待，但也不是走向另一个极端，把评估变成科学研究，进行非常复杂的分析，分析的结果也让人难以弄懂，导致成本高、收效低、评估要坚持实事求是，客观、公正，这样的结果才能推动培训项目趋向实用、有效，帮助企业实现经营战略。除此之外，还要注意评估方法的科学性和评估人员的素质。企业应尽量避免让培训组织者自己进行评估或评估人员与被评估对象间存在个人恩怨、权力斗争等情况。

（三）培训效果评估数据的整理与分析

对收集来的评估信息不仅要归类、登记、建立数据库，还要进行必要的统计分析。在对数据进行分析时，会用到一些统计方法。一般来说，有三种统计方法较为常用，即平均数差异检验、方差分析、相关趋势分析。

1. 平均数差异检验

平均数差异检验指用平均数检验两组数据之间的差异，如受训者前后测验的分数是否有差异、受训组和对照组在培训后测量分数是否有差异。

平均数差异检验根据两个组之间的关系，可以分为相关样本和独立样本的差异检验。

通常通过 t 检验进行测量检验。其公式为：

$$t=\frac{x_d}{\frac{s_d}{\sqrt{n-1}}}$$

其中：xd——两组差异的平均数；

sd——差异的标准差；

n——样本数。

在进行检验时，还需要设定置信区间，即设定在多少概率范围内可以接受或拒绝两组数据有无差异的结论，通常称为 a 水平。一般设定 1-a 为 0.95 或 0.99，即结论有（1-a）100% 的可信度，参照 t 分布表，就可以做出统计推论。

2. 方差分析

方差分析用于对多个变量组数据的差异进行检验。它与 t 检验法相比，具有评估两个以上变量的效应，进行多组数据比较时能较为准确地做出判断，具有更高的统计功效。采用方差分析时，要计算出组内变异和组间变异。

组间变异指由于接受了不同的处理方法，如培训——没有培训，课堂讲授——电脑辅助教学——互动等产生的不同小组之间的差异。

组内变异指发生在同一组内部，由个别差异或误差导致的变异。

进行方差分析的目的在于，看看发生的变化到底是由于实施了不同的处理所产生的，还是仅仅由于误差所导致的。具体计算可参考统计学方面的相关书籍。

3. 相关趋势分析

相关趋势分析指利用相关性显示培训项目中不同因素和学员业绩表现之间的相互关系。例如，将受训者在工作岗位上的业绩表现情况与参加培训后的测试成绩进行比较，就可以揭示两者之间的相互关系。如果排除了其他因素的影响，两者之间若存在显著相关，则可以认为培训是有效的。

在培训项目不同阶段收集到的数据往往会在当时的阶段就进行分析，以便为培训项目的调整提供信息。此后可以继续收集后续跟踪数据，再将它们与最初的数据组合在一起分析，对整个培训项目进行评估。

培训与开发是指企业通过各种方式使员工具备完成现在或者将来工作所需要的知识、技能并改变他们的工作态度，以改善员工在现有或将来职位上的工作业绩，并最终实现企业整体绩效提升的一种计划性和连续性的活动。培训与开发有助于改善企业绩效、增进企业的竞争优势、提高员工的满足感以及培育企业文化，因此做好培训工作对企业具有重要的意义。做好培训工作应当遵循一些基本原则，比如，服务企业战略和规划、目标、差异化、激励、实效等原则。培训与开发同人力资源管理的其他职能之间存在着密切的关系。

培训与开发的具体实施过程一般包括几个方面：首先要进行培训前的准备，接着就是培训的设计与实施，然后是培训结束后的培训迁移，最后是培训的评估和反馈。在实践中，培训的方法多种多样，企业应根据具体情况选择合适的培训方法。按照培训的实施方式可以将培训分为两大类：一是在职培训，二是脱产培训。

第五章　绩效管理

第一节　绩效管理概况

一、绩效

（一）绩效的含义

从管理学的视角来看，绩效是组织期望的结果，是组织为实现其目标而展开的在不同层次上的有效输出，它包括个人绩效和组织绩效。

目前对绩效的界定主要有三种观点：一种观点认为绩效是结果；另一种观点认为绩效是行为；再一种观点则强调员工潜能与绩效的关系，关注员工素质，关注未来发展。

在实际应用中，对绩效的理解可能是以上三种认识中的一种，也可能是对各种绩效概念的综合平衡。一般而言，人们在实践中对绩效有以下五种理解，见表 5-1。

表 5-1　绩效定义适用情况对照表

绩效的含义	适应的对象	适应的企业或阶段
1. 完成了工作任务	体力劳动者 事务性或例行性工序的人员	
2. 结果或产出	高层管理者 销售、售后服务等可量化工作性质的人员	高速发展的成长型企业，强调快速反应，注重灵活、创新的企业
3. 行为	基层员工	发展相对缓慢的成熟型企业，强调流程、规范、规则的企业
4. 结果 + 过程（行为 / 素质）	普遍适用各类人员	
5. 做了什么（实际收益）+ 能做什么（预期收益）	知识工作者，如研发人员	

不同绩效观的优缺点见表5-2。

表5-2 不同绩效观的优缺点比较

比较	优点	缺点
注重结果/产出	（1）鼓励大家重视产出，容易在组织中营造“结果导向”的文化与氛围 （2）员工成就感强，以“胜败论英雄” （3）在未形成结果前不会发现不正当行为	（1）当出现责任人不能控制的外围因素时，评价失效 （2）无法获得个人活动信息，不能进行指导和帮助 （3）容易导致短期效应
注重过程/行为	能及时获得个人活动信息，有助于指导和帮助员工	（1）成功的创新者难以容身 （2）过分强调工作的方法和步骤 （3）有时忽视实际的工作成果

一般来讲，不同的企业或企业的不同人员对“结果”和“过程”的侧重点不同。高速发展的企业或行业，一般更重视结果；发展相对平稳的企业或行业，则更重视过程。强调反应速度、注重灵活、创新工作文化的企业，一般更强调“结果”；强调流程、规范、规则工作文化的企业，一般更强调“过程”。具体到企业不同类别的人员、不同层次的人员，层级越高，越以结果为主；层级越低，越以过程或行为为主，所谓“高层要做正确的事，中层要把事做正确，基层要正确地做事”，讲的就是这个道理。

（二）绩效的性质

绩效的性质中值得强调的是它的多因性、多维性与动态性三个特点。

绩效的多因性，是指绩效的优劣不只取决于单一因素，而要受制于主客观的多种因素影响，其中主要的影响因素有激励、技能、环境与机会四个因素。前两者是员工自身的主观性影响因素；后两者则是客观性影响因素。可用如下公式表示：

P=（S，O，M，E）

式中，P为绩效，S是技能，O是机会，M是激励，E是环境。此公式说明，绩效是技能、激励、机会与环境四变量的函数。

绩效的另一特性是多维性，即需沿多种维度或从多个方面去分析与评估。例如，一名工人的绩效，除了产量指标完成情况外，质量、原材料消耗、能耗、出勤，甚至团结、服从、纪律等硬软件方面都需综合考虑，逐一评估，尽管各维度可能权重不等使得绩效评估的侧重点会有所不同。

绩效的第三个特点是它的动态性，即员工的绩效是会变化的，随着时间的推移，绩效差的可能改进转好，绩效好的也可能退步变差，因此管理者不可凭一时印象，以僵化的观点看待下级的绩效。

总之，管理者对下级的考察应该是全面的、发展的、多角度的和权变的，力戒主观、片面和僵化。

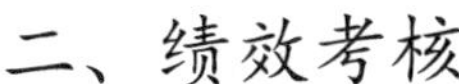

（一）绩效考核的含义

绩效考核是指考评主体对照工作目标或绩效标准，采用科学的考评方法，评定员工的工作任务完成情况，并将员工的工作职责履行程度和员工的发展情况，以及评定结果反馈给员工的过程。

（二）绩效考核的应用现状及不足

在不同的组织中，我们都在进行着绩效考核。有时它可能只是走过场，有时它又变得非常重要，其考核结果直接决定晋升、奖金、出国培训等机会的分配。员工和管理者不喜欢绩效考核有三方面原因：

1. 绩效考核本身的性质决定了它是一个容易使人焦虑的事情；

2. 绩效考核目的不明确；

3. 绩效考核结果不理想时的绩效考核工作更加难以开展。

就人力资源管理的所有职能来说，如果缺乏高级管理层的支持，评估计划不会成功。此外，还有其他一些原因致使考核程序不能达到预期的效果，比如，①经理人员认为对评估计划投入时间和精力只会获得很少的收益，甚至没有收益；②经理人员不喜欢面对面的评估会谈方式；③经理人员不擅长提供以前评估方面的反馈信息；④经理人员在评估中扮演的法官角色与其在员工发展方面扮演的帮助者角色相矛盾。

人们不喜欢绩效考核，就是因为这种传统意义上的绩效考核在理论和时间上都存在一些问题，即过分地把员工的绩效改善和能力的不断提高依赖于奖惩制度，因此带来的消极影响主要表现在：

（1）员工改善绩效的动力来源于利益的驱使和对惩罚的惧怕。

（2）过分依赖制度而削弱了组织各级管理者在改善绩效方面的责任。

（3）单纯依赖定期的绩效评估而忽略了对各种过程的控制和督导。

（4）由于管理者的角色是“警察”，考核就是要挑员工的毛病，因此造成管理者与员工之间的冲突和对立。

（5）这种只问结果不问过程的管理方式不利于培养缺乏经验和工作能力的资历较浅的员工。当员工发现无法达到工作标准的时候会自暴自弃，放弃努力，或归因于外界或其他人。

（6）当工作标准不能确切衡量时，导致员工规避责任。

（7）员工产生对优秀业绩者的抵触情绪，使优秀业绩者成为被攻击的对象。

三、绩效管理

（一）绩效管理的含义

绩效管理是指为了实现组织发展战略目标，采用科学的办法，通过对员工个人或组织的综合素质、态度行为和工作业绩的全面监测分析与考核评定，不断激励员工提高综合素质，改善组织行为，充分调动员工的积极性、主动性和创造性，挖掘其潜力的活动过程。

（二）绩效管理的功能

1. 绩效管理对企业的功能

（1）诊断功能。绩效管理是企业各个职能和业务部门主管的基本职责，在绩效目标明确的前提下，不但需要对企业中每个成员的活动进行跟踪，及时沟通和分析、反馈绩效管理信息，而且要及时发现企业中存在的共性问题，采用科学的方法进行组织诊断。通过调查掌握企业组织机构的现状及其存在的问题，并对照工作岗位说明书、管理业务流程图等文件，进行组织职能分析、组织关系分析和决策分析，找出组织中存在的问题症结所在，指出有哪些部门、流程、程序、授权和协作关系需要改进和调整，从而为组织的变革和发展提供依据。

（2）监测功能。有效的绩效管理体系的运行，可以显示出企业中从高层领导到中层管理人员甚至一线员工的工作情况；可以显示出从劳动环境、生产条件、技术装备、工作场地等硬件条件，到企业文化、经营理念、领导方式、工作方法、工时制度等软件方面的实际运行情况。在企业绩效管理的过程中，各级主管必须对人力、物力和财力等资源的配置及实际运行情况，进行及时的测定和监督，才能达到有效的组织、协调和控制，从而实现预定的绩效目标。

（3）导向功能。绩效管理的基本目标是不断改善企业氛围，提高企业整体效率和经济效益，促进员工与企业的共同发展。要达到这一目标，各级主管在企业绩效管理的过程中，应该充分发挥绩效管理的导向功能，通过积极主动的绩效沟通和面谈，采用科学的方法从不同需求出发，激励和诱导下属，使其朝着一个共同的目标努力学习、积极进取。

（4）竞争功能。绩效管理总是与企业的薪酬奖励、晋升等制度密切相关。绩效优秀的员工不但会受到奖励，还可能会获得晋升，为全体员工树立工作的榜样；同时，那些落后的、工作绩效不佳的员工也可能受到一定程度的批评或处罚。无论是受奖还是受罚，对员工都会产生某种触动和鞭策，在组织中形成竞争的局面。这种

 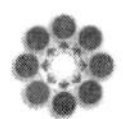

员工之间的相互比赛和竞争，势必有助于组织的发展和目标的实现，使企业和员工同时受益。

2. 绩效管理对员工的功能

（1）激励功能。绩效管理可以充分肯定员工的工作业绩，能使员工体验到成功的满足感与成就的自豪感，有利于鼓励先进、鞭策落后、带动中间，从而对每个员工的工作行为进行有效的激励。

（2）规范功能。绩效管理为各项人力资源管理工作提供了一个客观而有效的标准和行为规范，并依据这个考核的结果对员工进行晋升、奖惩、调配等。通过不断的考核，按照标准进行奖惩与晋升，会使企业形成按标准办事的风气，促进企业的人力资源管理标准化。

（3）发展功能。绩效管理的发展功能主要表现在两个方面：一方面是组织根据考核结果可以制订正确的培训计划，达到提高全体员工素质的目标；另一方面又可以发现员工的特点，根据员工特点决定培养方向和使用办法，充分发挥个人长处，将个人和组织的发展目标有效地结合起来。

（4）控制功能。通过绩效管理，不仅可以把员工工作的数量和质量控制在一个合理的范围内，而且还可以控制工作进度和协作关系，从而使员工明确自己的工作职责，按照既有制度和规定做事，提高工作的自觉性和纪律性。

（5）沟通功能。绩效考核结果出来以后，管理者将与员工谈话，说明考核的结果，听取员工的看法与申诉。这样就为上下级提供了一个良好的沟通机会，使上下级之间相互了解，并增进相互间的理解。

（三）绩效管理与绩效考核的区别与联系

绩效管理是一个完整的系统，绩效考核只是这个系统中的一部分。绩效管理是一个过程，注重过程的管理；而绩效考核是一个阶段性的总结。绩效管理具有前瞻性，能帮助企业前瞻性地看待问题，有效规划企业和员工的未来发展方向；而绩效考核则是回顾过去的一个阶段的成果，不具备前瞻性。绩效管理有着完善的计划、监督和控制的手段和方法，而绩效考核只是提取绩效信息的一个手段。绩效管理注重能力的培养，而绩效考核则只注重成绩的好坏。绩效管理能建立经理与员工之间的绩效合作伙伴关系，而绩效考核则使经理与员工站到了对立的两面，距离越来越远，甚至会制造紧张的气氛和关系。

第二节　绩效管理的流程

绩效管理的流程通常可以被看作是一个循环，这个循环分为五步：绩效计划与指标体系构建、绩效管理的过程控制、绩效考核与评价、绩效反馈与面谈以及绩效考核结果的应用。

一、绩效计划与指标体系构建

（一）绩效计划

绩效计划是一个确定组织对员工的绩效期望并得到员工认可的过程。绩效计划必须清楚地说明期望员工达到的结果以及达到该结果时期望员工表现出来的行为及技能。

（二）制订绩效计划的步骤

绩效计划通常是管理者和员工进行双向沟通后得到的结果，这种计划的制订需要经过一些必要的准备，对管理者和员工来说均是如此，否则就难以得到理想的结果。这种准备包括：

1. 组织战略目标和发展规划。

2. 年度企业经营计划。弥补长期计划对员工现在工作激励性的不足。

3. 业务单元的工作计划。直接从年度经营计划中分解出来，与业务单元的职能相联系，同员工的绩效标准紧密相关。

4. 团队计划。采用这种形式使小单元内的目标责任更加明确和具体，这也更有利于个人绩效计划的制订。

5. 个人职责描述。个人职责描述规定了员工在自己的职责上应该干什么，而绩效计划则指出了完成这些任务应该达到的标准，两者是紧密相连的。

6. 员工上一个绩效周期的绩效考核结果。据以更改新的绩效计划。

（三）指标体系构建

1. 绩效指标分类

常见的分类有以下几种："特质、行为、结果"三类绩效指标、结果指标与行为指标。

（1）特质、行为、结果三类绩效指标。从表 5-3 可以看出，特质类指标关注的是员工的素质与发展潜力，在选拔性评价中更为常用；行为类绩效指标关注的是绩效实现的过程，适用于通过单一程序化的方式达到绩效目标的职位；结果类指标更多地关注绩效结果或绩效目标的实现程度。

表 5-3 特质、行为、结果三类绩效指标比较一览表

	特质	行为	结果
适用范围	（1）适用于对未来的工作潜力做出预测	适用于评价可以通过单一的方式或者程序化的方式实现的岗位	适用于评价那些可以通过多种方法达到绩效标准或绩效目标的岗位
不足	（1）没有考虑情境因素，通常预测效度较低 （2）不能有效地区分实际工作绩效，使员工容易产生不公平感 （3）将注意力集中在短期内难以改变的人的特质上，不利于改进绩效	（1）需要对那些同样达到目标的行为方式进行区分，以选择真正适合组织需要的方式，这一点比较困难 （2）当员工认为其工作重要性较小时意义不大	（1）结果有时候不完全受评价对象的控制 （2）容易使评价对象为了达到一定的结果而不择手段，使组织在获得短期效益的同时丧失了长期利益

（2）结果指标与行为指标。在评价各级员工已有的绩效水平时，通常采用的绩效指标有两类：结果指标与行为指标。

结果指标一般与公司目标、部门目标以及员工的个人目标相对应，如成本降低30%，销售额提高3%等。行为指标一般与工作态度、协调能力、合作能力、知识文化水平、发展潜力等指标相对应。

由于企业中高层员工能够更加直接地对企业的关键绩效产生影响，在企业的各个管理阶层中，越是处于“金字塔”的顶层，其绩效评价中的结果指标就越多，行为指标就越少；而越是在“金字塔”的底层，其绩效评价中的结果指标就越少，行为指标就越多。

不过，结果指标通常只反映部门和员工过去的工作绩效。如果只关注结果指标，容易使企业忽略那些影响其长期发展的因素。因此，在设计绩效评价指标时，要将结果指标与行为指标结合使用。

2. 绩效指标体系的设计原则

绩效指标体系的设计需要考虑两个方面的问题：对绩效指标的选择和各个指标之间的整合。因此，要建立一个良好的绩效指标体系，需要遵循以下五项原则。

（1）以定量指标为主、定性指标为辅的基本原则（不适用所有职位）；

（2）少而精的原则；

（3）可测性原则；

（4）独立性与差异性原则；

（5）目标一致性原则。

绩效评价的目的和被评价人员所承担的工作内容和绩效标准成为绩效评价指标

的选择依据。另外，从评价的可操作性角度考虑，绩效指标的选择还应该考虑取得所需信息的便利程度，从而使设计的绩效指标能够真正得到科学、准确的评价。

3. 绩效指标体系的框架

绩效目标、绩效指标与绩效标准显然是有层次的。绩效指标体系的层次表现在企业、部门和职位三个层次的绩效指标上。

企业的绩效考核指标也包含三个层面：企业层面、部门层面和职位层面。企业层面的绩效指标主要是依据企业的关键绩效领域和企业的战略目标或企业层面的绩效目标制定的。将企业层面的绩效指标向下逐层分解，就可以得到部门层面和职位层面的绩效指标。

4. 建立绩效指标体系的基本步骤

建立企业绩效指标体系需要以下四个基本步骤。

（1）通过工作分析与业务流程分析确定绩效评价指标；

（2）粗略划分绩效指标的权重；

（3）通过各个管理阶层员工之间的沟通确定绩效评价指标体系；

（4）修订（考评前修订、考评后修订）。

5. 与绩效指标相对应的绩效标准

制定绩效指标与标准往往是一起进行的。一般来说，绩效指标是指企业要从哪些方面对工作产出进行衡量或评估；而绩效标准是指企业在各个指标上应该分别达到什么样的水平。也就是说，指标解决的是企业需要评价“什么”才能实现其战略目标；而标准关注的是被评价的对象需要在各个指标上做得“怎样”或完成“多少”。

二、绩效管理过程控制

（一）绩效管理过程控制存在的一些误区

1. 过于强调近期绩效；
2. 根据自我感觉，感情用事；
3. 误解或混淆绩效标准；
4. 缺少足够的、清晰的绩效记录资料；
5. 没有足够的时间讨论；
6. 管理者说得太多；
7. 缺少后续行动和计划。

（二）持续的绩效沟通

持续绩效沟通的内容：

1. 以前工作开展的情况怎样？
2. 哪些工作做得很好？
3. 哪些地方需要纠正或改善？
4. 员工是在努力实现工作目标吗？
5. 如果偏离目标的话，管理者应该采取什么纠正措施？
6. 管理者能为员工提供何种帮助？
7. 是否有外界发生的变化影响着工作目标？
8. 如果目标需要改变，如何进行调整？

三、绩效考核与评价

绩效考核是绩效管理活动的中心环节，是考核者与被考核者双方对考核期内的工作绩效进行全面回顾和总结的过程。

（一）绩效考核技术

绩效评估的方法按照评估标准的类型，可以分为特征导向评估法、行为锚定等级评价法和结果导向评估法。

1. 特征导向评估法

特征导向评估法主要是图解式考核法。图解式考核法也称图尺度考核法。图解式考核法主要是针对每一项评定的重点或考评项目，预先订立基准，包括以不同段分数表示的尺度和依等级间断分数表示的尺度，前者称为连续尺度法，后者称为非连续尺度法，实际运用中常以后者为主。

2. 行为锚定等级评价法

行为锚定等级评价法是传统业绩评定表和关键事件法的结合。在行为锚定等级评价法中，不同的业绩水平会通过一张等级表反映出来，并且根据一名员工的特定工作行为被描述出来。行为锚定等级评价法更便于在考核时进行讨论。

行为锚定等级评价表的开发过程：首先，行为锚定式考核量表始于工作分析，使用关键事件技术；其次，事件或行为依据维度加以分类；最后，为每一维度开发出一个考核量表，用这些行为作为锚定义量表上的评分（表 5-4）。

行为锚定等级评价法的优点在于工作绩效计量更为准确，工作绩效考核标准更为明确，具有良好的反馈功能，各种工作绩效考核要素之间具有较强的相互独立性。缺点则是考核者容易在选择项上难以抉择。

表 5-4 维度：课堂培训教学技能

优秀：7 6 5 中等：4 3 2 极差：1	内训师能清楚、简明、正确地回答学员的问题 当试图强调某一点时，内训师使用例子 内训师用清楚、能使人明白的方式授课时内训师表现出许多令人厌烦的习惯 内训师在课堂上给学员们不合理的批评

3. 结果导向评估法

结果导向评估法主要包括以个人绩效合约为基础的绩效考核法以及产量衡量法。

（1）个人绩效合约法。个人绩效合约法借用了目标管理的核心思想，强调员工绩效目标的实现以及员工对组织目标达成的具体承诺。

（2）产量衡量法。产量衡量法指纯粹通过产量衡量绩效的方法，如对销售人员，衡量其销售量和销售额；对生产工人，衡量其生产产品的数量。

4. 总结

下面以表 5-5 对各种评估方法的比较结果进行了归纳总结。

表 5-5 特征、行为、结果导向的评估方法优劣势对比

	优势	劣势
特征导向评估法	1. 成本较低 2. 绩效指标比较有意义 3. 使用方便	1. 产生错误评估的可能性较大 2. 对员工的指导效应较小 3. 不适合用于奖励的分配 4. 不适合用于晋升的决策
行为锚定等级评价法	1. 绩效指标比较具体 2. 员工和主管都比较容易接受 3. 有利于提供绩效反馈 4. 借此做出的奖励和晋升决策较公平	1. 建立和发展此方法可能较费时间 2. 成本较高 3. 有可能产生错误评估
结果导向评估法	1. 主观偏见少 2. 员工和主管都容易接受 3. 把个人的绩效和组织的绩效联系起来 4. 鼓励共同设定目标 5. 利于做出奖励和晋升决策	1. 建立和发展此方法很费时间 2. 可能会鼓励只看短期的行为 3. 可能使用被污染的标准 4. 标准可能不完整

（二）考核主体

按照绩效考核对象的不同，将绩效考核分为员工本人、上级、同级、下级、外部人员对员工自身在考核周期内可观察到的具体行为进行五种类型的评定。

1. 上级考核

由被考核者的上级作为考核主体有许多优点，上级对被考核者承担着直接领导、管理与监督责任，对下属是否完成工作任务、是否达到预定的目标等工作情况比较了解，而且上级作为考核主体，有助于实现管理目标，保证管理的权威。所以在绩效考核中往往由上级作为考核的主体，其考核的分数对被考核者的考核结果影响很大，约占 60% ～ 70%。上级考核的缺点在于考核的信息来源比较单一，容易产生个人偏见。

2. 同级考核

被考核者的同事与被考核者共事，密切联系，相互协作，相互配合。被考核者的同事往往比上级能更清楚地了解被考核者，他们的参与避免了个人的偏见，而且有助于促使员工在工作中与同事相互配合。同级考核也有一定的缺点：人际关系的因素会影响考核的公正性，和自己关系好的就给高分，关系不好的就给低分；也有可能协商一致，相互给高分；还有可能造成相互的猜疑而影响同事的关系。所以在绩效考核中，同级的考核结果占有一定的份额，但不会过大，在 10% 左右。

3. 下级考核

用下级作为考核主体，他们作为被考核者的下属，对其工作作风、行为方式、实际成果有比较深入的了解，对被考核者的各方面有亲身的感受，所以他们作为考核主体的优点是：可以促使上级关心下级的工作，建立：融洽的工作关系；容易发现上级在工作方面存在的问题。缺点是：由于顾及上级的反应，往往心存疑虑，不敢真实反映情况；有可能削弱上级的权威，造成上级对下级的迁就。所以其评定结果在总体评价中一般控制在 10% 左右。

4. 自我考核

让员工本人作为考核的主体，优点是能调动员工本人的积极性，增加员工的参与感，加强员工的自我开发意识和自我约束意识，有助于员工接受考核结果。缺点是员工对自己的评价往往容易偏高，当自我考核与其他主体考核差异较大时，容易引起矛盾。其评定结果在总体评价中一般控制在 10% 左右。

5. 外部人员考核

外部人员考核即让员工服务的对象对员工的绩效进行考核，这里的服务对象是部门或者小组以外的人员，不仅包括外部客户，还包括内部客户。外部人员考核有助于员工更加关注自己的工作结果，提高工作质量。缺点是外部人员可能不太了解被考核者的实际情况，更侧重于员工工作的结果，不利于对员工进行全面的评价。实际考核过程中，在采用这种形式时应当慎重考虑。

（三）绩效考核的时间

绩效考核的时间跨度可以根据具体情况和实际需要而定，可以进行月度考核、季度考核、半年考核和年度考核。在决定绩效考核的时间时，考核者需要考虑两个问题，即考核时间和考核频率。

考核的时间指什么时候进行考核，考核的频率指多长时间考核一次。

绩效考核的时间取决于实际工作的需要和员工的类型。经常进行绩效考核有助于及时发现工作中的问题，采取措施提高绩效。但是绩效考核周期不宜过长，否则会造成人力、物力、财力的浪费，还会影响员工的正常工作，给员工带来心理负担，不利于改进绩效，并使大家觉得考核作用不大，可有可无，结果使考核流于形式。对一线工人的绩效考核可以相对频繁一些，以便及时发现工作的优点与不足，并采取适当的补救措施提高绩效；对技术人员和高级管理人员来说，其工作绩效需要较长的时间才能显露出来，所以对他们的绩效考核次数可以少一些。

四、绩效反馈与面谈

绩效反馈是绩效管理的最后一步，是由员工和管理人员一起，回顾和讨论考评的结果，如果不将考评结果反馈给被考评的员工，考核将失去其极为重要的激励、奖惩和培训的功能，因此，绩效反馈对绩效管理起至关重要的作用。

（一）绩效反馈的定义

绩效反馈是绩效管理的一个重要环节，它主要通过考核者与被考核者之间的沟通，就被考核者在考核周期内的绩效情况进行反馈，在肯定成绩的同时，找出工作中的不足并加以改进。

（二）绩效面谈的内容

绩效面谈的内容应围绕员工上一个绩效周期的工作开展，一般包括四个方面的内容。

1. 工作业绩：

工作业绩的综合完成情况是考核者进行绩效面谈时最为重要的内容，在面谈时应将评估结果及时反馈给被考核者，如果被考核者对绩效评估的结果有异议，则需要和下属一起回顾上一绩效周期的绩效计划和绩效标准，并详细地向下属介绍绩效评估的理由。通过几次绩效结果的反馈，总结绩效达成的经验，找出绩效未能达成的原因，为以后更好地完成工作打下基础。

2. 行为表现：

除了绩效结果以外，主管还应关注被考核者的行为表现，比如工作态度、工作能力等，对工作态度和工作能力的关注可以帮助被考核者更好地完善自己，提高技能，也有助于帮助员工进行职业生涯规划。

3. 改进措施：

绩效管理的最后总目的是改善绩效。在面谈过程中，对于被考核者未能有效完成的绩效计划，考核者应该和被考核者一起分析绩效不佳的原因，并设法帮助下属提出具体的绩效改进措施。

4. 新的目标：

绩效面谈作为绩效管理流程中的最后环节，考核者应该在这个环节中结合上一个绩效周期的绩效计划完成情况，并结合被考核者新的任务，和被考核者一起提出下一个绩效周期中的新的工作目标和工作标准，这实际上是帮助被考核者一起制订新的绩效计划。

五、绩效考核结果的应用

（一）绩效改进

绩效改进是绩效管理过程中的一个重要环节。传统绩效考核的目的是通过对员工的工作业绩进行评估，将评估结果作为确定员工薪酬、奖惩、晋升或降级的标准。而现代绩效考核的目的不仅局限于此，员工能力的不断提高以及绩效的持续改进才是其根本的目的。绩效改进工作的成功与否，是绩效考核过程能否发挥效用的关键。

绩效改进的指导思想主要体现在以下三方面。

1. 绩效改进是绩效考核的后续工作，所以绩效改进的出发点是对员工实施工作的考核，不能将这两个环节的工作割裂开考虑。

2. 绩效改进必须自然地融入日常管理工作之中，才有其存在的价值。

3. 帮助下属改进绩效、提升能力，这与完成管理任务一样，都是管理者义不容辞的责任。

（二）薪酬奖金分配

绩效考核结果能够为报酬分配提供切实可靠的依据。企业除了基本工资外，一般都有业绩工资。业绩工资是直接与员工个人业绩挂钩的，这是绩效考核结果的一种普遍用途。它是为了增强薪酬的激励效果，在员工的薪酬体系中部分地与绩效挂钩，薪资的调整也往往由绩效结果来决定。

（三）员工职业发展

将绩效考核结果与员工发展结合起来，可以实现员工发展与部门发展的有机结合，达到本部门人力资源需求与员工职业生涯需求之间的平衡，有利于创造一个高效率的工作环境。绩效考核结果不仅可以为员工的工作配置提供科学依据，还可以为企业对员工进行全面教育培训提供科学依据。

（四）开发员工潜能

从个人发展的角度看，绩效考核结果为评价个人优缺点和提高工作绩效提供了一个反馈的渠道。无论是处在哪个工作层次的员工，绩效考核都有助于帮助其消除潜在的问题，并为员工制定新的目标以达到更高的绩效；有助于为员工制订发展和成长计划，改善员工的工作方式并为提高员工工作效率奠定了一个合理的基础，使管理者在绩效考核中的角色由法官转变为教练，承担着督导与培训责任。建立主管与员工之间的绩效伙伴关系，表现在结合绩效考核结果的现状制订合理的绩效改进计划、实施适合个人发展的职业生涯规划、为员工晋升和培训提供依据，也为奖励和惩罚提供了具体标准。

第三节　绩效管理的核心技术

一、目标管理

（一）目标管理的含义

目标管理是一种科学的管理方法，这种管理方法通过确定目标、制定措施、分解目标、落实措施、安排进度、组织实施、考核等企业自我控制手段达到管理目的。目标管理的主要特点是它十分注意从期望达到的目标出发，采取能保证管理目的和成果实现的措施，以调动各方面的积极性，使每个人都为达到自己的目标而主动采取各种可能奏效的方式方法，成为管理的主动者，这个特点贯穿于整个目标管理过程。

目标管理是一个反复循环、螺旋上升的管理方式，因而它的基本内容具有一定的周期性，目标管理正是通过管理内容的周而复始，实现管理效果的不断提高。

（二）目标管理的提出

美国管理大师彼得·德鲁克（Peter Drucker）于1954年在其名著《管理实

践》中最先提出了“目标管理”的概念，随后他又提出“目标管理和自我控制”的主张。德鲁克认为，并不是有了工作才有目标，相反，有了目标才能确定每个人的工作。所以“企业的使命和任务，必须转化为目标”，如果一个领域没有目标，这个领域的工作必然会被忽视。因此，管理者应该通过目标对下级进行管理，当组织最高层次的管理者确定了组织目标后，必须对其进行有效分解，转变成各个部门以及各个员工的分目标，管理者根据分目标的完成情况对下级进行考核、评价和奖惩。

目标管理提出以后，在美国迅速流传。时值第二次世界大战后西方经济由恢复转向迅速发展的时期，企业急需采用新的方法调动员工积极性以提高竞争能力，目标管理可谓应运而生，遂被广泛应用，并很快为日本、西欧国家的企业所仿效，在世界管理界大行其道。

（三）目标管理的应用

目标管理最为广泛的应用是在企业管理领域。企业目标可分为战略性目标、策略性目标以及方案、任务等。一般来说，经营战略目标和高级策略目标由高级管理者制定；中级目标由中层管理者制定；初级目标由基层管理者制定；方案和任务由职工制定，并同每一个成员的应有成果相联系。将自上而下的目标分解和自下而上的目标期望相结合，使经营计划的贯彻执行建立在职工的主动性、积极性的基础上，把企业职工吸引到企业经营活动中来。

目标管理方法提出后，美国通用电气公司最先采用，并取得了明显效果。其后，在美国、西欧、日本等许多国家和地区得到迅速推广，被公认为是一种加强计划管理的先进科学管理方法。我国从20世纪80年代初开始在企业中推广目标管理方法，目前采取的干部任期目标制、企业层层承包等，都是对目标管理方法的具体应用。

（四）目标管理的程序

目标管理的具体做法分三个阶段：第一阶段为目标的设置，第二阶段为实现目标过程的管理，第三阶段为测定与评价所取得的成果。

1. 目标的设置

这是目标管理最重要的阶段，这一阶段可以细分为四个步骤。

（1）高层管理预定目标。这是一个暂时的、可以改变的目标预案。既可以由上级提出，再同下级讨论；也可以由下级提出，再申请上级批准。无论哪种方式，首先必须共同商量决定；其次，领导必须根据企业的使命和长远战略，估计客观环境带来的机会和挑战，对本企业的优劣有清醒的认识，对组织应该和能够完成的目标做到心中有数。

（2）重新审议组织结构和职责分工。目标管理要求每一个分目标都有确定的责任主体。因此预定目标之后，需要重新审查现有的组织结构，根据新的目标对分解要求进行调整，明确目标责任者并协调关系。

（3）确立下级的目标。首先下级要明确组织的规划和目标，然后商定自身的分目标。在讨论中上级要尊重下级，平等待人，耐心倾听下级意见，帮助下级发展具有一致性和支持性的目标。分目标要具体量化，以便于考核；分清轻重缓急，以免顾此失彼；既要有挑战性，又要有实现的可能。每个员工和部门的分目标要和其他分目标协调一致，支持本单位和组织目标的实现。

（4）上级和下级就实现各项目标所需的条件以及实现目标后的奖惩事宜达成协议；分目标制定后，上级要授予下级相应的资源配置的权力，实现权、责、利的统一；由下级写成书面协议，编制目标记录卡片，整个组织汇总所有资料后，绘制出目标图。

2. 实现目标过程的管理

目标管理重视结果，强调自主、自治和自觉。这并不等于上级可以放手不管，相反由于形成了目标体系，一环失误，就会牵动全局。因此，上级在目标实施过程中的管理是不可缺少的。首先要进行定期检查，利用双方经常接触的机会和信息反馈渠道自然地进行；其次要向下级通报进度，便于互相协调；再次要帮助下级解决工作中出现的困难和问题，当出现意外、不可预测事件严重影响组织目标实现时，也可以通过一定的程序，修改原定的目标。

3. 总结和评估

达到预定的期限后，下级首先要进行自我评估，提交书面报告；然后上下级一起考核目标完成情况，决定奖惩；同时讨论下一阶段目标，开始新的循环。如果目标没有完成，应分析原因并总结教训，切忌相互指责，以保持相互信任的气氛。

（五）目标管理的特征

1. 明确目标

研究人员和实际工作者早已认识到制定个人目标的重要性。美国马里兰大学的早期研究发现，明确的目标要比只要求人们尽力去做有更高的业绩，而且高水平的业绩和高目标是相联系的。人们注意到，在企业中，目标技能的改善会持续提高生产率。而且，目标制定的重要性并不限于企业，在公共组织中也是有作用的。在许多公共组织里，普遍存在的目标的含混不清对管理人员来说是一件难事，但人们已在寻找解决这种难题的途径。

2. 参与决策

MBO 中的目标不像传统的目标设定那样，单向由上级给下级规定目标，然后分解成子目标落实到组织的各个层次上，而是用参与的方式决定目标，上级与下级共同参与选择、设定各对应层次的目标，即通过上下协商，逐级制定出整体组织目标、经营单位目标、部门目标直至个人目标。因此，MBO的目标转化过程既是“自上而下”的，又是“自下而上”的。

3. 规定时限

MBO强调时间性，制定的每一个目标都有明确的时间期限要求，如一个季度、一年、五年，或在已知环境下的任何适当期限。在大多数情况下，目标的制定可与年度预算或主要项目的完成期限一致。但实际上并非必须如此，这主要依实际情况来定。某些目标应该安排在很短的时期内完成，而另一些目标则要安排在更长的时期内完成。同样，在典型的情况下，组织层次的位置越低，为完成任务而设置的时间往往越短。

4. 评价绩效

MBO寻求不断地将实现目标的进展情况反馈给个人，以便他们能够调整自己的行动。也就是说，下级承担为自己设置具体的个人绩效目标的责任，并具有同他们的上级一起检查这些目标完成情况的责任。因此每个人对他所在部门的贡献就变得非常明确。尤其重要的是，上级要努力鼓励下级按照预先设立的目标评价业绩，积极参加评价过程，用这种鼓励自我评价和自我发展的方法，鞭策员工对工作的投入，并创造一种激励的环境。

二、关键绩效指标

（一）KPI的含义

关键绩效指标（Key Performance Indicator，KPI）是通过对组织内部流程的输入端、输出端的关键参数进行设置、取样、计算、分析，衡量流程绩效的一种目标式量化管理指标，是把企业的战略目标分解为可操作的工作目标的工具，是企业绩效管理的基础。KPI可以使部门主管明确部门的主要责任，并以此为基础，明确部门人员的业绩衡量指标。建立明确的切实可行的KPI体系，是做好绩效管理工作的关键。关键绩效指标是用于衡量工作人员工作绩效表现的量化指标，是绩效计划的重要组成部分。

KPI符合一个重要的管理原理——“二八原理”。在一个企业的价值创造过程中，存在着“80/20”的规律，即20%的骨干人员创造企业80%的价值；而且在每一位员工身上“二八原理”同样适用，即80%的工作任务是由20%的关键行为完成的。因此，必须抓住20%的关键行为，并对此进行分析和衡量，这样就能抓住业绩评价的重心。

（二）关键绩效指标的特点

1. 来自于对公司战略目标的分解

首先，作为衡量各职位工作绩效的指标，关键绩效指标所体现的衡量内容最终取决于公司的战略目标。当关键绩效指标构成了公司战略目标的有效组成部分或支持体系时，它所衡量的职位便以实现公司战略目标的相关部分作为自身的主要职责。如果 KPI 与公司战略目标脱离，则它所衡量的职位的努力方向也将与公司战略目标的实现产生分歧。

KPI 来自对公司战略目标的分解，其第二层含义在于，KPI 是对公司战略目标的进一步细化和发展。公司战略目标是长期的、指导性的、概括性的，而各职位的关键绩效指标内容丰富，针对职位而设置，着眼于考核当年的工作绩效，具有可衡量性。因此，关键绩效指标是对真正能够驱使公司战略目标实现的具体因素的发掘，是公司战略对每个职位工作绩效要求的具体体现。

最后一层含义在于，关键绩效指标随公司战略目标的发展演变而调整。当公司战略侧重点转移时，关键绩效指标必须予以修正以反映公司战略新的内容。

2. 关键绩效指标是对绩效构成中可控部分的衡量

企业经营活动的效果是内因外因综合作用的结果，其中，内因是各职位员工可控制和影响的部分，也是关键绩效指标所衡量的部分。关键绩效指标应尽量反映员工工作的直接可控效果，剔除他人或环境造成的其他方面的影响。例如，销售量与市场份额都是衡量销售部门市场开发能力的标准，而销售量是市场总规模与市场份额相乘的结果，其中市场总规模是不可控变量。在这种情况下，两者相比，市场份额更体现了职位绩效的核心内容，更适于作为关键绩效指标。

3. KPI 是对重点经营活动的衡量，而不是对所有操作过程的反映

每个职位的工作内容都涉及不同的方面，高层管理人员的工作任务更复杂，但 KPI 只对其中对公司整体战略目标影响较大，对战略目标实现起到不可或缺作用的工作进行衡量。

4. KPI 是组织上下认同的

KPI 不是由上级强行确定下发的，也不是由员工自行制定的，它的制定过程由上级与员工共同参与完成，是双方达成一致意见的体现。它不是以上压下的工具，而是组织中相关人员对职位工作绩效要求的共同认识。

（三）KPI 的作用

KPI 有助于：

1. 根据组织的发展规划 / 目标计划确定部门 / 个人的业绩指标；

2. 监测与业绩目标有关的运作过程；

3. 及时发现潜在的问题及需要改进的领域，并反馈给相应部门 / 个人；

4. KPI 输出是绩效评价的基础和依据。

当公司、部门、职位确定了明晰的 KPI 体系后，可以：

1. 把个人和部门的目标与公司整体的目标联系起来；

2. 对于管理者而言，阶段性地对部门 / 个人的 KPI 输出进行评价和控制，可正确引导目标发展；

3. 集中测量公司所需要的行为；

4. 定量和定性地对直接创造利润和间接创造利润的贡献做出评估。

（四）关键绩效指标的 SMART 原则

确定关键绩效指标有一个重要的 SMART 原则。SMART 是 5 个英文单词首字母的缩写：

S 代表具体（Specific），指绩效考核要切中特定的工作指标，不能笼统；

M 代表可度量（Measurable），指绩效指标是数量化或者行为化的，验证这些绩效指标的数据或者信息是可以获得的；

A 代表可实现（Attainable），指绩效指标在付出努力的情况下是可以实现的，避免设立过高或过低的目标；

R 代表关联性（Relevant），指绩效指标与上级目标具有明确的关联性，最终与公司目标相结合；

T 代表有时限（Time hound），指注重完成绩效指标的特定期限。

（五）确定关键绩效指标的过程

1. 建立评价指标体系

可按照从宏观到微观的顺序，依次建立各级指标体系。首先明确企业的战略目标，找出企业的业务重点，并确定这些关键业务领域的关键绩效指标（KPI），从而建立企业级 KPI；接下来，各部门的主管需要依据企业级 KPI 建立部门级 KPI；然后，各部门的主管和部门的 KPI 人员一起再将 KPI 进一步分解为更细致的 KPI。这些业绩衡量指标就是员工考核的要素和依据。

2. 设定评价标准

一般来说，指标指的是应从哪些方面对工作进行衡量或评价，而标准指的是在各个指标上分别应该达到什么样的水平。指标解决的是我们需要评价“什么”的问题；标准解决的是要求被评价者做得“怎样”完成“多少”的问题。

3. 审核关键绩效指标

对关键绩效指标进行审核的目的主要是确认这些关键绩效指标是否能够全面、客观地反映被评价对象的工作绩效，以及是否适合评价操作。

（六）KPI 总结

从组织结构的角度来看，KPI 系统是一个纵向的指标体系：先确定公司层面关注的 KPI，再确定部门乃至个人要承担的 KPI，由于 KPI 体系是经过层层分解的，这样，就在指标体系上把战略落实到“人”了。而要具体落实战略，需要“显性化”，要对每个层面的 KPI 进行赋值，形成一个相对应的纵向的目标体系。所以，在落实战略时有“两条线”：一条是指标体系，即工具；另一条是目标体系，它可利用指标工具得到。当然，目标体系本身还是一个沟通与传递的体系，即使使用 KPI 体系这一工具，具体的目标制定还需要各级管理者之间进行沟通。下级管理者必须参与更高一级目标的制定，由此他才能清楚本部门在更大系统中的位置，也能够让上级管理者更明确对其部门的要求，从而保证制定出适当、有效的子目标。这样，通过层层制定出相应的目标，形成一条不发生偏失的“目标线”，以保障战略有效传递和落实到具体的操作层面。具体到绩效管理的实施上，各部门承担的 KPI 是由战略决定的，但具体到某个年度时，并不需要对其所有承担的 KPI 进行赋值和制定目标。

因为战略目标是相对长期的，而具体到年度时一定会有所偏重，所以要求在选择全面衡量战略的 KPI 时要根据战略有所取舍。具体的年度目标的制定，是在全面分析企业内外环境、状况的基础上，根据年度战略构想，对本年度确定的 KPI 进行赋值而得到的。其中，KPI 只是一个工具体系；而制定目标的关键还在于“人”与“人”之间的沟通和理解，需要管理者和自己的上级、同级、下级、外部客户、供应商进行 360 度全方位的沟通。管理，在制定目标、落实战略的时候，就是一个沟通、落实的过程。所谓战略的落实，正是通过对这种阶段性目标状态的不断定义和实现而逐步达到的。

三、平衡计分卡

（一）平衡计分卡的提出

平衡计分卡（The Balanced Score Card，BSC）是于 20 世纪 90 年代初由哈佛商学院的罗伯特·卡普兰（Robert Kaplan）和诺朗诺顿研究所所长（Nolan Norton Institute）、美国复兴全球战略集团创始人兼总裁戴维·诺顿（David Norton）所开发的“未来组织绩效衡量方法”的一种绩效评价体系。当时制订该计划的目的在于找出超越传统以财务量度为主的绩效评价模式，以使组织的“策略”

能够转变为“行动”而发展出来的一种全新的组织绩效管理方法。平衡计分卡自创立以来，在国际上，特别是在美国和欧洲，很快引起了理论界和客户界的浓厚兴趣与反响。

平衡计分卡被《哈佛商业评论》评为最具影响力的管理工具之一，它打破了传统的单一使用财务指标衡量业绩的惯例。它在财务指标的基础上加入了未来驱动因素，即客户因素、内部经营管理过程和员工的学习成长，在集团战略规划与执行管理方面发挥非常重要的作用。根据解释，平衡计分卡主要通过图、卡、表来实现战略的规划。

（二）平衡计分卡的核心内容

平衡计分卡的设计包括四个方面：财务方面、顾客方面、内部运营流程方面、学习与成长方面。这几个角度分别代表企业主要的利益相关者：股东、顾客、员工，每个角度的重要性均取决于角度的本身和指标的选择是否与公司战略相一致。其中每一个方面都有其核心内容。

第一，财务方面。财务性指标是一般企业常用于绩效评估的传统指标。财务性绩效指标可显示出企业的战略及其实施和执行是否正在为最终经营结果（如利润）的改善做出贡献。但是，不是所有的长期策略都能很快产生短期的财务盈利。非财务性绩效指标（如质量、生产时间、生产率和新产品等）的改善和提高是实现目的的手段，而不是目的本身。财务方面指标衡量的主要内容是收入的增长、收入的结构、降低成本、提高生产率、资产的利用和投资战略等。

第二，客户方面。平衡计分卡要求企业将使命和策略诠释为具体的与客户相关的目标和要点。企业应以目标顾客和目标市场为方向，应当关注是否满足核心顾客的需求，而不是企图满足所有客户的偏好。客户最关心的不外乎五个方面：时间、质量、性能、服务和成本。企业必须为这五个方面树立清晰的目标，然后将这些目标细化为具体的指标。客户方面指标衡量的主要内容是市场份额、老客户挽留率、新客户获得率、顾客满意度、从客户处获得的利润率。

第三，内部运营方面。建立平衡记分卡的顺序，通常是在先制定财务和客户方面的目标与指标后，才制定企业内部运营方面的目标与指标，这个顺序使企业能够抓住重点，专心衡量那些与股东和客户目标息息相关的流程。内部运营绩效考核应以对客户满意度和实现财务目标影响最大的业务流程为核心。内部运营指标既包括短期的现有业务的改善，又涉及长远的产品和服务的革新。内部运营方面指标涉及企业的改良／创新过程、经营过程和售后服务过程。

第四，学习与成长方面。学习与成长的目标为其他三个方面的宏大目标提供了基础架构，是驱使平衡计分卡上述三个方面获得卓越成果的动力。面对激烈的全球竞争，企业当前的技术和能力已无法确保其实现未来的业务目标。削减对企业学习和成长能力的投资虽然能在短期内增加财务收入，但由此造成的不利影响将在未来给企业带来沉重的打击。学习和成长方面指标涉及员工的能力、信息系统的能力与激励、授权相互配合。

更进一步地，在平衡计分卡的发展过程中应特别强调描述策略背后的因果关系，凭借客户方面、内部营运方面、学习与成长方面评估指标的完成而达到最终的财务目标。最好的平衡计分卡不仅仅是重要指标或重要成功因素的集合。一份结构严谨的平衡计分卡应当包含一系列相互联系的目标和指标，这些指标不仅前后一致，而且互相强化。例如，投资回报率是平衡计分卡的财务指标，这一指标的驱动因素可能是客户的重复采购和销售量的增加，而这二者是客户满意度带来的结果。因此，客户满意度被纳入计分卡的客户层面。通过对客户偏好的分析显示，客户比较重视按时交货率这个指标，因此，按时交付程度的提高会带来更高的客户满意度，进而引起财务业绩的提高。于是，客户满意度和按时交货率都被纳入平衡计分卡的客户层面。而较佳的按时交货率又通过缩短经营周期并提高内部过程质量来实现，因此这两个因素就成为平衡计分卡的内部经营流程指标。进而，企业要改善内部流程质量并缩短周期又需要培训员工并提高他们的技术，员工技术便成为学习与成长层面的目标。这就是一个完整的因果关系链，贯穿于平衡计分卡的四个层面中。

平衡计分卡通过因果关系提供了把战略转化为可操作内容的一个框架。根据因果关系，可以将企业的战略目标分解为实现企业战略目标的几个子目标，这些子目标是各个部门的目标，同样，各中级目标或评价指标也可以根据因果关系继续细分，直至最终形成可以指导个人行动的绩效指标和目标。

（三）平衡计分卡的基本原理和流程

BSC 是一套从四个方面对公司战略管理的绩效进行财务与非财务综合评价的评分卡片，不仅能有效克服传统的财务评估方法的滞后性、偏重短期利益和内部利益以及忽视无形资产收益等诸多缺陷，而且是一个科学的集公司战略管理控制与战略管理绩效评估于一体的管理系统，其基本原理和流程简述如下。

1. 以组织的共同愿景与战略为内核，运用综合与平衡的哲学思想，依据组织结构，将公司的愿景与战略转化为下属各责任部门（如各事业部）在财务、顾客、内部经营、学习与成长四个方面的具体目标（即成功的因素），并设置相应的四张计分卡，其基本框架如图 5-1 所示。

在图 5-1 中，财务和客户是外部（结果，短期），内部经营和学习与成长是内部（驱动，长期）。

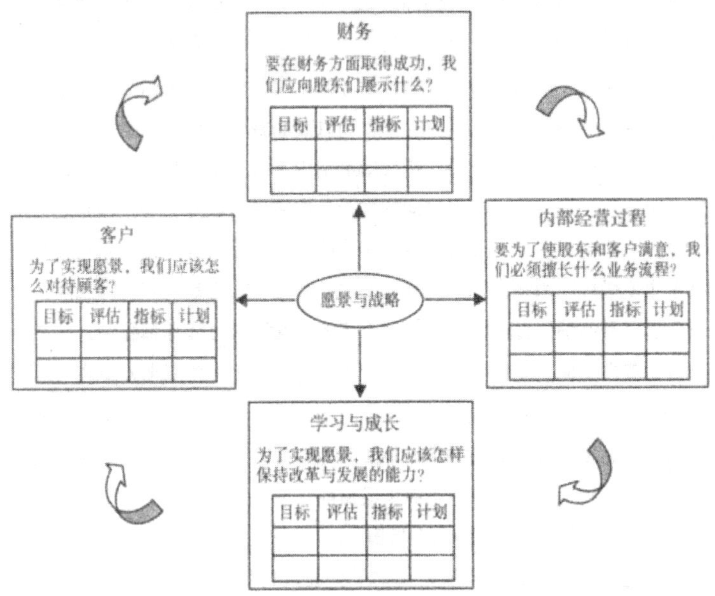

图 5-1 平衡计分卡的框架基本

2. 依据各责任部门分别在财务、顾客、内部经营、学习与成长四种计量可具体操作的目标中设置对应的绩效评价指标体系，这些指标不仅与公司战略目标高度相关，而且是以先行（Leading）与滞后（Lagging）两种形式，同时兼顾和平衡公司长期和短期目标、内部与外部利益，综合反映战略管理绩效的财务与非财务信息。

3. 由各主管部门与责任部门共同商定各项指标的具体评分规则。一般是将各项指标的预算值与实际值进行比较，对应不同范围的差异率，设定不同的评分值。以综合评分的形式，定期（通常是一个季度）考核各责任部门在财务、顾客、内部经营、学习与成长四个方面的目标执行情况，及时反馈，适时调整战略偏差，或修正原定目标和评价指标，确保公司战略得以顺利与正确地施行。

（四）平衡计分卡总结

平衡计分卡中的目标和评估指标来源于组织战略，它把组织的使命和战略转化为有形的目标和衡量指标。在 BSC 中的客户方面，管理者们确认了组织将要参与竞争的客户和市场部分，并将目标转换成一组指标，如市场份额、客户留住率、客户获得率、顾客满意度、顾客获利水平等。在 BSC 中的内部经营过程方面，为吸引和留住目标市场上的客户，满足股东对财务回报的要求，管理者需关注对客户满意度和实现组织财务目标影响最大的那些内部过程，并为此设立衡量指标。在这一方面，BSC 重视的不是单纯地对现有经营过程的改善，而是以确认客户和股东的要求为起点，以满足客户和股东要求为终点的全新的内部经营过程。BSC 中的学习和成长方面确认了组织为了实现长期的业绩而必须进行的对未来的投资，包括对雇员的能力、组织的信息系统等方面的衡量。组织在上述各方面的成功必须转化为财务上的最终成功。产品质量、完成订单时间、生产率、新产品开发和客户满意度方面的改进只有转化为销售额的增加、经营费用的减少和资产周转率的提高，才能为组织带来利益。因此，BSC 中的财务方面列示了组织的财务目标，并衡量了战略的实施和执行是否为最终的经营成果的改善做出贡献。BSC 中的目标和衡量指标是相互联系的，这种联系不仅包括因果关系，而且包括将结果的衡量和对引起结果的过程的衡量相结合，最终反映组织战略。

第六章 薪酬管理

第一节 薪酬管理概况

一、基本概念

（一）报酬的含义

一位员工因为为某一个组织工作而获得的所有各种他认为有价值的东西统统称为报酬（rewards）。一般可以分为内在报酬（intrinsic）和外在报酬（extrinsic）两大类。报酬体系的构成见表 6-1。

表 6-1 报酬体系的构成

	外在报酬	内在报酬
经济性报酬	直接报酬：基本工资、加班工资、津贴、奖金、利润分享、股票认购 间接报酬：保险 / 保健计划、住房资助、员工服务、带薪休假及其他福利	无
非经济性报酬	私人秘书 宽大舒适的办公室 诱人的头衔	参与决策、挑战性工作、感兴趣的工作、上级或同事的认可、学习与进步的机会、多元化活动、就业权利的保障

1. 内在报酬

通常是指员工由工作本身所获得的心理满足和心理收益，如决策的参与、工作的自主权、个人的发展、活动的多元化、挑战性的工作等。

2. 外在报酬

通常指员工所得到的各种货币收入和实物，它包括两种类型，一种是经济报酬（financial rewards）；另一种是非经济报酬（non-financial rewards），如宽敞的办公室、私人秘书、动听的头衔、特定停车位等。经济报酬又可以分为两类：

（1）直接报酬（direct rewards），如薪资、绩效奖金、股票期权、利润分享等。

（2）间接报酬（indirect rewards），如保险、带薪休假、住房补贴等各种福利。

（二）薪酬的含义

广义的薪酬概念等同于报酬，也被称之为全面薪酬。在现实的人力资源管理过程中，薪酬（compensation）则是指员工因为雇佣关系的存在，而从雇主那里获得的各种直接的和间接的经济收入，简单地说，它就相当于报酬体系中的经济报酬部分。是雇主对其员工的劳动价值的经济认可，对其劳动付出的物质回报。在企业中，员工的薪酬一般由三个部分组成：一是基本薪酬，二是激励薪酬，三是间接薪酬。

1. 基本薪酬

指企业根据员工所承担的工作或者所具备的技能而支付给他们的比较稳定的经济收入。

2. 激励薪酬

是指企业根据员工、团队或者企业自身的绩效而支付给他们的具有变动性质的经济收入。

3. 间接薪酬

就是给员工提供的各种福利。与基本薪酬和激励薪酬不同，间接薪酬的支付与员工个人的工作和绩效并没有直接的关系，往往都具有普遍性，通俗地讲，就是“人人都有份”。

（三）相关概念

薪金（salary）通常是以较长的时间为单位计算员工的劳动报酬，如月薪、年薪，我们国内常使用“薪水”一词。

工资（wages）通常以工时或完成产品的件数计算员工应当获得的劳动报酬。劳动法中的工资，是指用人单位依据国家有关规定，或劳动合同的约定，以货币形式直接支付给本单位劳动者的劳动报酬。一般包括计时工资（小时、日、周工资）、计件工资、延长工作时间的工资报酬，以及特殊情况下支付的工资等。工资是劳动者劳动收入的主要组成部分，是最为狭义、内涵最为严格的劳动报酬。

工资与薪金的区别见表 6-2。

表 6-2 工资与薪金的区别

概念	支付对象	支付时间	管理要求
工资	生产作业人员、技术人员、研究助理、临时用工	一般以小时或周支付，采用“时薪制”	受到劳动法规超时工作条文约束，有时需集体协商确定
薪金	管理职、行政职、专业职雇员	采取“责任制”，以月或年为支付单位	不受劳动法规的超时工作条文约束，不享受加班费等

（四）薪酬管理的含义

薪酬管理是指企业在经营战略和发展规划的指导下，综合考虑内外部各种因素的影响，确定自身的薪酬水平、薪酬结构和薪酬形式，并进行薪酬调整和薪酬控制的整个过程。

薪酬水平指企业内部各类职位以及企业整体平均薪酬的高低状况，它反映了企业支付的薪酬的外部竞争性。薪酬结构指企业内部各个职位之间薪酬的相互关系，它反映了企业支付的薪酬的内部一致性。薪酬形式则是指在员工和企业总体的薪酬中，不同类型的薪酬的组合方式。薪酬调整是指企业根据内外部各种因素的变化，对薪酬水平、薪酬结构和薪酬形式进行相应的变动。薪酬控制指企业对支付的薪酬总额进行测算和监控，以维持正常的薪酬成本开支，避免给企业带来过重的财务负担。

二、薪酬管理的原则

薪酬管理应当遵循以下几项基本原则。

（一）合法性原则

合法性是指企业的薪酬管理政策要符合国家法律和政策的有关规定，这是薪酬管理应遵循的最基本原则。为保障劳动者的合法权益、维护社会稳定和经济健康发展，各个国家都会相应地制定出一系列法律法规，对企业的薪酬体系施加约束力和影响力。例如，我国《劳动法》第四十八条规定，“国家实行最低薪资保障制度。最低薪资的具体标准由省、自治区、直辖市人民政府规定，报国务院备案。用人单位支付劳动者的薪资不得低于当地最低薪资标准”。

（二）公平性原则

公平是薪酬管理系统的基础，员工只有在认为薪酬系统是公平的前提下，才可能产生认同感和满意度。因此，公平性原则是企业实施薪酬管理时应遵循的最重要原则。亚当斯的公平理论是公平性原则重要的理论基础。公平性包括三个层次的含义。

1. 外部公平性。就是说在不同企业中，类似职位或者员工的薪酬应当基本相同。

2. 内部公平性。就是说在同一企业中，不同职位或者员工的薪酬应当与各自对企业的贡献成正比。

3. 个人公平性。就是说在同一企业中，相同或类似职位上的员工，薪酬应当与其贡献成正比。

（三）及时性原则

及时性是指薪酬的发放应当及时，这可以从两个方面理解。首先，薪酬是员工生活的主要来源，如果不能及时发放，势必影响他们的正常生活。其次，薪酬又是一种重要的激励手段，特别是激励薪酬，是对员工有效行为的一种奖励，而按照激励理论的解释，这种奖励只有及时兑现，才能够充分发挥对员工的激励效果。

（四）经济性原则

经济性指企业支付薪酬时应当在自身可以承受的范围内进行，所设计的薪酬水平应当与企业的财务水平相适应。虽然高水平的薪酬可以更好地吸引和激励员工，但是由于薪酬是企业一项很重要的开支，因此在进行薪酬管理时必须考虑自身承受能力的大小，超出承受能力的过高的薪酬必然会给企业造成沉重的负担。薪酬管理应当在竞争性和经济性之间找到恰当的平衡点。

（五）动态性原则

由于企业面临的内外部环境处于不断的变化之中，因此薪酬管理还应当坚持动态性的原则，要根据环境因素的变动随时进行调整，以确保企业薪酬的适应性。这表现在两个方面：一是企业整体的薪酬水平、薪酬结构和薪酬形式要保持动态性；二是员工个人的薪酬要具有动态性，要根据其职位的变动、绩效的表现进行薪酬的调整。

三、影响薪酬管理的主要因素

在市场经济条件下，企业的薪酬管理活动会受到内外部多种因素的影响，为了保证薪酬管理的有效实施，必须对这些影响因素有所认识和了解。一般来说，影响企业薪酬管理各项决策的因素主要有三类：一是企业外部因素，二是企业内部因素，三是员工个人因素。

（一）企业外部因素

1．法律法规

法律法规对于企业的行为具有强制的约束性，一般来说，它规定了企业薪酬管理的最低标准，因此企业实施薪酬管理时应当首先考虑这一因素，要在法律规定的范围内进行活动，例如，最低薪资立法规定了企业支付薪酬的下限；社会保险法律规定了企业必须为员工缴纳一定数额的社会保险费。

2．物价水平

薪酬最基本的功能是保障员工的生活，因此对员工来说更有意义的是实际薪酬水平，即货币收入（或者叫作名义薪酬）与物价水平的比率。当整个社会的物价水平上涨时，为了保证员工的生活水平不变，支付给他们的名义薪酬相应地也要增加。

3．劳动力市场的状况

按照经济学的解释，薪酬就是劳动力的价格，它取决于供给和需求的对比关系。在企业需求一定的情况下，如果劳动力市场紧张，造成劳动力资源供给减少，劳动力资源供不应求，劳动力价格就会上涨，此时企业要想获取必要的劳动力资源，就必须相应地提高薪酬水平；反之，如果劳动力市场趋于平稳，造成劳动力资源供给过剩，劳动力资源供过于求，劳动力价格就会趋于平缓或下降，此时企业相对容易地能够获取必要的劳动力资源，因此可以维持甚至降低薪酬水平。

4．其他企业的薪酬状况

其他企业的薪酬状况对企业薪酬管理的影响是最直接的，这是员工进行横向的公平性比较时非常重要的一个参照系。当其他企业尤其是竞争对手的薪酬水平提高时，为了保证外部的公平性，企业也要相应地提高自己的薪酬水平，否则就会造成员工的不满意甚至流失。

（二）企业内部因素

1．企业的经营战略

在阐述薪酬管理的含义时，我们已经指出，薪酬管理应当服从和服务于企业的经营战略，不同的经营战略下，企业的薪酬管理也会不同。

2．企业的发展阶段

由于企业处于不同的发展阶段时其经营的重点和面临的内外部环境是不同的，因此在不同的发展阶段，薪酬形式也是不同的。

3．企业的财务状况

薪酬是企业的一项重要成本开支，因此企业的财务状况会对薪酬管理产生重要的影响，它是薪酬管理各项决策得以实现的物质基础。良好的财务状况可以保证薪酬水平的竞争力和薪酬支付的及时性。

（三）员工个人因素

1. 员工所处的职位

在目前主流的薪酬管理理论中，这是决定员工个人基本薪酬以及企业薪酬结构的重要基础，也是内部公平性的主要体现。职位对员工薪酬的影响并不完全来自它的级别，而主要是职位所承担的工作职责以及对员工的任职资格要求。随着薪酬理论的发展，由此衍生出另一个影响因素，那就是员工所具备的技能。

2. 员工的绩效表现

员工的绩效表现是决定其激励薪酬的重要基础，在企业中，激励薪酬往往都与员工的绩效联系在一起，具有正相关的关系。总的来说，员工的绩效越好，其激励薪酬越高。此外，员工的绩效表现还会影响他们的绩效加薪，进而影响基本薪酬的变化。

3. 员工的工作年限

工作年限主要有工龄和企龄两种表现形式，工龄指员工参加工作以来整个的工作时间，企龄则指员工在本企业中的工作时间。工作年限会对员工的薪酬水平产生一定的影响，在技能薪资体系下，这种影响更加明显。一般来说，员工工龄和企龄越长，薪酬水平相对也越高。

工龄的影响主要源于人力资源管理中的“进化论”，就是说通过社会的“自然选择”，工作时间越长的人就越适合工作；不适合的人，由于优胜劣汰的作用，会离开这个职业。企龄的影响则主要源于组织社会化理论，就是说员工在企业中的时间越长，对企业和职位的了解就越深刻，其他条件一定时，绩效就越好；此外，保持员工队伍的稳定也是一个原因，员工企龄越长，薪酬水平相对就越高，这样可以在一定程度上降低员工的流动率，因为如果要流动，就会损失一部分收入。

第二节　薪酬管理的流程

一、薪酬水平

薪酬水平指企业内部各类岗位以及企业整体平均薪酬的高低状况，它反映了企业支付薪酬的外部竞争性。在制定企业具体薪酬水平策略之前，企业应开展薪酬调查。

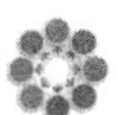

（一）薪酬调查

薪酬调查，就是按照一系列标准、规范和专业的方法，对市场上各岗位进行分类、汇总和统计分析，形成能够客观反映市场薪酬现状的调查报告，为企业提供设计薪酬水平和结构的决策依据。

1. 薪酬调查的作用

人力资源部门应该首先弄清楚薪酬调查的目的和调查结果的用途，再开始制订调查计划。一般而言，调查的结果可以为下述工作提供参考。

（1）薪酬水平调整

薪酬调查的主要目的在于了解竞争者薪酬的现况，并依据其调整的金额或幅度做适时适当的回应。

（2）薪酬结构调整

薪酬结构调整主要指岗位薪资、激励薪酬、技能薪资和辅助薪资等配置比例的变动，这种变动代表企业激励员工的方式与内涵的改变。

（3）特殊人才薪酬资料的评价

有些公司内部会雇用一些较特殊或稀有的专业人才，企业内部没有类似的岗位薪酬可以参照，故企业必须开展薪酬调查，从企业外部找到可比的相关岗位做参照。

2. 薪酬调查的渠道

确定了调查作用，就可以选择调查渠道。常见的调查渠道有企业之间的相互调查、委托专业机构进行调查、从公开的信息中调查以及从流动人员中调查四种，如表 6-3 所示。

表 6-3 薪酬调查的渠道

调查渠道	操作要点
企业之间的相互调查	由于我国的薪酬调查系统和服务还没有完善，所以最可靠和最经济的薪酬调查渠道还是企业之间的相互调查。相关企业的人力资源管理部门可以采取联合调查的形式，共享相互之间的薪酬信息。这种相互调查是一种正式的调查，也是双方受益的调查。调查可以采取座谈会、问卷调查等多种形式
委托专业机构进行调查	一些城市有提供薪酬调查的管理顾问公司或人才服务公司。通过这些专业机构调查会减少人力资源部门的工作量，省去了企业之间的协调费用。但它需要向委托的专业机构付一定的费用
从公开的信息中调查	有些企业在发布招聘广告时，会写上薪金待遇，调查人员稍加留意就可以了解到这些信息。另外，一些城市的人才交流部门也会定期发布一些岗位的薪酬参考信息。同一岗位的薪酬信息，一般分为高、中、低三档。由于它覆盖面广、薪酬范围大，所以它对有些企业参考作用不大
从流动人员中调查	通过其他企业来本企业应聘的人员可以了解同行业的薪酬状况

3. 薪酬调查的实施

（1）选择需要调查的职位

一般来说，薪酬调查是不可能针对所有职位进行的，因此首先就要选择需要调查的典型职位。典型职位的确定主要考虑调查的方便，应当选择那些在同地区或同行业大多数企业都普遍存在的通用职位作为典型职位。为了保证调查结果的准确性，还需要对典型职位进行职位分析，形成职位说明书，因为有些职位的名称虽然相同或者类似，但实际的工作职责却差别很大，如果不考虑工作的内容，调查的结果就会有很大的出入。

（2）确定调查范围

选择出典型职位后，接下来就要确定调查的范围，就是说要确定在什么范围收集相关的信息。由于薪酬调查的目的是保证薪酬水平的外部公平性，因此调查的范围应当根据职位的招聘范围来确定。不同类型的职位，调查的范围应当是不同的。

（3）确定调查项目

虽然薪酬调查是为了确定职位的基本薪酬，但是调查的项目却不能只包括基本薪酬，因为有些企业给予某个职位的基本薪酬可能不高，但是激励薪酬和福利却很高，而员工进行薪酬比较时针对的往往是总体薪酬，因此调查的项目应当包括薪酬的各个组成部分，这样在确定基本薪酬水平时才比较合理。

（4）进行实际的调查

前期的准备工作结束以后，就可以着手进行实际的调查。为了保证调查的效果，一般需要设计出调查问卷，问卷除了要包括薪酬方面的信息外，还应当包括企业本身和职位本身的一些信息。

（5）调查结果分析

薪酬调查的最后是对调查结果进行分析，首先要剔除那些无效的问卷，然后对有效的结果进行统计分析，得出市场薪酬的平均水平。

4. 薪酬曲线的建立

薪酬调查结束以后，将调查分析的结果和职位评价的结果结合起来，就可以建立企业的薪酬曲线，它是各个职位的市场薪酬水平和评价点数或者序列等级之间的关系曲线（图 6-1）。

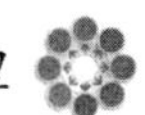

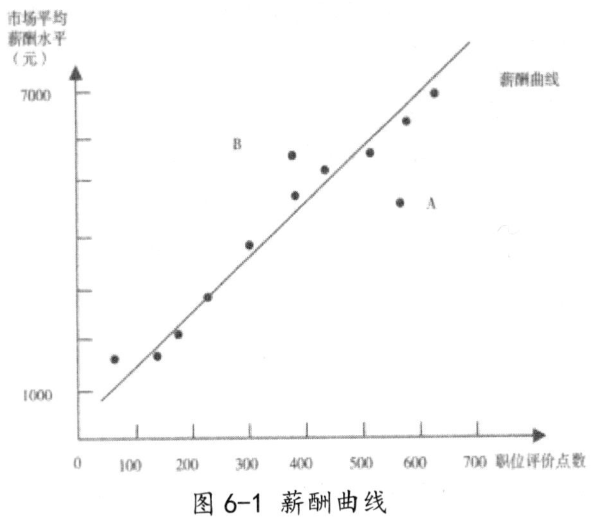

图 6-1 薪酬曲线

理论上讲，各个职位的市场薪酬水平和评价点数或者序列等级之间应当是一种线性的关系，因此薪酬曲线一般都采用最小二乘法来拟合。如果将评价点数或者序列等级设为X，市场薪酬水平设为Y，就可以得出薪酬曲线的方程Y=bX+a。将各个职位的评价点数或者序列等级代入方程，就可以得出它们的市场平均薪酬水平。

一般来说，薪酬调查的结果和职位评价的结果，即外部公平性和内部公平性是一致的，也就是说，由市场薪酬水平和评价点数或者序列等级确定的薪酬点都分布在薪酬曲线的周围。但是，有时也会出现不一致的情况，这时薪酬点就会明显地偏离薪酬曲线，这表明内部公平性和外部公平性之间出现了矛盾。例如，A点就表示该职位按照内部公平性确定的薪酬水平要高于市场平均的薪酬水平。当内部公平性和外部公平性不一致时，通常要按照外部公平性优先的原则调整这些职位薪酬水平，否则，要么就是这些职位的薪酬水平过低，无法招聘到合适的人员；要么就是薪酬水平过高，企业承担了不必要的成本。

最后，企业还要根据自己的薪酬策略对薪酬曲线做出调整。由于上面所讲的薪酬曲线是按照市场平均薪酬水平建立的，因此如果企业实行的是领先型或拖后型工资策略，就应当将薪酬曲线向上或向下平移，平移的幅度取决于领先或拖后的幅度，平移后薪酬曲线的方程也要相应做出变动，曲线的斜率不变，截距要发生变化，变为Y=bX+a’；如果实行的是跟随型策略，薪酬曲线就可以保持不动。

（二）薪酬水平策略

1. 薪酬水平策略

薪酬水平策略主要是指面对当地市场薪酬行情和竞争对手薪酬水平，企业如何决定自身的薪酬水平。根据企业薪酬水平与市场水平的比较情况，供企业选择的薪酬水平策略主要有市场领先型策略、市场追随型策略、市场滞后型策略和混合型薪酬策略。

（1）市场领先型策略

采用这种策略的企业大都具有以下特征：

1）处于垄断地位的行业。处于垄断地位的行业意味着该行业内竞争对手较少，企业不会因为提高产品的价格而导致消费者对产品和服务需求的减少。在这种情况下，实行高水平的薪酬是可行的。

2）投资回报率较高。投资回报率较高的企业之所以能够向员工支付较高薪酬，主要是因为其回报率高，能够获得高额利润。

3）人力成本在企业经营总成本所占的比率较低。当人力成本在企业经营总成本中所占的比率较低时，薪酬支出在总成本支出中不再处于敏感的地位。

（2）市场追随型策略

市场追随型策略是一种最常用的薪酬策略，实施这种薪酬策略的企业一方面希望确保人力成本与竞争对手保持一致，不至于产品价格过高，在市场上陷于不利地位；另一方面，又希望自己能够有一定吸引和保留员工的能力，不至于在人力资源市场上输给竞争对手。采取这种薪酬策略的风险可能是最小的，但也丧失了在吸引和保留优秀人才方面的明显优势。

（3）市场滞后型策略

采用市场滞后型策略的企业往往处于竞争性行业，边际利润比较低，企业投资回报率较低，承担不起高额人力成本带来的负担。

市场滞后型策略固然可以因为薪资大大低于市场平均水平而在短期内节约成本，但由于这种薪酬水平策略会导致企业很难招募和保留高素质的员工，短期的成本节余会被长期的其他成本所抵消。如果企业要采用这种策略，可以提高企业对员工的承诺度，从而以长期回报吸引优秀员工。例如，在高科技行业中，一些企业的员工薪酬低于市场平均水平，但是员工可以合理的价格购买企业股票或者股票期权，这种将薪酬与未来高收入组合在一起的薪酬策略不仅不会影响企业吸引和保留员工，反而会激励员工更加努力工作。

（4）混合型策略

混合型策略是指企业根据岗位类型或者员工具体情况确定薪酬水平而不是对所有岗位和员工均采用相同的薪酬水平定位。例如，有些公司针对骨干员工采用市场领先的薪酬策略，针对容易招聘到的基层员工实行市场追随型的薪酬策略。

混合型薪酬策略的优点在于其灵活性和针对性，对于企业希望保留的稀缺人才及关键岗位人才采取薪酬领先型策略，而对于人力资源市场中的富足人员采用追随

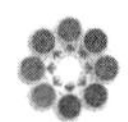

型甚至滞后型策略，不仅有利于控制企业的人力成本，而且还有利于企业在劳动力市场上保持竞争力。

以上四种薪酬水平策略有助于企业实现不同的薪酬目标。

二、薪酬构成

薪酬的构成，即一个人的工作报酬由哪几部分构成。员工薪酬构成常分为若干个部分，如基本薪资、岗位薪资、激励薪酬、技能薪资和辅助薪资等。每一个部分都从不同的侧面反映员工的劳动力状况，如基本薪资保障员工的基本生活需要，岗位薪资反映岗位价值以及员工承担的责任和风险，技能薪资反映员工的工作能力，激励薪酬反映员工的劳动结果或工作表现等。

（一）薪酬构成策略

根据总体薪酬与企业效益挂钩程度的不同，可以将薪酬构成分为高弹性、高稳定和混合型三种。

高弹性策略：薪酬水平与企业效益高度挂钩，变动薪酬所占比例较高。该种薪酬结构策略具有很强的激励性，员工能获得多少薪酬主要依赖于工作绩效的好坏。这是一种激励性很强的薪酬结构策略，变动薪酬是薪酬结构的主要组成部分，固定薪酬处于次要地位。

高稳性策略：薪酬水平与企业效益挂钩不紧密，变动薪酬所占比例较低。这种薪酬构成策略具有很强的稳定性，员工的收入非常稳定。固定薪酬是薪酬的主要组成部分，变动薪酬则处于次要地位。

混合型策略：薪酬水平与企业效益挂钩的程度视岗位职责变化而变化，这种薪酬构成策略既有激励性又有稳定性。当变动薪酬和固定薪酬的比例不断变化时，这种薪酬构成策略可以演变为高弹性或者高稳定的薪酬结构策略。

在薪酬构成策略选择方面，高弹性薪酬构成策略适用于高级管理人员和生产、销售一线人员，高弹性薪酬结构可以增加薪酬提升和下降空间，强调薪酬与工作绩效的挂钩，加大了激励力度；混合型薪酬结构策略适用于中层管理者，采取灵活的方式，在激励和保障之间进行平衡；对于其他人员则可以采用高稳定薪酬结构策略，强调薪酬的稳定性，增强员工对企业的归属感。

基本薪资、岗位薪资、激励薪酬、技能薪资和辅助薪资在薪酬构成中所占的比例不一样，会导致薪酬结构的弹性和稳定性不尽相同。以上各种薪资形式中，基本薪资设计通常是最简单的，鉴于有些企业将岗位薪资与基本薪资合并统一为岗位薪资，因此，重点介绍岗位薪资、激励薪酬、技能薪资和辅助薪资的设计方法。

（二）岗位薪资设计

在设计岗位薪资之前，首先把岗位分为若干序列，然后开展岗位评价，为岗位薪资设计提供依据。

1. 岗位序列

通常，企业的岗位可以分为管理序列、职能序列、技术序列、销售序列和操作序列五类。

2. 岗位评价的内容

岗位评价是通过专门的技术和程序，按一定客观衡量标准，对岗位的劳动环境、劳动强度、工作责任、所需要的资格条件等因素，进行系统的测定、评比和估价。岗位评价的实质是把提供不同使用价值的产品或服务的具体劳动，还原为抽象劳动，进而使各种具体劳动之间可以相互比较，以确定各个岗位在企业中的相对价值。

岗位评价的主要内容包括：

（1）岗位的技术复杂程度

岗位的技术复杂程度即劳动岗位对劳动者在生产过程中的专业知识、技能、经验水平的要求，包括学历、专业知识、相关工作经验、实际操作能力、技术等级等。

（2）岗位责任

岗位责任指劳动者承担的责任大小，包括质量责任、产量责任、经营管理责任、安全责任等。

（3）岗位劳动强度

岗位劳动强度指在生产过程中劳动者体力、脑力方面的负荷程度，体现为有效工时利用率、劳动姿势、劳动紧张程度、工作班次等。

（4）岗位劳动环境

岗位劳动环境指岗位劳动所处的环境条件对劳动者的危害程度，其中包括粉尘浓度、有毒有害气体危害程度、高温辐射热危害程度、噪声、高空作业影响、其他有害因素等。

针对某物业公司的部分标杆岗位的评价结果如表 6-4 所示。

表 6-4 所示为某物业公司部分岗位的评价结果。

表 6-4 某物业公司部分标杆岗位的评价结果

维度	指标	总经理	财务部经理	物业部管理——组长	物业管理员	门卫
技能水平	细化指标 1	10	8	7	6	4
	细化指标 2	10	8	6	5	4
	细化指标 3	9	7	6	5	3
解决问题能力	细化指标 4	10	8	6	5	4
	细化指标 5	10	7	6	5	3
	细化指标 6	10	8	6	4	3
风险责任	细化指标 7	10	7	6	5	5
	细化指标 8	9	8	5	5	3
合计得分	78	61	47	40	29	

（三）激励薪酬设计

激励薪酬，往往也称为绩效薪酬，是指以员工、团队或者企业的绩效为依据而支付给员工个人的薪酬。与基本薪酬相比，激励薪酬具有一定的变动性，但是由于它与绩效联系在一起，因此对员工的激励性也更强。激励薪资建立在对员工进行有效绩效评价的基础上，关注的重点是工作的“产出”和工作过程，如销售量、产量、质量、利润额以及工作能力、态度等。

激励薪资设计内容应包括支付形式、关注对象、配置方法、绩效等级、绩效分布以及激励薪酬增长方式等。

1. 支付形式

支付形式表现为企业以怎样的薪酬支付建立与绩效的联系，常见的形式包括业绩薪资、奖金和绩效福利，也包括股票或利益共享计划等形式。企业应该根据不同情况选择支付形式，如员工可以因销售增加、产量提高、成本降低等得到业绩薪资；企业高层可能更倾向于持股计划等中长期激励，而低层员工更倾向于短期的奖金激励。此外，依据不同的支付形式，企业提供的激励薪酬频率各不相同，可能是每月进行一次支付，也可能是一季度或一年进行一次支付。

2. 关注对象

激励薪酬关注对象的确定受到企业文化价值观和不同发展阶段的战略等因素的

影响。如果从个人层面衡量绩效，那么个人得到的激励薪酬是建立在自己的绩效基础上的，有利于强化个人的行为与结果，但不易满足团队协作的要求；如果从团队层面衡量绩效，薪资也可以通过向一个团队的每个员工提供一致的群体激励薪酬。

激励薪酬发放应该兼顾团队和个人层面，即先衡量团队或单位的绩效确定激励薪酬总额，然后依据员工个人绩效对激励薪酬总额进行划分，员工获得的激励薪酬是基于团队和个人绩效的综合结果。

3．配置方法

激励薪酬的配置比例是指激励薪酬与固定薪资（通常主要由岗位薪资构成）之间的比例关系。配置方法有切分法和配比法两种。其做法见表 6-5。

表 6-5 激励薪酬的配置方法

配置方法	做法
切分法	先依据岗位评价和外部薪酬水平确定不同岗位的总体薪酬水平，再对各个岗位的总体薪酬水平进行切分，如某岗位总体薪酬（100%）= 基本固定工资（50%）+ 业绩工资（50%）
配比法	先依据岗位评价和外部薪酬水平确定各个岗位的基本固定工资水平，这时应考虑薪酬水平市场定位，这种情况下，一般基本工资水平应定位于市场薪酬水平的相对低位，再在各个岗位基本工资的基础上上浮一比例，使各个岗位薪酬的总体水平处于市场薪酬水平的中高水平，如某岗位的薪酬总体水平＝基本固定工资 + 绩效工资（绩效工资为基本工资的 40%）

4．绩效等级

绩效等级是依据绩效评价后对员工绩效考核结果划分的等级层次。在公正、客观地对员工绩效进行评价的基础上，绩效等级的数量和等级之间的差距将会对员工激励薪酬分配产生很大影响。在设计绩效等级时还要考虑激励薪酬对员工的激励程度，等级过多造成差距过小将会影响对员工的激励力度；等级过少造成差距过大将会影响员工对激励薪酬的预期，以致员工丧失向上的动力。

5．绩效分布

考评者在确定了绩效等级以后，还应明确不同等级内员工绩效考核结果的分布情况，即每一等级内应有多少名员工或有多少比例的员工。考评者给被考评者定等级时，使绩效分布符合正态分布是合理的，即优秀的 10% ～ 20%，中间的 60% ～ 70%，差的 10% 左右。严格的绩效分布一方面有利于对员工的绩效进行区分，另一方面也有利于消除绩效评价各方模糊业绩的现象，避免被评价者的评价结果趋中。

6．激励薪酬增长方式

员工激励薪酬增长主要有两种方式，一种为增加薪资标准，另一种为一次性绩效奖励。增加薪资标准将长久地提高员工薪资水平，随着时间的推移，就变成了员工对薪酬的一种权利，而且薪酬具有刚性——易上难下，不利于企业薪酬的灵活决策；一次性绩效奖励是对达到企业绩效标准或以上的员工一次性进行奖励支付，在数量上可以与企业当期收益挂钩，既可以使员工感受激励的效果，也有利于企业薪酬的灵活决策。

激励薪酬一般可以分为个人激励薪酬和群体激励薪酬两种类型。

（1）个人激励薪酬

个人激励薪酬是指主要以员工个人的绩效表现为基础而支付的薪酬，这种支付方式有助于员工不断地提高自己的绩效水平，但是由于它支付的基础是个人，因此不利于团队的相互合作。个人激励薪酬主要有以下几种形式。

1）计件制

计件制是最常见的一种激励薪酬形式，它是根据员工的产出水平和工资率支付相应的薪酬。例如，规定每生产 1 件产品可以得到 2 元的工资，那么当员工生产 20 件产品时，就可以得到 40 元的工资。

在实践中，计件制往往不采用这样直接计件的方法，更多的是使用差额计件制，就是说对于不同的产出水平分别规定不同的工资率，依此来计算报酬。

2）工时制

工时制是根据员工完成工作的时间支付相应的薪酬。最基本的工时制是标准工时制，就是首先确定完成某项工作的标准时间，当员工在标准时间内完成工作任务时，依然按照标准工作时间支付薪酬，由于员工的工作时间缩短了，这就相当于工资率提高了。在实践中，员工因节约工作时间而形成的收益是要在员工和企业之间进行分配的，不可能全部都给予员工，例如，某项工作的标准工作时间为 5 小时，员工只用 4 个小时就完成了工作。那么因工作时间节约而形成的收益员工就可以分享到 20%。

3）绩效工资

绩效工资就是指根据员工的绩效考核结果支付相应的薪酬，由于有些职位的工作结果很难用数量和时间进行量化，不太适用上述的两种方法，因此就要借助于绩效考核的结果支付激励薪酬。绩效工资有四种主要形式：一是绩效调薪，二是绩效奖金，三是月 / 季度浮动薪酬，四是特殊绩效认可计划。

绩效调薪。绩效调薪是指根据员工的绩效考核成绩对其基本薪酬进行调整，调薪的周期一般按年来进行，而且调薪的比例根据绩效考核结果的不同也应当有所区别，绩效考核成绩越好，调薪的比例就越高。

进行绩效调薪时，有两个问题需要注意：一是调薪不仅包括加薪，而且还包括减薪，这样才会更具有激励性；二是调薪要在该职位或该员工所处的薪酬等级所对应的薪酬区间内进行，也就是说，员工基本薪酬增长或减少不能超出该薪酬区间的最大值或最小值。

绩效奖金。绩效奖金，也称为一次性奖金，是指根据员工的绩效考核结果给予的一次性奖励，奖励的方式与绩效调薪有些类似，只是对于绩效不良者不会进行罚款。

虽然绩效奖金支付的依据也是员工的绩效考核结果和基本薪酬，但它与绩效调薪还是存在着明显的不同。首先，绩效调薪是对基本薪酬的调整，而绩效奖金则不会影响基本薪酬。例如，某员工的基本薪酬为1000元，第一年绩效调薪的比例为6%，那么他第二年的基本薪酬就是1060元，如果下一年度绩效调薪的比例为4%，那么基本薪酬就要在1060元的基础上再增加4%，为1102.4元；如果是绩效奖金，那么他第一年绩效奖金的数额就是60元，第二年就是40元。其次，支付的周期不同。由于绩效调薪是对基本薪酬的调整，因此不可能过于频繁，否则会增加管理的成本和负担；而绩效奖金则不同，由于它不涉及基本薪酬的变化，因此周期可以相对较短，一般按月或按季来支付。最后，绩效调薪的幅度要受薪酬区间的限制。而绩效奖金则没有这一限制。

月 / 季度浮动薪酬。在绩效调薪和绩效奖金之间还存在一种折中的奖励方式，即根据月或季度绩效评价结果，以月绩效奖金或季度绩效奖金的形式对员工的业绩加以认可。这种月绩效奖金或季度绩效奖金一般采用基本工资乘以一个系数或者百分比的形式来确定，然后用一次性奖金的形式来兑现。实际操作时，往往会综合考核部门的绩效与个人的绩效。

特殊绩效认可计划。特殊绩效认可计划是指在个人或部门远远超出工作要求，表现出特别的努力而且实现了优秀的绩效或做出了重大贡献的情况下，组织额外给予的一种奖励与认可。其类型多种多样，既可以是在公司内部通讯上或者办公室布告栏上提及某个人，也可以是奖励一次度假的机会或者上万元的现金。

（2）群体激励薪酬

与个人激励薪酬相对应，群体激励薪酬指以团队或企业的绩效为依据支付薪酬。群体激励薪酬的好处在于它可以使员工更加关注团队和企业的整体绩效，增进团队的合作，从而更有利于整体绩效的实现。在新经济条件下，由于团队工作方式日益重要，因此群体激励薪酬也越来越受到重视。但是它也存在一个明显的缺点，那就是容易产生“搭便车”的行为，因此还要辅以对个人绩效的考核。群体激励薪酬绝不意味着进行平均分配。群体激励薪酬主要有以下几种形式。

1）利润分享计划

利润分享计划指对代表企业绩效的某种指标（通常是利润指标）进行衡量，并以衡量的结果为依据对员工支付薪酬。这是由美国俄亥俄州的林肯电器公司最早创立的一种激励薪酬形式，在该公司的分享计划中，每年都依据对员工绩效的评价分配年度总利润（扣除税金、6%的股东收益和资本公积金）。

利润分享计划有两个潜在的优势：一是将员工的薪酬和企业的绩效联系在一起，因此可以促使员工从企业的角度去思考问题，增强了员工的责任感；二是利润分享计划所支付的报酬不计入基本薪酬，这样有助于灵活地调整薪酬水平，在经营良好时支付较高的薪酬，在经营困难时支付较低的薪酬。

利润分享计划一般有三种实现形式。一是现金现付制（cash or currentpayment plan），就是以现金的形式即时兑现员工应得到的分享利润。二是递延滚存制（deferred plan），就是指利润中应发给员工的部分不立即发放，而是转入员工的账户，留待将来支付，这种形式通常是与企业的养老金计划结合在一起的；有些企业为了降低员工的流动率，还规定如果员工的服务期限没有达到规定的年限，将无权得到或全部得到这部分薪酬。三是混合制（combined plan），就是前两种形式的结合。

2）收益分享计划

收益分享计划是企业提供的一种与员工分享因生产率提高、成本节约和质量提高等而带来的收益的绩效奖励模式。通常情况下，员工按照一个事先设计好的收益分享公式，根据本人所属部门的总体绩效改善状况获得奖金。常见的收益分享计划有斯坎伦计划（Scalon plan）与拉克计划（Rucker plan）。

斯坎伦计划。斯坎伦计划是20世纪20年代中期由美国俄亥俄州一个钢铁工厂的工会领袖约瑟夫·斯坎伦提出的劳资合作计划，就是以成本节约的一定比例给员工发放奖金。它的操作步骤是：

第一步，确定收益增加的来源，通常用劳动成本的节约表示生产率的提高，用次品率的降低表示产品质量的提高和生产材料等成本的节约。将上述各种来源的收益增加额加总，得出收益增加总额。

第二步，提留和弥补上期亏空。收益增加总额一般不全部进行分配，如果上期存在透支，要弥补亏空；此外，还要提留出一定比例的储备，得出收益增加净值。

第三步，确定员工分享收益增加净值的比重，并根据这一比重计算出员工可以分配的总额。

第四步，用可以分配的总额除以工资总额，得出分配的单价。员工的工资乘以这一单价，就可以得出该员工分享的收益增加数额。

拉克计划。拉克计划在原理上与斯坎伦计划类似，但是计算的方式要复杂许多，它的基本假设是员工的工资总额保持在一个固定的水平上，然后根据公司过去几年的记录，以其中工资总额占生产价值（或净产值）的比例作为标准比例，确定奖金的数额。

具体的计算方法是，计算每单位工资占生产价值的比例，例如，每生产1元的产品，消耗的物质成本是0.6元，价值增值为0.4元，其中劳动成本为0.2元，那么劳动成本在增值部分的比重就是50%，这也表示员工对价值增值的贡献率。

这里还需要引入“预期生产价值”的概念，它等于经济生产力指数（EPI）与劳动成本的乘积，其中经济生产力指数是劳动成本在价值增值中所占比重的倒数，在上例中就等于2（1/0.5）。如果实际生产价值超过了预期生产价值，则说明出现了节约。例如，我们假设实际生产价值为300万元，预期生产价值为280万元，那么节约额就为20万元。由于员工对价值增值的贡献率为50%，因此可以分享的增值总额为10万元。在实际分配时，同样要按一定的比例进行提留，扣除提留以后的才是实际可以分配的净值。如提留的比例为20%，员工可以分配的净值就是8万元。

3）股票所有权计划

在股份制繁荣发展的今天，对员工的激励又衍生出了新的形式，就是让员工部分地拥有公司的股票或者股权，虽然这种形式是针对员工个人来实行的，但是由于它和公司的整体绩效是紧密联系在一起的，因此我们还是将它归入群体激励薪酬中。股票所有权计划是长期激励计划的一种主要形式。目前，常见的股票所有权计划主要有三类：现股计划、期股计划和期权计划。

现股计划就是指公司通过奖励的方式向员工直接赠与公司的股票或者参照股票当前的市场价格向员工出售公司的股票，使员工立即获得现实的股权，这种计划一般规定员工在一定时间内不能出售所持有的股票，这样股票价格的变化就会影响员工的收益。通过这种方式，可以促使员工更加关心企业的整体绩效和长远发展。

期股计划则是指公司和员工约定在未来某一时期员工要以一定的价格购买一定数量的公司股票，购买价格一般参照股票的当前价格确定，这样如果未来股票的价格上涨，员工按照约定的价格买入股票，就可以获得收益；如果未来股票的价格下跌，那么员工就会有所损失。例如，员工获得了以每股15元的价格购买股票的权利，两年后公司股票上涨到20元，那么他以当初的价格买入股票，每股就可以获得5元的收益；相反，如果股票价格下跌到10元，那么他以当初的价格买入股票，每股就要损失5元。

期权计划与期股计划比较类似，不同之处在于公司给予员工在未来某一时期以一定价格购买一定数量公司股票的权利，但是员工到期可以行使这项权利，也可以放弃这项权利，购股价格一般也要参照股票当前的价格。

（四）技能薪资设计

技能薪资设计理念受到了来自理论和实践领域的普遍关注，成为薪酬管理领域中的一个热点问题。技能薪资是指以员工所掌握的与工作有关的知识、技能或者所具备的能力为基础设计基本薪酬的一种薪酬制度。技能薪资体系的出现是薪酬设计思路的一次重大变革，虽然技能薪资体系实施的步骤和职位薪资基本一样，但是进行职位评价的基础不再是职位本身的工作职责和所要求的任职资格，而是员工所掌握的与职位的工作内容有关的知识、技能或者所具备的完成工作任务的能力；职位评价的结果不再是职位价值的相对大小，而是员工技能水平的差异；薪酬等级设计的基础也不再是职位的等级，而是技能的等级。这样，基本薪酬设计就由以“职位”为中心转向了以“员工”为中心。据美国《商业周刊》一项技能薪资的使用情况和效果的调查研究表明，技能薪资已在全美30%以上的公司中推广使用，并带来了员工特别是知识型员工更高的绩效和满意度。

与目前占主要地位的职位薪资相比，技能薪资在很多方面都更具优势。例如，它可以促使员工主动地进行学习，从而有助于学习型组织的建立；通过为员工提供多种发展渠道，从而避免了单一的职位等级晋升所导致的“拥挤效应”等。但是，技能薪资体系也存在着一些潜在的问题，比如，技能评价的问题、技能利用的问题、技能培训的问题、技能的发展问题等。

技能薪资体系适用于那些所从事的工作比较具体，而且技能、能力能够容易被界定出来的操作人员、技术人员以及办公室工作人员，比如，电信、银行、保险公司等行业的相关人员。技能薪资更适用于一些规模较大的公司，因为大公司在提供培训机会和支付高额培训费用中具有优势。

《财富》杂志上的500家大型企业有50%以上的企业至少对一部分员工采用了技能薪资制度，并且有60%的实行技能薪资方案的企业认为这种方案在提升企业绩效方面是成功或非常成功的。

（五）辅助薪资设计

辅助薪资包括加班薪资、津贴、补贴等。

1. 加班薪资

加班薪资是指用人单位根据生产、工作需要，安排劳动者在法定节假日和公休假日内，或在法定日标准工作时间以外继续工作所支付的薪资。

2. 津贴

津贴是指为了补偿员工特殊或额外的劳动消耗和因其他特殊原因而支付给员工的一种辅助性薪资。津贴主要包括特殊劳动消耗津贴、特殊岗位津贴、年终津贴和地区性津贴等几种类型。

从津贴的管理层次区分，可以分为两类：一是国家或地区、部门统一建立的津贴；二是企业自行建立的津贴。国家统一建立的津贴，一般在企业成本中列支；企业自建的津贴，一般在企业留存的奖励基金或效益薪资中开支。

3. 补贴

补贴是指为了保证员工薪资水平不受物价等因素的影响而支付给员工的薪资性补贴。津贴与补贴是不一样的，一般把用于补偿员工在工作、生产等方面付出的辅助薪资称为津贴，用于补偿生活消耗的辅助性薪资称作补贴。

补贴主要包括：为保证员工薪资水平不受物价上涨或变动等因素影响而支付的各种补贴，如副食品价格补贴（含肉类等价格补贴），粮、油、蔬菜等价格补贴，煤价补贴、房贴，以及提高煤炭价格后部分地区实行民用燃料和照明电价补贴等。我国的物价补贴有两种方式：一种是明补（补给居民或员工）方式，另一种是暗补（补给企业或流通环节）。纳入薪资总额范围的物价补贴是指明补。

三、薪酬等级

（一）薪酬等级

从理论上来讲，薪酬曲线建立以后，基本薪酬的设计也就结束了，按照职位评价的结果，通过薪酬曲线就可以确定每个职位的基本薪酬水平。但是在实践中，这种做法是不现实的，尤其是当企业的职位数量比较多时，如果针对每个职位设定一个薪酬水平，会大大提高企业的管理成本。因此，在实际工作中，还需要建立薪酬等级，以简化管理工作。

为了建立薪酬等级，首先需要将职位划分成不同的等级，划分的依据是职位评价的结果。每一等级中的职位，其职位评价的结果应当接近或类似。例如，在图 6-2 中，根据职位评价的结果，可以将全部职位划分成 6 个职位等级，每个职位等级对应的点值变动幅度都是 100。

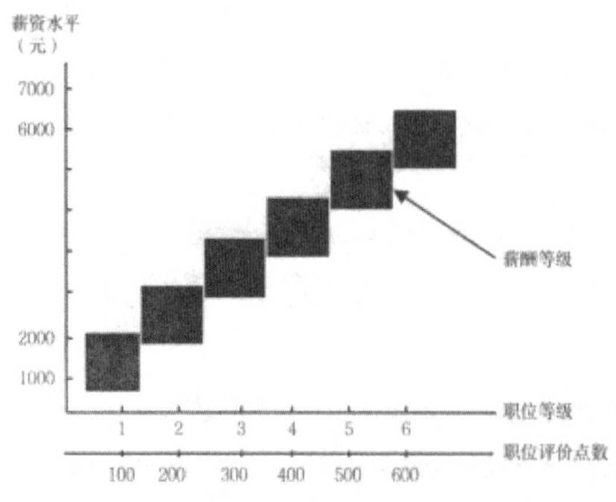

图 6-2 薪资结构图

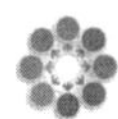

职位等级划分的数量取决于多种因素，例如，企业内部职位的数量、职位评价的结果、企业的薪酬政策等，但是一个基本的原则是应当能够反映出职位的价值差异。

职位等级确定以后，接着就要确定各个等级的薪酬变动范围，即薪酬区间。首先要确定薪酬区间的中值，某一等级的薪酬区间中值是由处于该等级中间位置的职位的薪酬水平决定的。如果某职位等级包括的点数范围是 50 ～ 150，那么处于该等级中间位置的职位对应的点数就是 100，将点数代入已建立的薪酬曲线方程，就可以得出它的薪酬水平，这也是该等级的薪酬区间中值。区间中值确定以后，还要确定区间的最高值和最低值，最高值 = 区间中值 ×（1+ 薪酬浮动率），最低值 = 区间中值 ×（1- 薪酬浮动率）。薪酬浮动率指薪酬区间的最高值或最低值偏离区间中值的比率，对于不同的等级，薪酬浮动率可以是相同的，也可以是不同的，企业应当根据自身的实际情况确定这一比率的具体数值。一般来说，确定浮动率时要考虑以下几个主要因素：企业的薪酬支付能力，各等级之间的价值差异，各等级自身的价值，各等级的重叠度等。

有些企业为了进一步简化管理工作，又将每一个薪酬等级划分成若干个不同的级别，每个级别对应一个具体的薪酬数值。

重叠度指相邻两个薪酬等级的重叠情况，能够反映企业的薪酬战略及价值取向。一般说来，较低的薪酬等级之间重叠度较高，较高的薪酬等级之间重叠度较低。

带宽也叫薪酬变动范围，指每一薪酬等级的级别宽度（最高工资与最低工资之间的跨度），反映同一薪酬等级的在职员工因工作性质及对企业影响不同而在薪酬上的差异。薪酬等级的带宽随着层级的提高而增加，即等级越高，在同一薪酬等级范围内的差额幅度就越大。

带宽与薪酬等级数量之间有着密切的关系，通常等级越多，各等级带宽越小；等级越少，则各等级带宽越大。

（二）宽带薪酬

所谓宽带薪酬（boradbanding），就是指对多个薪酬等级及其薪酬变动范围进行重新组合，从而变成只有相当少数的薪酬等级以及相应较宽的薪酬变动范围。一般来说，每个薪酬等级的最高值与最低值之间的区间变动比率要达到 100% 或 100% 以上。典型的宽带薪酬可能只有 4 个等级的薪酬级别，每个薪酬等级的最高值与最低值之间的区间变动比率则可能达到 200% ～ 300%。可以说，宽带薪酬是对传统的有大量等级的垂直型薪酬结构的一种改进或替代。宽带薪酬可以应用于职位工资体系，更适用于技能工资体系。事实上，宽带薪酬是技能（能力）工资体系赖以建立和有效运营的一个重要平台。传统薪资结构与宽带薪资结构的综合比较见表 6-6。

表 6-6 传统薪资结构与宽带薪资结构的综合比较

比较内容	传统型	宽带型
薪资战略与企业发展战略	难配套	易配套
与劳动力市场的关系	市场是第二位的	以市场为导向
直线经理的参与	几乎没有参与	更多地参与
薪资调整的方向	纵向	横向及纵向
组织结构的特点	层级多	扁平
与员工的工作表现	松散	紧密
薪资等级	多	少
级差	小	大
薪资变动范围	窄	宽

采用宽带薪酬，薪资预测和管理的难度会加大。浮动范围扩大使预测值的误差扩大，导致人工成本控制难度的增加。因此，企业在决定引进宽带薪酬时，一定要事先做好各方面的准备工作，以避免带来负面影响。

第三节　员工福利

员工福利（Employee Benefit）是指企业根据国家有关法律法规及其自身需要，向全体或部分员工提供的直接经济报酬以外的各种实物和服务等，用以提高或改善员工的物质及精神生活质量。

在西方发达国家，员工福利占其全部报酬的比重不断增加，已成为企业劳动报酬中不可缺少的组成部分。企业之所以愿意付出这么高的成本提供福利，是因为福利有利于改善人际关系、增加员工满意度和安全感、吸引和保留优秀员工。

员工福利可以分为法定福利和企业福利两大类。

一、法定福利

法定福利指依照国家法律、法规为员工提供标准的福利。我国的法定福利包括社会保险、法定假期、住房公积金等。

（一）社会保险

社会保险是以国家为主体，通过立法手段，设立保险基金，当劳动者在年老、患病、生育、伤残、死亡等暂时或永久丧失劳动能力，以及失业中断劳动而失去收入来源时，由社会给予物质帮助和补偿的一种社会保障制度。社会保险通常包括养老保险、医疗保险、工伤保险、失业保险和生育保险等。

1. 基本养老保险

养老保险是依法由社会保险行政主管部门负责组织和管理，由企业和被保险人共同承担养老保险缴纳义务，被保险人退休后依法享受养老保险待遇的基本养老保险项目。

养老保险的覆盖范围受经济发展水平的制约，在经济发展和社会进步处于低水平条件下，养老保险往往按照选择性原则局限在部分劳动者范围内。只有当经济发展到一定水平后，才会逐步扩大到全体劳动者。养老保险中受保人享受保险待遇的时间最长、待遇给付的标准相对较高。基本养老保险实行社会统筹与个人账户相结合。

2009 年、2011 年国务院分别启动新型农村和城镇居民社会养老保险（以下简称新农保和城居保）试点，2014 年国务院印发《关于建立统一的城乡居民基本养老保险制度的意见》，决定将新农保和城居保两项制度合并实施，在全国范围内建立制度名称、政策标准、管理服务、信息系统“四统一”的城乡居民基本养老保险制度。

2. 基本医疗保险

医疗保险是指由国家立法规定并强制实施的，为了分担疾病风险带来的经济损失而设立的一项社会保险制度，同国家、用人单位和个人集资（缴保险费）建立医疗保险基金，在个人生病或受到伤害后，由社会医疗保险机构给予一定的物质帮助。1998 年，国务院出台《关于建立城镇职工基本医疗保险制度的决定》建立职工基本医疗保险；2003 年，建立新型农村合作医疗制度并同步建立农村医疗救助制度；2005 年，建立城市医疗救助制度；2007 年，建立城镇居民基本医疗保险制度。

新的医疗保险制度的主要内容包括：基本医疗保险费实施职工和企业共同负担的原则；基本医疗保险基金实行社会统筹与个人账户相结合；用人单位缴费率为职工工资总额的 6% 左右，职工缴费率为本人工资收入的 2%。职工个人缴纳的保险费全部记入个人账户；用人单位缴纳的保险费一部分用于建立统筹基金，一部分划入个人账户；划定统筹基金和个人账户各自的支付范围，确定统筹基金的起付标准和最高支付限额，起付标准原则上控制在当地职工年均工资的 4 倍左右。起付标准以下的医疗费用，从个人账户中支付或由个人自付。起付标准以上，最高支付限额以下的医疗费用，主要从统筹基金中支付，个人也要负担一定的比例。

3. 工伤保险

工伤保险是对法定范围内的劳动者因从事职业工作遭受伤害或患有与工作相关的职业病而提供生活保障的一种社会保险项目。工伤保险的缴费一般完全由企业承担，政府在特殊情况下予以资助，劳动者个人不需承担缴费义务。工伤保险的对象是从事经济活动的劳动者本人，但保险获益者往往不限于劳动者本人，还包括他们的家属。我国现行的工伤保险制度是按照劳动部1996年颁发的《企业职工工伤保险试行办法》实施的。国务院于2003年4月16日颁布了《工伤保险条例》，自2004年1月1日起施行。2010年12月进行了修订，工伤保险被正式纳入法律体系。

4. 失业保险

失业保险是对法定范围内的劳动者因失业而失去经济来源时，按法定时限和标准给予其物质援助的社会保险项目。在市场经济条件下，劳动者的就业通常由竞争机制发挥主导作用，失业现象在所难免，对失业者予以一定的保障有利于使企业和国家经常拥有可靠数量和素质合格的劳动力资源，也有利于社会安定。1999年，国务院颁布了《失业保险条例》，这是我国目前执行的失业保险制度的法律依据。2017年，人社部就《失业保险条例（修订草案征求意见稿）》向社会公开征求意见，以促进条例更加符合我国当前经济社会发展的水平、趋势和要求。

5. 生育保险

生育保险是国家通过立法筹集保险基金，对怀孕、分娩、生育子女期间暂时丧失劳动能力的女职工给予一定的经济补偿、医疗服务和生育休假福利的一项社会保险制度。其宗旨在于帮助她们恢复劳动能力，重返工作岗位。1994年，劳动部颁布了《企业职工生育保险试行办法》，成为推动生育保险工作的主要政策依据。2010年和2012年国家分别颁布了《中华人民共和国社会保险法》《女职工劳动保护特别规定》，进一步规范了生育保险政策。

（二）法定假期

1. 公休假日和法定假日

目前我国实行每周休息两天的公休日制度。公休假日是劳动者工作满一个工作周之后的休息时间。国家实行劳动者每日工作时间不超过8小时、平均每周工作时间不超过44小时的工时制度。《中华人民共和国劳动法》（以下简称《劳动法》）第38条规定：用人单位应当保证劳动者每周至少休息一天。

2013年12月公布了《国务院关于修改〈全国年节及纪念日放假办法〉的决定》，并于2014年1月1日起施行。法定休假日即法定节日休假。我国法定的节假日包括元旦、春节、清明节、国际劳动节、端午节、中秋节、国庆节。《劳动法》规定，法定休假日安排劳动者工作的：支付不低于薪资的300%的劳动报酬。除劳动法规定的节假日以外，企业可以根据实际情况，在与员工协商的基础上，决定放假与否以及加班薪资多少。

2. 带薪年休假

我国《劳动法》第四十五条规定，国家实行带薪休假制度。劳动者连续工作一年以上的，享受带薪休假。这一政策并非强制规定，各单位可以结合政策精神灵活运用。

休假的目的在于使员工可以暂时离开繁重的工作，获得身心的双重休息。带薪休假的一个关键问题在于假期能否累计和转换。也就是说，如果组织给予员工每年10天的带薪休假福利，某一员工当年没有使用这一权利，10天的假期能否顺延到下一年，以及如果因业务繁忙不能安排其休假，组织能否对其进行补偿、怎样补偿？允许员工建立这种类似“假日银行”（假日可以存储和累计）的做法一方面会给组织带来潜在的高额成本，另一方面也无法达到休假的根本目的。所以，大多数组织对员工可以累计的休假天数会做出上限的规定，超过某一天数之后，未休假的时间将不再累计。

3. 病假

员工因为身体疾病不能正常工作时，应当享有病假。通常情况下，员工请病假要出示医院的诊断证明。大多数企业的病假政策是：员工在规定的病假期内能够享受正常的薪资待遇。

4. 其他假期

在我国，员工还可以享受探亲假、婚丧假、产假与配偶生育假等。探亲假的享受对象是组织中那些与直接亲属不在同一个区域的员工，具体规定各地区有所不同。达到法定结婚年龄的员工可以享受婚假，晚婚者可以多享受一定的假期。符合生育政策的女职工可以享受产假，而男职工可以享受配偶生育假以照顾分娩的妻子。

（三）住房公积金

为了加强对住房公积金的管理，维护住房公积金所有者的合法权益，促进城镇住房建设，提高城镇居民的居住水平，国务院于1999年4月颁布了《住房公积金管理条例》，并于2002年对该条例进行了相应的修订。住房公积金，是指国家机关、国有企业、城镇集体企业、外商投资企业、城镇私营企业及其他城镇企业、事业单位、民办非企业单位、社会团体（以下统称单位）及其在职职工缴存的长期住房储金。具有两个特征：一是积累性，即住房公积金虽然是员工薪资的组成部分，但不以现金形式发放，并且必须存入住房公积金管理中心所委托银行开设的专户内，实行专户管理。二是专用性，住房公积金应当用于员工购买、建造、翻建、大修自住住房，任何单位和个人不得挪作他用。但当职工在离退休、死亡、完全丧失劳动能力并与单位终止劳动关系或户口迁出原居住城市时，可提取本人账户内的住房公积金。

住房公积金的管理实行住房公积金管理委员会决策、住房公积金管理中心运作、银行专户存储、财政监督的原则。职工个人缴存的住房公积金和职工所在单位为职工缴存的住房公积金，属于职工个人所有。职工住房公积金的月缴存额为职工本人上一年度月平均薪资乘以职工住房公积金缴存比例。单位为职工缴存的住房公积金的月缴存额为职工本人上一年度月平均薪资乘以单位住房公积金缴存比例。《住房公积金管理条例》第十八条规定，职工和单位住房公积金的缴存比例均不得低于职工上一年度月平均薪资的5%；有条件的城市，可以适当提高缴存比例。

二、企业福利

企业福利是与员工法定福利相对应的一种福利类别划分。与法定福利项目比较，企业福利具有以下三个方面的明显特征。

首先，针对特定人群。企业福利的直接效用是保障员工一定生活水平和提高其生活质量，只有在本单位就业的员工才能享受（有些福利项目员工家属也可享受）。

其次，一般采取普惠制。企业福利一般按照普惠制向员工提供，某些企业或某些项目也可能依据员工供职时间长短和贡献大小规定其享受待遇的高低差别。企业福利的主要职能是以共同消费的形式满足共同需要，其发展趋势是以集体福利为主，它不是劳动者谋生的手段，只是薪资收入的补充，一般情况下不体现按劳分配的要求。

最后，资金来源于企业赢利。企业福利水平主要取决于企业的经济效益，形形色色的企业福利计划在一定程度上反映了企业兴衰。

企业福利名目繁多，归纳起来可以分为经济性福利项目、设施性福利项目、娱乐性福利项目和员工服务福利项目等几类，如表6-7所示。

表6-7 企业福利的几种类形及内容

类型	定义	举例	作用
经济性福利	指除了工资和奖金外，对员工提供的其他的经济性补助的福利项目	住房补贴、结婚礼金等	可以减轻员工的负担或增加额外收入，进而提高士气和工作效率
设施性福利	指从员工的日常需要出发，向员工提供设施性服务的福利项目	员工免费宿舍、阅览室与健身房等	方便员工的工作和生活，提高员工的职业生活质量
娱乐性福利	指为了增进员工的社交和娱乐活动，促进员工的身心健康及增进员工的合作意识，提供娱乐性的福利项目	旅游、免费电影等	基于重视员工的管理理念以满足员工的参与感和娱乐需求
员工服务福利	指为员工提供各种各样生活上、职业发展上等各方面服务的福利项目	员工的身体健康检查和外派进修等	提高员工的生活质量和工作能力

 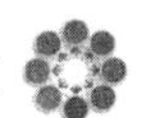

其他福利	指以上所列福利项目未包含的其他福利项目	如以本企业员工的名义向大学捐助奖学金等荣誉性福利	满足员工的其他需求

以上福利中，所需费用最高的是经济性福利。近年来，在经济性福利中涌现出一些所占比例逐年增加的福利项目，比较有代表性的有企业补充养老保险、员工补充医疗保险福利、员工人寿保险计划以及企业年金等。

（一）补充养老保险

补充养老保险是指由企业根据自身经济实力，在国家规定的实施政策和实施条件下为本企业员工所建立的一种辅助性的养老保险，由国家宏观指导、企业内部决策执行。

企业补充养老保险与基本养老保险的区别主要体现在保险的层次和功能不同。企业补充养老保险由劳动保障部门管理，单位实行补充养老保险，应选择经劳动保障行政部门认定的机构经办。企业补充养老保险费可由企业完全承担，或由企业和员工双方共同承担，承担比例由劳资双方协议确定。企业内部一般都设有由劳资双方组成的董事会，负责企业补充养老保险事宜。企业补充养老保险可以由单个企业设立，也可以由多个企业甚至行业共同设立，也可以在单个企业独立设立，多个企业的共同设立作为补充。单个企业的补充养老保险计划通常设立在高新技术企业和存在大量直接现金交易的企业。企业补充养老保险作为一项延迟发放的福利，可以诱导员工，尤其关键岗位的高级员工忠实地为企业服务直到退休。

（二）补充医疗保险

补充医疗保险指除法定医疗保险福利之外，企业为保障员工身体健康而采取的措施。许多国家的基本医疗保险定位于提供低成本、有限责任、普遍享受的医疗保障，这就给企业为员工提供补充医疗保险福利留下了空间。补充医疗保险中最普遍的就是实行大额医疗费用互助计划。

（三）员工人寿保险计划

企业人寿保险计划是一种比较普遍的员工福利，保险费的成本通常由企业支付，并允许员工以购买附加的保险额为名义付费。发达国家的绝大部分大中型企业，都把为员工购买人寿保险作为一种福利，在企业为员工购买的最低保险额之上，通常还允许员工自己交保，购买一定数额的额外保险。

人寿保险是一个适用于团体的福利方案，它对企业和员工都有许多有利之处。在西方大中型企业，企业一般支付全部的基本保险费，承保金额通常相当于员工两年的薪酬。

（四）企业年金

企业年金源于自由市场经济比较发达的国家，是指在政府强制实施的公共养老金或国家养老金之外，企业在国家政策指导下根据自身经济实力和经济状况建立的，为本企业员工提供一定程度退休收入保障的补充性养老金制度。企业年金基金是指根据企业年金计划筹集的资金及其投资运营收益形成的企业补充养老保险基金。

企业年金计划在提高员工福利的同时，起到了增加企业凝聚力、吸引力的作用。企业年金的意义体现在：①有利于树立良好的企业形象，吸引和留住优秀人才，有助于企业单位建立良好的员工福利保障制度，充分解决员工的医疗、养老、工伤及死亡抚恤等问题，有利于稳定员工队伍；②企业根据员工的贡献，设计具有差异性的年金计划，可在单位内部形成一种激励氛围，有利于形成公平合理的分配制度，充分发挥员工自身的最大潜力；③企业年金计划规定服务满一定的年限后方可获得相应的年金权益，利用这种福利滞后效果可以有效保留人才；④建立企业年金制度，在提高员工福利的同时，利用国家有关税收政策，为企业和个人合理节税。

在实行现代社会保险制度的国家中，企业年金已经成为一种较为普遍实行的企业补充养老金计划，并且成为所在国养老保险制度的重要组成部分。近几年来，我国企业年金发展迅速，但由于企业年金制度正处于刚刚起步阶段，还不够完善，如何对规模和覆盖范围日益扩大的企业年金在其建立、管理和投资等方面加以适当引导和正确规范，是一个亟待解决的问题。

三、福利发展趋势——弹性福利制

不同的企业根据各自企业战略、发展阶段和经营状况为员工设置的福利项目可能各不相同，但传统上，单个企业向员工提供的福利大多都是固定的，即向所有的员工提供同样的福利内容。从 20 世纪 70 年代开始，在西方发达国家的一些企业中，开始针对员工不同的需求提供不同的福利内容，弹性福利制逐渐兴起并成了福利管理发展的主要趋势。

弹性福利制就是由员工自行选择福利项目的福利管理模式，也叫自助餐式福利计划、菜单式福利模式。在实践中通常是由企业提供一份列有各种福利项目的“菜单”，然后由员工依照自己的需求从中选择其需要的项目，组合成属于自己的一套福利“套餐”。弹性福利非常强调员工参与，当然员工的选择不是完全自由的，有一些项目，如法定福利，就是每位员工的必选项。此外，企业通常都会根据员工的薪水、年资或家庭背景等因素设定每一个员工所拥有的福利限额，同时清单里的每项福利项目都会附一个金额，员工只能在自己的限额内购买喜欢的福利。

（一）弹性福利制的优点

弹性福利制的实施具有显著的优点。

首先，由于每个员工个人情况不同，他们的需求也就不尽相同。例如，年轻的员工可能更喜欢以货币的方式支付福利，有孩子的员工可能希望企业提供儿童照顾的津贴，而年龄大的员工又可能特别关注养老保险和医疗保险。而弹性福利计划的实施，则充分考虑了员工个人的需求，使他们可以根据自己的需求选择福利项目，这样就满足了员工不同的需求，从而提高了福利计划的适应性，这是弹性福利计划最大的优点。

其次，由员工自行选择所需要的福利项目，企业就可以不再提供员工不需要的福利，这有助于节约福利成本。

最后，这种模式的实施通常会给出每个员工的福利限额和每项福利的金额，这样就会促使员工更加注意自己的选择，从而有助于进行福利成本控制。

总之，弹性福利计划既有效控制了企业福利成本，又照顾了员工对福利项目的个性化需求，是一种双赢的福利制度。

（二）弹性福利制的不足

弹性福利制并非完美无缺，也存在不足之处。

首先，它造成了管理的复杂性。由于员工的需求是不同的，因此自由选择大大增加了企业具体实施福利的种类，从而增加了统计、核算和管理的工作量，这会增加福利的管理成本。

其次，这种模式的实施可能存在逆向选择倾向，员工可能为了享受金额最大化而选择自己并不需要的福利项目。

再次，由员工自己选择可能还会出现非理性的情况，员工可能只照顾眼前利益或者考虑不周，从而过早地用完了自己的限额，这样他再需要其他福利项目时，就可能无法购买或者需要透支。

最后，允许员工自由选择，可能会造成福利项目实施的不统一，这样就会减少一些模式所具有的规模效应。

（三）弹性福利制的要求

虽然弹性福利制实施起来可能存在上述一系列的问题，但是只要设计合理、管理科学、运用得当，其优势就能够得到发挥。一套好的弹性福利制度必须符合以下几个要求：①恰当，即企业的福利水平对外要有竞争力，不落后于同行业或同类型的其他企业；对内要符合本企业的战略、规模和经济实力，不要使福利成为企业的财务负担。②可管理，即要求企业设计的福利项目是切合实际，可以实施的；同时还需要有一套完善的运行体制用以实施和监督。③容易理解，即要求各个福利项目的设计和表述能够很容易地为每个员工理解，在选择和享受福利项目时，不会产生歧义。④有可以衡量的标准，即要求企业为员工提供的福利项目都是可以衡量其价值的，才能使员工在限额内选择福利项目。⑤员工参与度高，即要求制度的设计包含企业和员工互动的渠道和规则。⑥灵活，即要求福利制度不但尽可能地满足不同员工的个性化要求，还能够根据企业的经营和财务状况进行有效的自我调整。

第七章　劳动关系管理

第一节　劳动关系管理概况

劳动关系是社会生产和生活中人们之间最重要的联系之一。全世界大多数劳动人口正在用主要精力从事“工作”，并将“工作”作为主要收入来源。劳动关系对劳动者、企业（雇主）和整个社会有着深刻的影响。对劳动者来说，工作条件、工作性质、薪酬福利待遇，将决定他们的生活水平、个人发展的机会、个人的尊严、自我认同感和身心健康；对于企业来说，员工的工作绩效、忠诚度、工资福利水平都是影响生产效率、劳动力成本、生产质量的重要因素，甚至还会最终影响企业的生存和发展；对整个社会而言，劳动关系还会影响经济增长、通货膨胀和失业的状况、社会财富和社会收入的总量和分配，并进一步影响全体社会成员的生活质量。因而，研究劳动关系具有重要的理论和现实意义。

开篇案例中黄某遇到的是一个典型的劳动关系问题，解决这一问题首先需要从劳动关系的基本理念着手，分析劳动关系的基本概念、构成要素以及认定标准。

一、劳动关系的概念及构成要素

（一）劳动关系的概念

1. 含义

劳动关系又称为劳资关系、雇佣关系，是指社会生产中，劳动力使用者与劳动者在实现劳动过程中所结成的一种社会经济利益关系。

从广义上讲，生活在城市和农村的任何劳动者与任何性质的用人单位之间因从事劳动而结成的社会关系都属于劳动关系的范畴。

从狭义上讲，现实经济生活中的劳动关系是指依照国家劳动法律法规规范的劳动法律关系，即双方当事人是被一定的劳动法律规范所规定和确认的权利和义务联系在一起的劳动关系。其权利和义务的实现，是由国家强制力来保障的。劳动法律关系的一方（劳动者）必须加入某一个用人单位，成为该单位的一员，并参加单位的生产劳动，遵守单位内部的劳动规则；而另一方（用人单位）则必须为劳动者提供工作条件及按照劳动者的劳动数量和质量给付其薪酬，并不断改善劳动者的物质文化生活。

2. 称谓

对劳动关系的研究在各国广泛存在。但是，由于各国社会制度和文化传统等因素各不相同，对劳动关系的称谓又有所不同。劳动关系在不同的国家又被称为劳资关系、雇佣关系、劳工关系、劳使关系和产业关系等。

表 7-1 劳动关系不同称谓强调的重点不同

劳动关系的不同称谓	强调的重点
劳资关系	相对于资本与劳动之间的关系而言，反映的是生产资料的提供者与劳动者之间的关系，突出两者之间的对立地位
劳工关系	更加强调劳工的地位，突出劳动者和雇佣方之间的关系是以劳动为重点和核心展开的
雇佣关系	强调受雇者与雇佣者之间的关系，主要是指个体的劳动关系，一般不包括集体的劳动关系
劳使关系	强调技术性意义，减少价值判断，显得中性、温和
雇员关系	从人力资源管理的角度提出的概念。强调以企业为中心，劳动者是企业的雇员，注重个体层次上雇主与雇员的交流，蕴含了和谐与合作的精神
产业关系	泛指产业及社会中管理者与受雇者之间的所有关系，强调劳资双方及其相关组织在工作场所和在整个社会中的相互作用

（二）劳动关系构成要素

1. 主体

从狭义上来讲，劳动关系的主体包括劳动者和用人单位两方，以及代表劳动者利益的工会组织和代表用人单位利益的雇主组织。广义的劳动关系主体还包括政府，因为政府通过立法等手段对劳动关系进行干预。

（1）劳动者。劳动者是指有劳动能力的人，受雇于自然人或组织，以出卖劳动力而获得劳动报酬的工作人员。可见劳动者是被用人单位依法雇用的人，在用人单位管理下从事劳动，并且领取报酬作为主要的生活资料来源。

（2）工会。工会是由劳动者组成的，主要通过集体谈判方式维护劳动者在工作场所及整个社会中的利益，因而是与用人单位及其社会势力形成抗衡的组织。

（3）用人单位。用人单位在许多国家被称为雇主或雇佣人，是指具有用人资

格，即用人权利能力和用人行为能力，使用劳动力组织生产劳动且向劳动者支付工资报酬的单位。各国对用人单位范围的界定不尽相同。在我国，法律界定的用人单位包括：

①企业，包括各种所有制经济、各种组织形式的企业；

②个体经济组织，即个体工商户；

③国家机关，包括国家权力机关、行政机关、审判机关和检察机关、执政党机关、政治协商机关、参政党机关、参政团体机关；

④事业组织，包括文化、教育、卫生、科研等各种非营利单位；

⑤社会团体，包括各行各业的协会、学会、联合会、研究会、基金、联谊会、商会等民间组织；

⑥民办非企业单位，指企业事业单位、社会团体和其他社会力量以及公民个人利用非国有资产设立、从事非营利性社会服务活动的社会组织。

（4）雇主协会。雇主协会是由雇主（用人单位）组成，旨在维护雇主利益，并规范雇主与雇员之间以及雇主与工会之间的关系的组织。雇主协会不同于行业协会，纯粹的行业协会不处理劳动关系，而是处理营销、定价及技术等行业事务，而大部分雇主协会除了要处理行业事务外，更重要的是处理劳动关系。雇主协会可以分为三种类型：在地区协会基础上形成的全国性雇主协会，由某个行业的企业组成的单一产业的全国协会，由同一地区企业组成的地区分会。

（5）政府。在劳动关系的发展过程中，政府不仅要受到劳资双方合作与冲突的影响，而且要通过立法和规制来调整、监督和干预劳动关系，实现政府稳定社会和获取政治支持的目的，因而政府在劳动关系中扮演着重要角色。具体来讲，政府首先是劳动关系立法的制定者，通过立法介入和影响劳动关系；其次是公共利益的维护者，通过规制、监督和干预等手段促进劳动关系的协调发展；再次是公共关系的裁判者，努力维护劳资双方的合法权益；最后是雇主，以雇主身份直接参与和影响劳动关系。劳动关系各主体间的关系如图 7-1 所示。

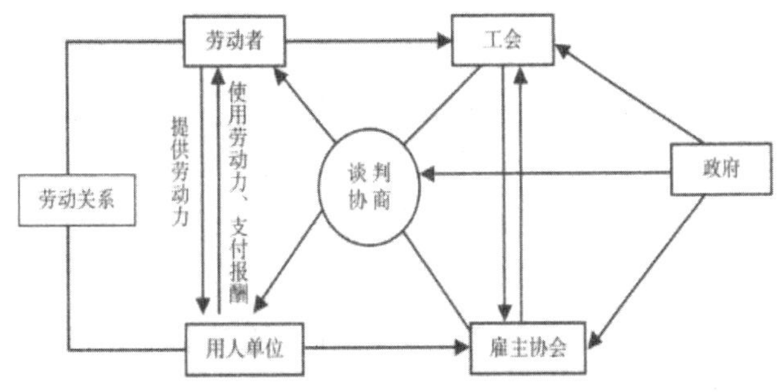

图 7-1 劳动关系各主体间的关系

2. 客体

劳动关系的客体是劳动权利和劳动义务指向的对象——劳动力。劳动者作为劳动力所有者有偿向用人单位提供劳动力，用人单位则通过支配、使用劳动力创造社会财富，双方权利义务共同指向的对象就是蕴含在劳动者体内，只有在劳动过程中才会发挥出作用的劳动力。

作为劳动关系的客体，劳动力具有如下特征。

（1）劳动力存在的人身性。劳动力存在于劳动者身体内，劳动力的消耗过程亦即劳动生命的实现过程。这使劳动法律关系成为一种人身关系。

（2）劳动力形成的长期性。劳动力生产和再生产的周期比较长，一般至少需要16年，有些能力的形成还需要更长的时间。形成体力和脑力的劳动能力需要大量的投资，这部分投资主要是劳动者个人负担的。

（3）劳动力存续的时间性。劳动能力一旦形成是无法储存的，而过了一定时间又会自然丧失。

（4）劳动力使用的条件性。劳动力仅是生产过程的一个要素，只有与生产资料相结合才能发挥作用。劳动力的这些特征要求国家对劳动力的使用采取一些特殊的保障措施，既能使劳动能力得以发挥，又能使劳动者不受伤害。

3. 内容

劳动关系的内容可以用“权利、义务”来概括。在公司与劳动者的相互关系中，一方的权利就是另一方的义务，习惯上人们用“劳动者的权利、义务”概括劳动关系的内容。

（1）根据《劳动法》规定，劳动者享有八项权利：平等就业和选择职业的权利，取得劳动报酬的权利，休息休假的权利，获得劳动安全卫生保护的权利，接受职业技能培训的权利，享受社会保险和福利的权利，提请劳动争议处理的权利，法律规定的其他劳动权利。

（2）劳动者的义务

首先，劳动者有完成劳动任务的义务。劳动者一旦与用人单位发生劳动关系，就必须履行其应尽的义务，其中最主要的义务就是完成劳动生产任务。这是劳动关系范围内的法定的义务，同时也是强制性义务。劳动者不能完成劳动义务，就意味着劳动者违反劳动合同的约定，用人单位可以解除劳动合同。

其次，提高职业技能、执行劳动安全卫生规程，遵守劳动纪律和职业道德的义务。

劳动纪律是劳动者在共同劳动中所必须遵守的劳动规则和秩序。它要求每个劳动者按照规定的时间、质量、程序和方法完成自己应承担的工作。职业道德是从业人员在职业活动中应当遵循的道德，其基本要求是忠于职守，并对社会负责。

最后，根据用人单位要求，保守商业秘密的义务。

二、劳动关系与事实劳动关系

现实生活中大量存在着未签订书面劳动合同（我国《劳动法》第十六条规定，“建立劳动关系应当订立劳动合同”）但又实际存在着劳动关系的情况，对社会稳定、和谐和社会的经济发展带来严重阻碍，从而导致社会劳动关系处于不是常态的环境之中。

（一）对事实劳动关系的认识

在我国，事实劳动关系是指用人单位与劳动者之间既无劳动合同又存在着劳动关系的一种状态。产生事实劳动关系的主要原因在于：用人单位与劳动者确立劳动关系时，未按国家有关规定签订劳动合同；合同期满后当事人既未续订劳动合同，又没有终止原先的劳动合同。

（二）如何界定事实劳动关系

用人单位和劳动者虽然没有签订书面劳动合同，但劳动者已经成为用人单位的一员，身份上具有从属关系，双方确已形成了劳动权利义务关系的，可以综合下列情况认定为事实劳动关系：

1. 劳动者已经实际付出劳动并从用人单位取得劳动报酬；

2. 用人单位对劳动者实施了管理、指挥、监督的职能；

3. 劳动者必须接受用人单位劳动纪律和规章制度的约束。用人单位与劳动者发生劳动争议无论是否订立劳动合同，只要存在着事实劳动关系，符合劳动法适用范围及劳动争议受案范围，仲裁机构均应处理。

（三）如何证明事实劳动关系

证明用人单位与劳动者之间存在事实劳动关系，需要提供相关证据。根据《关于确立劳动关系有关事项的通知》第二条规定，用人单位与劳动者签订劳动合同，认定双方存在劳动关系时可参照下列凭证。

1. 工资支付凭证或记录（职工工资发放花名册）、缴纳各项社会保险费的记录；

2. 用人单位向劳动者发放的工作证、服务证等能够证明身份的证件；

3. 劳动者填写的用人单位招工招聘登记表、报名表等招用记录；

4. 考勤记录；

5. 其他劳动者的证言等，如同事证言、工资卡（条）、工作证、名片、劳动手册、规章制度（签名的）、工作服、社保记录、公司相关证明等。

劳动关系是现代产业活动中的重要组织关系之一，各国都非常重视劳动关系管理的研究。所以，我们有必要了解劳动关系管理的目标、内容等，以便更好地为企业服务。

三、劳动关系管理的含义

所谓劳动关系管理，就是指以促进企业经营活动的正常开展为前提，以缓和和调整企业劳动关系的冲突为基础，以实现企业劳动关系的合作为目的的一系列组织性和综合性的措施和手段。由对企业劳动关系管理的界定可以看出，劳动关系管理的基本领域主要在于两个方面：一是限于促进企业劳动关系合作的事项内，二是限于缓和和解决企业劳动关系冲突的事项内。本书所分析的劳动关系管理是就规范意义上而言的，即主要分析有工会组织存在的企业劳动关系的管理，其运作如图 7-2 所示。

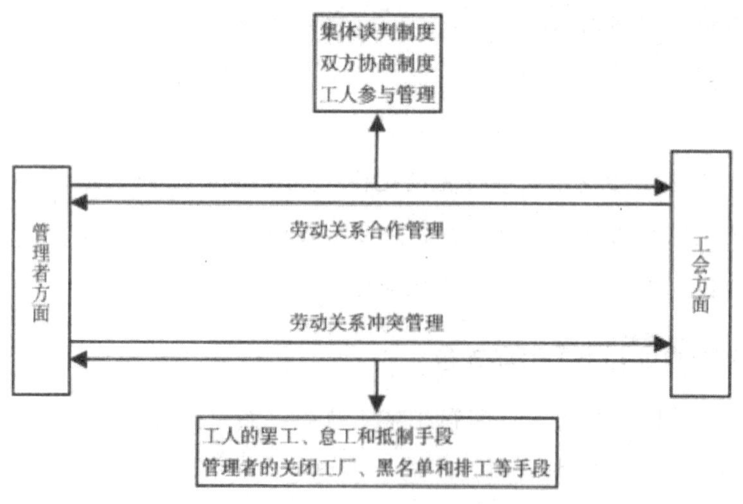

图 7-2 劳动关系管理运作图

四、劳动关系管理风格

劳动关系管理风格是企业劳动关系形成的基础。从理论上说，管理风格有一元论和多元论两种类型。一元论认为，可以把员工划分为若干等级，企业通过建立内部等级制度，抑制冲突，以实现组织目标；多元论认为，实现共同目标可用多种方法，冲突是不能压制的，管理者应当通过协调管理者与员工的关系实现组织目标。从总体上说，组织中主要有五种劳动关系管理风格。

（一）传统式

这种风格由所谓权威主义所指导，一般适用于小型的由所有者自己管理的企业。在这种企业中，劳动关系在出现问题之前一般不会受到重视，企业通常采用救火式的方法，发现什么问题才解决什么问题，不重视从根本上解决问题。企业文化是强硬式的，是一种权威式的管理风格，行业工会也被这些企业认为是不需要的，企业主尽可能少地付给雇员工资，对待行业工会的态度也是恶意的。

（二）温情式

这是一种家长主义的管理风格。这类企业支付给劳动者的工资通常高于市场平均水平，在用人上雇主十分小心地选择合适的人员，然后花大量的精力使劳动者忠诚于企业的目标。企业文化主要倡导企业家精神。

（三）协商式

奉行协商式管理风格的企业，通过综合应用其雇员关系中正式的和非正式的机制进行运作，其前提是管理人员应该具有前瞻性计划并采取了前瞻性行动，因而被称作解决问题式的管理风格。这种管理风格非常强调向工会和员工咨询，鼓励他们寻找解决问题的方法，以试图与他们达成协议。

（四）法制式

这是一种类似于协商式的管理风格。与协商式管理风格相同，法制式的管理风格具有关注前瞻性计划、管理者与行业工会共同工作、员工参与主要通过行业工会的渠道实现的特点。其与协商式管理风格的不同之处在于，对待雇员关系的方法较为强硬和充满敌意，更注重正式的管理协议，通过在工作场所进行强有力的双边谈判实现和平共处。协商位于双方的谈判之后。

（五）权变式

权变式的管理风格由权变理论所指导，它依赖于子公司所拥有的权力并根据当地的情况管理劳动关系，是一种实用的方法。在很多不同的行为内运作是联合大型企业的特点，子公司向母公司负责利润，当然也提供一些关键性服务。因此行业工会可能被认可，也可能不被认可；员工参与可能普遍存在，也可能不普遍存在；工资的给付在由高层管理者给定的范围内由各个企业自己确定。

第二节　劳动合同管理

一、劳动合同的概念

（一）劳动合同的含义及特点

1. 劳动合同的含义

劳动合同是劳动者和用人单位之间关于订立、履行、变更、解除或者终止劳动权利义务关系的协议。2007年6月29日第十届全国人民代表大会常务委员会第二十八次会议通过，自2008年1月1日起实行的《劳动合同法》是我国第一部较完整的调整劳动合同关系的法律。该法的颁布和实施，对我国的用工单位和劳动者依法保护自己的合法权益提供了更完整的法律依据。

2. 劳动合同的特点

劳动合同除具有合同的一般特点外，还具有自身的法律特征。

（1）劳动合同的主体是劳动者与用人单位。劳动者必须是依法具有劳动权利能力和行为能力的公民。作为劳动合同另一方当事人的用人单位，必须是依法设立的企业、事业组织、国家机关、社会团体或者个体经济组织。

（2）劳动合同的内容是劳动者与用人单位双方的权利和义务。劳动者要承担一定的工种、岗位或职务的工作，完成劳动任务，遵守用人单位的内部规则和其他规章制度；用人单位为劳动者提供法律规定或双方约定的劳动条件，给付劳动报酬，保障劳动者享有法定的或约定的各项政治经济权利和其他福利待遇。

（3）劳动合同的标的是劳动者的劳动行为。劳动者实现就业权利后，相应地有完成其劳动行为的义务；用人单位实现用人权利后，组织管理劳动者完成约定的劳动行为，并有义务支付劳动者的报酬，为职工缴纳社会保险和提供福利。

（4）劳动合同的目的在于确立劳动关系，使劳动过程得以实现。劳动合同是确立劳动关系的法律形式，劳动合同一经订立，就成为规范双方当事人劳动权利和义务的法律依据。

（二）劳动合同的内容

劳动合同的内容是劳动者与用人单位双方通过协商所达成的关于劳动权利和劳动义务的具体规定。其内容必须符合国家法律、行政法规的规定，包括国家的劳动法律、法规，也包括国家的其他法律、行政法规。劳动合同的内容具体表现为劳动合同的条款，根据条款内容是否为劳动合同所必需，可分为法定条款和商定条款两部分。

1. 法定条款

（1）用人单位的名称、住所和法定代表人或者主要负责人。

（2）劳动者的姓名、住址和居民身份证或者其他有效证件号码。

（3）劳动合同期限。劳动合同期限可分为固定期限、无固定期限和以完成一定工作任务为期限。签订劳动合同主要是建立劳动关系，但建立劳动关系必须明确期限的长短。合同期限不明确则无法确定合同何时终止，如何给付劳动报酬、经济补偿等，引发争议。

（4）工作内容和工作地点。所谓工作内容，是指劳动法律关系所指向的对象，即劳动者具体从事什么种类或者内容的劳动，这里的工作内容是指工作岗位和工作任务或职责。工作地点是劳动合同的履行地，是劳动者从事劳动合同中所规定的工作内容的地点，它关系到劳动者的工作环境、生活环境以及劳动者的就业选择，劳动者有权在与用人单位建立劳动关系时知悉自己的工作地点。

（5）工作时间和休息休假。工作时间是指劳动时间在企业、事业、机关、团体等单位中，必须用来完成其所担负的工作任务的时间。一般由法律规定劳动者在一定时间内（工作日、工作周）应该完成的工作任务，以保证最有效地利用工作时间，不断地提高工作效率。

休息休假是指企业、事业、机关、团体等单位的劳动者按规定不必进行工作而自行支配的时间。休息休假的权利是每个国家的公民都应享受的权利。劳动法第三十八条规定："用人单位应当保证劳动者每周至少休息一日。"

（6）劳动报酬。劳动合同中的劳动报酬，是指劳动者与用人单位确定劳动关系后，因提供了劳动而取得的报酬。劳动报酬是满足劳动者及其家庭成员物质文化生活需要的主要来源，也是劳动者付出劳动后应该得到的回报。因此，劳动报酬是劳动合同中必不可少的内容。

（7）社会保险。社会保险是政府通过立法强制实施，由劳动者、劳动者所在的工作单位或社区以及国家三方面共同筹资，帮助劳动者及其亲属在遭遇年老、疾病、工伤、生育、失业等风险时，防止收入的中断、减少和丧失，以保障其基本生活需求的社会保障制度。社会保险由国家成立的专门性机构进行基金的筹集、管理及发放，不以赢利为目的。一般包括医疗保险、养老保险、失业保险、工伤保险和生育保险。

（8）劳动保护、劳动条件和职业危害防护。

（9）法律、法规规定应当纳入劳动合同的其他事项。

2. 商定条款

商定条款又称为约定条款或补充条款，即双方当事人在必备条款之外，根据具体情况，经协商可以约定的条款。主要有：

（1）试用期。依据我国新颁布的《劳动合同法》规定，劳动合同期3个月以上不满1年的，试用期不得超过1个月；劳动合同期限1年以上不满3年的，试用期不得超过2个月；3年以上固定期限和无固定期限的劳动合同，试用期不得超过6个月。同一用人单位与同一劳动者只能约定一次试用期。以完成一定工作任务为期限的劳动合同或者劳动合同不满3个月的，不得约定试用期。试用期包含在劳动合同期限内。劳动合同仅约定试用期的，试用期不成立，该期限为劳动合同期限。

（2）培训。针对实践中劳动者在用人单位出资培训后违约现象比较严重的情况，用人单位可以在劳动合同中约定培训条款或签订培训协议，就用人单位为劳动者支付的培训费用、培训后的服务期以及劳动者违约解除劳动合同时赔偿培训费的计算方法等事项进行约定。

（3）保守商业秘密。《劳动法》第二十二条规定："劳动合同当事人可以在劳动合同中约定保守用人单位商业秘密的有关事项。"商业秘密，指不为公众所熟悉，能给用人单位带来经济利益，被用人单位采取保密措施的技术、经济和管理信息。保守商业秘密包括合同期内的保密问题以及合同终止后的竞业禁止。保密条款一般包括需要保守商业秘密的对象、保密的范围和期限及相应的补偿。

（4）补充保险和福利待遇。用人单位和劳动者除应当参加社会保险外，可以协商约定补充医疗、补充养老和人身意外伤害等条款。明确有关福利，如给员工提供的住房、通勤班车、带薪年休假、托儿所、幼儿园、子女入学等条件。

（5）其他事项。双方认为需要约定的其他内容，如对第二职业的限制、对归还物品的约定等。

3. 劳动合同与专项协议

劳动关系当事人的部分权利和义务可以以专项协议的形式规定。所谓专项协议，是劳动关系当事人为明确劳动关系中特定的权利义务，在平等自愿、协商一致的基础上达成的契约。专项协议可以在订立劳动合同的同时协商确定，也可以在劳动合同的履行期间因满足主客观情况的变化需要而订立。此种专项协议书约定在特定条件下用人单位和劳动者的权利义务，此时，劳动合同中约定的权利义务暂时中止执行。各项协议书是劳动合同的附件。

二、劳动合同的订立

（一）劳动合同订立的原则

订立劳动合同的原则，是指在劳动合同订立过程中双方当事人应当遵循的法律准则。《劳动合同法》第三条规定了订立劳动合同的原则：“订立劳动合同，应当遵循合法、公平、平等自愿、协商一致、诚实信用的原则。”相比《劳动法》增加了“公平”和“诚实信用”的原则。

1. 合法原则

合法原则，是指订立劳动合同的行为不得与法律、法规相抵触。合法是劳动合同有效并受国家法律保护的前提条件，它的基本内涵应当包括以下方面。

（1）订立劳动合同的主体必须合法。签订劳动合同的主体是用人单位和劳动者。主体合法，即当事人必须具备订立劳动合同的主体资格。用人单位的主体资格是指必须具备法人资格或经国家有关机关批准依法成立，必须有被批准的经营范围和履行劳动关系权利义务的能力，以及承担经济责任的能力；个体工商户必须具备民事主体的权利能力和行为能力。劳动者的主体资格，是指必须达到法定的最低就业年龄，具备劳动能力。任何一方如果不具备订立劳动合同的主体资格，所订立的劳动合同则违法。

（2）订立劳动合同的目的必须合法。目的合法，是指当事人双方订立劳动合同的宗旨和实现法律后果的意图不得违反法律、法规的规定。劳动者订立劳动合同的目的是实现就业，获得劳动报酬；用人单位订立劳动合同的目的是使用劳动力组织社会生产劳动，发展经济，创造效益。

（3）订立劳动合同的内容必须合法。内容合法，是指双方当事人在劳动合同中确定的具体的权利与义务的条款必须符合法律、法规和政策的规定。劳动合同的内容涉及工作内容、工资分配、社会保险、工作时间和休息休假以及劳动安全卫生等多方面的内容，劳动合同在约定这些内容时，不能违背法律和行政法规的规定。

（4）订立劳动合同的程序与形式合法。程序合法，是指劳动合同的订立，必须按照法律、行政法规所规定的步骤和方式进行，一般要经过要约和承诺两个步骤，具体方式是先起草劳动合同书草案，然后由双方当事人平等协商，协商一致后签约。形式合法，是指劳动合同必须以法律、法规规定的形式签订。《劳动合同法》第十条规定：“建立劳动关系，应当订立书面劳动合同。”明确了订立劳动合同的形式，并对不订立书面劳动合同的行为追究责任，对劳动者造成损害的，还要承担赔偿责任。

2. 公平原则

《劳动合同法》增加“公平”为订立劳动合同的原则，是要求在劳动合同订立过程及劳动合同内容的确定上应体现公平。公平原则强调了劳动合同当事人在订立劳动合同时，对劳动合同内容的约定，双方承担的权利义务中不能要求一方承担不公平的义务。如果双方订立的劳动合同内容显失公平，那么该劳动合同中显失公平的条款无效。如因重大误解导致的权利义务不对等，对同岗位的职工提出不一样的工作要求，对劳动者的一些个人行为做出限制性规定等，对于劳动者，显失公平的合同违背了劳动者的真实意愿。因此，《劳动合同法》规定，“用人单位免除自己的法定责任、排除劳动者权利的”劳动合同无效。

3. 平等自愿原则

平等，是指订立劳动合同的双方当事人具有相同的法律地位。在订立劳动合同时，双方当事人是以劳动关系平等主体资格出现的，有着平等的要求利益的权利，不存在命令与服从的关系，任何以强迫、胁迫、欺骗等非法手段订立的劳动合同，均属无效。这一原则赋予了双方当事人公平地表达各自意愿的机会，有利于维护双方的合法权益。

自愿，是指订立劳动合同必须出自双方当事人自己的真实意愿，是在充分表达各自意见的基础上，经过平等协商而达成的协议。这一原则保证了劳动合同是当事人根据自己的意愿独立做出决定的；劳动合同内容的确定，必须完全与双方当事人的真实意思相符合。采取暴力、强迫、威胁、欺诈等手段订立的劳动合同无效。

4. 协商一致原则

协商一致，是指当事人双方依法就劳动合同订立的有关事项，应当采用协商的办法达成一致协议。这一原则是维护劳动关系当事人合法权益的基础。这条原则重点在“一致”，只有通过协商达到统一，才能真正体现平等自愿的原则。如果在订立劳动合同时，双方当事人不能达成一致，劳动合同就不能成立。

5. 诚实信用原则

诚实信用，是合同订立和履行过程中都应遵循的原则。《劳动合同法》增加“诚实信用”为订立劳动合同的原则，表明当事人订立劳动合同的行为必须诚实，双方为订立劳动合同提供的信息必须真实。双方当事人在订立与履行劳动合同时，必须以自己的实际行动体现诚实信用，互相如实陈述有关情况，并忠实履行签订的协议。当事人一方不得强制或者欺骗对方，也不能采取其他诱导方式使对方违背自己的真实意思而接受对方的条件。有欺诈行为签订的劳动合同，受损害的一方有权解除劳动合同。在国外，雇员隐瞒重要事实，即使双方已经签订劳动合同，雇主也可以直接解除劳动合同。我国《劳动法》没有相应的规定，《劳动合同法》在明确了以欺诈

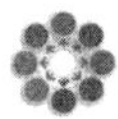

签订的劳动合同无效或者部分无效的同时，对当事人存在这种情形的，允许另一方当事人解除劳动合同。

（二）订立劳动合同的程序

劳动者和用人单位在签订劳动合同时，应遵循一定的手续和步骤。根据《劳动法》的有关规定以及订立劳动合同的实践，签订劳动合同的程序一般为：

1. 提议

在签订劳动合同前，劳动者或用人单位提出签订劳动合同的建议，称为要约，如用人方通过招工简章、广告、电台等渠道提出招聘要求；另一方接受建议并表示完全同意，称为承诺。一般由用人方提出和起草合同草案，提供协商的文本。

2. 协商

双方对签订劳动合同的内容进行认真磋商，包括工作任务、劳动报酬、劳动条件、内部规章、合同期限、保险福利待遇等。协商的内容必须做到明示、清楚、具体、可行，充分表达双方的意愿和要求，经过讨论、研究，相互让步，最后达成一致意见。要约方的要约经过双方反复提出不同意见，最后在新要约的基础上表示新的承诺。在双方协商一致后，协商即告结束。

3. 签约

在认真审阅合同文书，确认没有分歧后，用人单位的法定代表人或者其书面委托的代理人代表用人单位与劳动者签订劳动合同。劳动合同由双方分别签字或者盖章，并加盖用人单位印章。订立劳动合同可以约定生效时间。没有约定的，以当事人签定或盖章的时间为生产时间。当事人签字或盖章时间不一致的，以最后一方签字或盖章的时间为准。

（三）无效劳动合同的确认及处理

无效劳动合同，是指当事人违反法律、法规或违背平等、自愿原则签订的不具有法律约束力的劳动合同。

1. 确认

《劳动合同法》规定，无效劳动合同主要有以下几种情形。

（1）内容不合法。主要指劳动合同内容中存在违反法律、行政法规的部分。其中“法律、行政法规”既包括现行法律、行政法规，也包括以后颁布实行的法律、行政法规；既包括劳动法律法规，也包括民事、经济方面的法律、法规。

（2）程序不合法。即采取欺诈、威胁等手段订立的劳动合同。其中“欺诈”是指：一方当事人故意告知对方当事人虚假的情况，或者故意隐瞒真实的情况，诱使对方当事人做出错误意思表示的行为；“威胁”是指以给公民及其亲友的生命、健康、荣誉、名誉、财产等造成损害为要挟，迫使对方做出违背真实意思表示的行为。

劳动合同的无效，经仲裁未引起诉讼的，由劳动争议仲裁委员会认定；经仲裁引起诉讼的，由人民法院认定。

2. 处理

劳动合同被确认无效后，按如下程序处理。

根据劳动合同的无效程度，确定审理的程序和方式。对全部无效的劳动合同，在查明事实、分清责任的基础上，制定无效劳动合同确认书，终止仲裁审理程序；对于部分无效的劳动合同，无效部分以裁定方式处理，终止仲裁程序，有效部分按仲裁程序审理。

根据无效劳动合同是否造成财产损失以及责任大小，分别对有关当事人进行处理。对未造成财产损失的无效劳动合同，如双方发生劳动争议，一般由劳动争议仲裁委员会主持调解解决。对造成财产损失后果的无效劳动合同，当事人因此产生争议的，应根据损失大小和责任轻重，对当事人分别采取返还财产、赔偿损失的责任方式处理。“返还财产”是指有过错一方当事人因订立无效劳动合同而获得的财产，应当返还给因此而受损失的对方当事人。“赔偿损失”是指对于认定无效的劳动合同有过错一方当事人应当赔偿对方因此而受的损失；双方都有过错的，各自承担相应的责任。《劳动法》规定，由于用人单位的原因订立的无效劳动合同，对劳动者造成损害的，应当承担赔偿责任。对于双方当事人恶意串通订立无效劳动合同，损害国家利益和第三人利益的，要追缴双方已经取得的财产，将其收归国家所有或返还第三人。

重新确立合法的劳动关系。劳动合同被确认无效后，合同尚未履行的，应当责成当事人不得履行；正在履行的，应当责成当事人立即停止履行。对于合法的劳动合同主体订立的无效劳动合同，可以由劳动争议仲裁机构主持双方当事人自愿协商，按照法律、法规的要求，纠正无效的劳动合同，重新订立合法有效的劳动合同，使当事人之间的劳动关系合法化，受到法律的保护。

无效劳动合同自订立时起就不具有法律效力；劳动合同如属部分无效，又不影响其余部分的效力，则其余部分仍然有效，但对无效部分必须加以修改。

三、劳动合同的变更

劳动合同的变更是指在劳动合同开始履行但尚未完全履行之前，因订立劳动合同的主客观条件发生了变化，当事人依照法律规定的条件和程序，对原合同中的某些条款修改、补充的法律行为。劳动合同的变更，其实质是双方的权利、义务发生改变。合同变更的前提是双方原已存在着合法的合同，变更的原因主要是客观情况发生变化，变更的目的是继续履行合同。劳动合同的变更一般限于内容的变更，不包括主体的变更。

劳动合同依法订立后，即产生相应的法律效力，对合同当事人具有法律约束力。当事人应当按照约定履行自己的义务，不得擅自变更合同，但这并不意味着当事人就没有在合同生效后，变更相应权利、义务的途径，恰恰相反，当事人既可以经自由的协商变更合同，也可以在约定或法定的条件满足时，行使合同的变更权。劳动合同的变更，要遵循平等自愿、协商一致的原则，任何一方不得将自己的意志强加给对方。引起劳动合同变更的主要原因有：

1. 用人单位方面的原因。

例如，企业经上级主管部门批准或根据市场变化决定转产或调整生产任务及生产项目。

2. 劳动者方面的原因。

例如，劳动者身体状况发生变化、因病部分丧失劳动能力等。

3. 客观方面的原因。

例如，劳动合同中部分条款与国家新颁布的法律、法规、政策相抵触，必须修改有关条款；劳动合同订立时所依据的客观情况发生重大变化，致使劳动合同无法履行。

劳动合同当事人一方要求变更劳动合同相关内容的，应当将变更要求以书面形式送交另一方，另一方应当在 15 日内答复，逾期不答复的，视为不同意变更劳动合同。具体做法是：第一，提出要求。向对方提出变更合同的要求和理由。第二，做出答复。在规定的期限内给予答复：同意、不同意或提议再协商。第三，签订协议。在变更协议书上签字盖章后即生效。

四、劳动合同的解除

劳动合同的解除，是劳动合同在期限届满之前，双方或单方提前终止劳动合同效力的法律行为，分为法定解除和协商解除。法定解除指法律、法规或劳动合同规定可以提前终止劳动合同的情况。协商解除指双方协商一致而提前终止劳动合同的法律效力。

（一）用人单位单方解除劳动合同

1. 过失性解除

根据《劳动合同法》第三十九条规定，劳动者有下列情况之一的，用人单位可以解除劳动合同：一是在试用期间被证明不符合录用条件的；二是严重违反用人单位的规章制度的；三是严重失职，营私舞弊，给用人单位造成重大损害的；四是劳动者同时与其他用人单位建立劳动关系，对完成本单位的工作任务造成严重影响，或者经用人单位提出，拒不改正的；五是因劳动合同是在欺诈、胁迫或者乘人之危，违背当事人真实意思的情况下订立而无效的；六是被依法追究刑事责任的。

这六种情况是由于劳动者本身的原因造成的，劳动者主观上有严重过失，因而用人单位有权随时解除合同。过失性解除，不受提前通知的限制，不受用人单位不得解除劳动合同的法律限制，且不给予经济补偿。

2. 非过失性解除

根据《劳动合同法》第四十条的规定，劳动者有下列情形之一的，用人单位应当提前 30 天以书面形式通知劳动者本人或者额外支付劳动者 1 个月工资后可以解除劳动合同：一是劳动者患病或者非因工负伤，在规定的医疗期满后不能从事原工作，也不能从事由用人单位另行安排的工作的；二是劳动者不能胜任工作，经过培训或者调整工作岗位，仍不能胜任工作的；三是劳动合同订立时所依据的客观情况发生重大变化，致使劳动合同无法履行，经用人单位与劳动者协商，未能就变更劳动合同内容达成协议的。

3. 经济性裁员

这是一种特殊的用人单位单方解除劳动合同的情况。根据《劳动合同法》第四十一条的规定，有下列情形之一，需要裁减人员 20 人以上或者裁减不足 20 人但占企业职工总数 10% 以上的，用人单位应提前 30 日向工会或者全体职工说明情况，听取工会或者职工的意见后，裁减人员方案经向劳动行政部门报告，可以裁减人员：一是依照企业破产法规定进行重整的；二是生产经营发生严重困难的；三是企业转产、重大技术革新或者经营方式调整，经变更劳动合同后，仍需裁减人员的；四是其他因劳动合同订立时所依据的客观经济情况发生重大变化，致使劳动合同无法履行的。

裁减人员时，应当优先留用下列人员：一是与本单位订立较长期限的固定期限劳动合同的；二是与本单位订立无固定期限劳动合同的；三是家庭无其他就业人员，有需要扶养的老人或者未成年人的。用人单位依照本条第一款规定裁减人员，在六个月内重新招用人员的，应当通知被裁减的人员，并在同等条件下优先招用被裁减的人员。

4. 用人单位不得解除劳动合同

为了保护劳动者合法权益，防止不公正解雇，《劳动合同法》除规定用人单位可以解除劳动合同的情形外，还规定了用人单位不得解除劳动合同的情形。根据本法第四十二条的规定，劳动者有下列情形之一的，用人单位不得依据本法第四十条、

 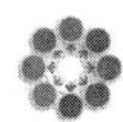

第四十一条的规定解除劳动合同：一是从事接触职业病危害作业的劳动者未进行离岗职业健康检查，或者疑似职业病病人在诊断或者医学观察期间的；二是在本单位患职业病或者因工负伤并被确认丧失或者部分丧失劳动能力的；三是患病或者非因工负伤，在规定的医疗期内的；四是女职工在孕期、产期、哺乳期的；五是在本单位连续工作满 15 年，且距法定退休年龄不足 5 年的；六是法律、行政法规规定的其他情形。

（二）劳动者单方解除劳动合同

根据《劳动合同法》的规定，劳动者单方解除合同的情况有以下两种。

第一，劳动者即时解除劳动合同。用人单位有下列情形之一的，劳动者可以解除劳动合同：一是未按照劳动合同约定提供劳动保护或者劳动条件的；二是未及时足额支付劳动报酬的；三是未依法为劳动者缴纳社会保险费的；四是用人单位的规章制度违反法律、法规的规定，损害劳动权益的；五是劳动合同是在欺诈、胁迫或者乘人之危，违背当事人真实意思的情况下订立而无效的；六是法律、行政法规规定劳动者可以解除劳动合同的其他情形。

第二，劳动者应当提前通知对方解除劳动合同。无以上情形的，劳动者要解除劳动合同应当提前 30 日以书面形式通知用人单位。劳动者在试用期内提前 3 日通知用人单位，可以解除劳动合同。

（三）用人单位解除劳动合同给予劳动者经济补偿的规定

1. 用人单位解除劳动合同的经济补偿和经济赔偿

用人单位依法解除劳动合同的，应给劳动者经济补偿金；用人单位违法解除劳动合同或者终止劳动合同的，劳动者要求继续履行劳动合同的，用人单位应当继续履行，劳动者不要求继续履行劳动合同或者劳动合同已经不能继续履行的，用人单位应给劳动者经济补偿金。

用人单位支付的经济补偿金，按劳动者在本单位工作的年限，以每满 1 年支付给 1 个月工资的标准向劳动者支付。6 个月以上不满 1 年的，按照年计算；不满 6 个月的，向劳动者支付半个月工资的经济补偿。

用人单位违反法律规定解除或者终止劳动合同的，应当以经济补偿金标准的 2 倍向劳动者支付赔偿金。

劳动者月工资高于用人单位所在直辖市、设区的市级人民政府公布的本地区上年度职工月平均工资 3 倍的，向其支付经济补偿的标准按职工月平均工资 3 倍的数额支付，向其支付经济补偿的年限最高不超过 12 年。

2. 劳动者解除劳动合同的经济补偿和经济赔偿

劳动者违反法律规定解除劳动合同或者违反劳动合同中约定的保密事项，对用人单位造成损失的应当依法承担赔偿责任。赔偿的范围包括：

（1）用人单位招收录用其所支付的费用；

（2）用人单位为其支付的培训费用，双方另有约定的按约定办理；

（3）对生产、经营和工作造成的直接经济损失；

（4）劳动合同约定的其他赔偿费用。

劳动者违反劳动合同中约定的保密事项，对用人单位造成经济损失的，按《不正当竞争法》的规定向用人单位支付赔偿费用。

用人单位招用尚未解除劳动合同的劳动者，给原用人单位造成经济损失的，该用人单位应当与劳动者承担连带赔偿责任。

五、劳动合同的终止与续订

（一）劳动合同的终止

劳动合同的终止是指合同期限届满或双方当事人约定的终止条件出现，劳动合同规定的权利、义务即行消灭的制度。劳动合同的终止，并非双方的积极行为所致，一般是由于合同本身的因素或法律规定、不可抗力所致。符合下列条件之一的，劳动合同即行终止。

1. 劳动合同期限届满；

2. 劳动合同约定的终止条件出现的；

3. 劳动者开始依法享受基本养老保险待遇的；

4. 劳动者死亡或被人民法院宣告失踪、死亡的；

5. 用人单位依法破产、解散的。

劳动合同期限届满或者当事人约定的劳动合同终止条件出现，劳动合同即行终止，用人单位可以不支付劳动者经济补偿金。

（二）劳动合同的续订

劳动合同经双方当事人协商一致，可以续订。续订劳动合同不得约定试用期，具体内容包括：

1. 双方协商续订劳动合同；

2. 劳动者在同一用人单位连续工作满 10 年以上，当事人双方同意续延劳动合同的，如果劳动者提出订立无固定期限劳动合同，用人单位应当与劳动者订立无固定期限劳动合同；

3. 劳动者患职业病或者因工负伤并被确认达到伤残等级，要求续订劳动合同的，用人单位应当续订劳动合同；

4. 劳动者在规定的医疗期内或者女职工在孕期、产期、哺乳期内，劳动合同期限届满时，用人单位应当将劳动合同的期限顺延至医疗期、孕期、产期、哺乳期期满为止。

六、集体合同制度

（一）集体合同的含义及特征

1. 集体合同的含义

集体合同，是集体协商双方代表根据劳动法律法规规定，就劳动报酬、工作时间、休息休假、劳动安全卫生、保险福利等事项，在平等合作、协商一致的基础上签订的书面协议。

集体合同根据协商、签约所代表的范围不同，分为基层集体合同、行业集体合同、地区集体合同等。我国集体合同体制以基层集体合同为主导体制，即集体合同由基层工会组织与企业签订，只对签订单位具有法律效力。

2. 集体合同的特征

（1）集体合同是当事人之间的劳动协议。首先，从集体合同的内容看，主要反映生产过程中的劳动关系。集体合同所规定的标准条件，主要是劳动条件，如工资标准、安全卫生、生活福利等。集体合同所规定的义务，无论是当事人双方共同承担的一般性义务，还是各自承担的特别义务，都具有劳动性质。其次，从当事人订立集体合同的目的看，企业订立集体合同的目的是改善劳动组织，巩固劳动纪律，减少劳动纠纷，发挥职工的劳动积极性，提高劳动效率。工会与职工订立集体合同的目的，主要是为了在发展生产的基础上，改善职工的劳动条件和生活条件。可见，集体合同是劳动关系的准则，现存劳动关系的存在是集体合同存在的基础。

（2）集体合同有特定的当事人，当事人中至少有一方是由多数人组成的团体。集体合同的当事人一方是企业，另一方当事人不能是劳动者个人或劳动者中的其他团体或组织，只能是代表劳动者的工会组织，没有建立工会组织的，劳动者按照一定程序推举的代表为其代表。

（3）集体合同的签订既受国家劳动法律、法规的调整，又受国家宏观调控计划的制约。

（4）集体合同是定期的书面合同，其生效须经特定程序。集体合同是要式合同，只有制作成书面形式，并依法报送劳动行政部门，在劳动行政部门收到合同文本之日起15天内未提出异议的，才具有法律效力。

（二）集体合同与劳动合同的区别与联系

集体合同和劳动合同都是调整劳动关系的重要形式和法律制度，两者有着密切的联系，在订立目的、内容等方面也有共同之处，但集体合同和劳动合同又有着明显的区别，两者不能等同，也不能相互代替。两者的主要区别是：

第一，集体合同与劳动合同的当事人不同。集体合同的当事人一方是代表职工的工会组织，另一方是企业。劳动合同当事人一方是劳动者个人，一方是企事业单位或雇主等。这就是说，劳动者个人作为出卖劳动力的一方不能签订集体协议，而工会组织也不能为劳动者个人签订劳动合同。

第二，集体合同与劳动合同的内容不同。集体合同与劳动合同都以工作任务、劳动条件、劳动报酬、保险福利等为基本内容，但在具体订立协议时是有区别的。集体合同调节集体劳动关系，内容全面、复杂，带有整体性。劳动关系的内容在法律、法规中未作规定或只规定基本标准，以及个人劳动合同中的某些问题未由法律、法规规定的，集体合同都可以规定。而劳动合同的内容比较简单，一般都在法律、法规中直接规定，法律、法规未作规定的，可由劳动合同规定，是单一的。

第三，集体合同与劳动合同产生的时间不同。集体合同产生于劳动关系运行过程中，它不依单个劳动者参加劳动为前提。而劳动合同产生于当事人一方的劳动者参加劳动前，是以劳动者就业为前提，是劳动者个人建立劳动关系的法律凭证。

第四，集体合同与劳动合同的作用不同。集体合同制度的作用在于改善劳动关系，维护职工的群体利益。而劳动合同的作用在于建立劳动关系，维护劳动者个人和用人单位的权益。

第五，集体合同与劳动合同的效力不同。就职工一方来说，集体合同对一个单位的全体职工有效，而劳动合同只对劳动者个人有效，且劳动合同中的劳动条件和劳动报酬的标准不得低于集体合同的约定。

（三）集体合同的订立、变更及终止

1. 集体合同的订立

集体合同的订立，是指工会或职工代表与企事业单位之间，为规定用人单位和全体职工的权利义务而依法就集体合同条款经过协商一致，确立集体合同关系的法律行为。集体合同按如下程序订立：

（1）讨论集体合同草案或专项集体合同草案。经双方代表协商一致的集体合同草案或专项集体合同草案应提交职工代表大会或者全体职工讨论。

（2）通过草案。全体职工代表半数以上或者全体职工半数以上同意，集体合同草案或专项集体合同草案方获通过。

（3）集体协商双方首席代表签字。

2. 集体合同的变更

集体合同的变更，是指集体合同生效后尚未履行完毕之前，由于主客观情况发生变化，当事人依照法律规定的条件和程序，对原集体合同进行修改或增删的法律行为。集体合同的解除，是指提前终止集体合同的法律效力。经双方协商代表协商一致，可以变更或解除集体合同或专项集体合同。劳动法规定有下列情形之一的，可以变更或解除集体合同或专项集体合同。

（1）用人单位因被兼并、解散、破产等原因，致使集体合同或专项集体合同无法履行的；

（2）因不可抗力等原因致使集体合同或专项集体合同无法履行或部分无法履行的；

（3）集体合同或专项集体合同约定的变更或解除条件出现的；

（4）法律、法规、规章规定的其他情形。

变更或解除集体合同或专项集体合同适用本规定的集体协商程序。

3. 集体合同的终止

集体合同的终止，是指因某种法律事实的发生而导致集体合同法律关系消灭。集体合同或专项集体合同期限一般为 1 ～ 3 年，期满或双方约定的终止条件出现，即行终止。集体合同或专项集体合同期满前 3 个月内，任何一方均可向对方提出重新签订或续订的要求。

集体合同或专项集体合同签订或变更后，应当自双方首席代表签字之日起 10 日内，由用人单位一方将文本一式三份报送劳动保障行政部门审查。劳动保障行政部门自收到文本之日起 15 日内未提出异议的，集体合同或专项集体合同即行生效。

第三节　劳动争议管理

一、劳动争议的概念

（一）劳动争议的含义

劳动争议也称劳动纠纷，是指劳动关系当事人之间因劳动的权利与义务发生分歧而引起的争议。其中有的属于既定权利的争议，即因适用劳动法和劳动合同、集体合同的既定内容而发生的争议；有的属于要求新的权利而出现的争议，是因制定或变更劳动条件而发生的争议。

随着社会的不断发展和劳动法制的逐步健全，劳动争议处理已经成为一项法律制度，在劳动法律制度中占有重要地位，并且在调整劳动关系中发挥着至关重要的作用。

（二）劳动争议的特征

1．劳动纠纷是劳动关系当事人之间的争议。劳动关系当事人，一方为劳动者，另一方为用人单位。劳动者主要是指与在中国境内的企业、个体经济组织建立劳动合同关系的职工和与国家机关、事业组织、社会团体建立劳动合同关系的职工。用人单位是指在中国境内的企业、个体经济组织以及国家机关、事业组织、社会团体等与劳动者订立了劳动合同的单位。不具有劳动法律关系主体身份者之间所发生的争议，不属于劳动纠纷。如果争议不是发生在劳动关系双方当事人之间，即使争议内容涉及劳动问题，也不构成劳动争议。例如，劳动者之间在劳动过程中发生的争议，用人单位之间因劳动力流动发生的争议，劳动者或用人单位与劳动行政管理中发生的争议，劳动者或用人单位与劳动行政部门在劳动行政管理中发生的争议，劳动者或用人单位与劳动服务主体在劳动服务过程中发生的争议等，都不属于劳动纠纷。

2．劳动纠纷的内容涉及劳动权利和劳动义务，是为实现劳动关系而产生的争议。劳动关系是劳动权利义务关系，如果劳动者与用人单位之间不是为了实现劳动权利和劳动义务而发生的争议，就不属于劳动纠纷的范畴。劳动权利和劳动义务的内容非常广泛，包括就业、工资、工时、劳动保护、劳动保险、劳动福利、职业培训、民主管理、奖励惩罚等。

3．劳动纠纷既可以表现为非对抗性矛盾，也可以表现为对抗性矛盾，而且，两者在一定条件下可以相互转化。在一般情况下，劳动纠纷表现为非对抗性矛盾，给社会和经济带来不利影响。

（三）劳动争议的受理范围

1．因确认劳动关系发生的争议；

2．因订立、履行、变更、解除和终止劳动合同发生的争议；

3．因除名、辞退和辞职、离职发生的争议；

4．因工作时间、休息休假、社会保险、福利、培训以及劳动保护发生的争议；

5．因劳动报酬、工伤医疗费、经济补偿或者赔偿金等发生的争议；

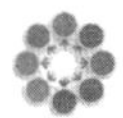

6. 法律、法规规定的其他劳动争议。

（四）劳动争议产生的原因

产生劳动争议的原因可以从劳动关系的双方主体出发进行分析。

1. 用人单位方面的原因

（1）随着《劳动法》的颁布以及劳动力市场的日益成熟，一些经历了劳动用工政策转变过程的用人单位领导和管理人员主观意识上对政策的巨大变更没有完全转变过来，有一部分仍然不了解、不熟悉《劳动法》及现行的有关劳动保障方面的法规、政策，不按法律办事，还是按传统的办法管理员工，这是造成劳动争议的主要原因。

（2）用人单位内部规章制度是用人单位自行制定、用于经营管理单位及规范员工行为的规范性文件。它是用人单位处理违纪员工的“操作手册”，是用人单位自己内部的“法律”。实践中因为用人单位内部规章存在问题而引发的劳动纠纷也不少，比如，有的用人单位规章制度不健全，出现了许多不该发生的漏洞和违规行为。

（3）目前仍有相当一部分用人单位不按规定与职工签订劳动合同。

《劳动法》明确规定，建立劳动关系应当订立劳动合同。即使用人单位在临时性岗位上用工，可以在劳动合同期限上有所区别，但必须依法与劳动者订立劳动合同，明确双方的权利和义务。因此不与职工签订劳动合同，由此引发的系列劳动争议更是层出不穷。

（4）劳动用工日常管理不规范。引发劳动争议的原因多数为缴纳社会保险、劳动报酬、辞退、解除和终止劳动合同等方面的问题。

2. 劳动者方面的原因

（1）由于社会的进步，法制大环境的影响，劳动者的法制意识、维权意识增强，当自身的利益受到侵害后能勇敢地拿起法律武器维护自己的合法权益。

（2）个别劳动者恶意用法，违反用人单位的劳动纪律或侵害用人单位的利益，给用人单位造成严重损失。

（五）劳动争议处理程序

我国的《劳动法》第七十九条和《仲裁法》对劳动争议的处理程序（如图 7-3 所示）做出规定，一般都要经过协商——调解——仲裁——诉讼。也就是说，劳动争议发生后，当事人可以协商解决，也可以请工会或者第三方共同与用人单位协商，达成和解协议；当事人不愿协商、协商不成或者达成和解协议后不履行的，可以向调解组织申请调解；不愿调解、调解不成或者达成调解协议后不履行的，可以向劳动争议仲裁委员会申请仲裁；对仲裁结果不服的，除另有规定外，可以向人民法院提起诉讼。

协商 ==> 调解 => 仲裁 => 诉讼

图 7-3 劳动争议处理程序图

（1）劳动争议的协商，是指双方当事人在劳动争议发生后，可以自行协商，也可以在第三者参与下，通过协商，分清责任，互相取得谅解，自愿达成和解协议，从而解决劳动争议的一种方式。我国劳动法提倡和鼓励当事人双方协商解决劳动争议。实践表明，有相当数量的劳动合同争议，都是通过双方当事人协商达成和解协议的，使劳动争议解决在萌芽状态。当然协商解决是以双方自愿为基础的，不愿协商或者经过协商不能达成一致的，当事人可以选择调解程序或仲裁程序。

（2）劳动争议的调解，是指在第三者的主持下，在查明事实、分清是非、明确责任的基础上，依照国家劳动法的规定以及劳动合同约定的权利和义务推动劳动争议当事人双方互相谅解，就争议事项达成新的协议，从而使劳动争议得到解决的一种方式。调解也是一种协商，但这是在第三者的主持下，推动当事人双方进行协商的一种方式。

（3）劳动争议的仲裁，是指劳动争议仲裁委员会对所规定受理范围内调解不成的劳动争议案件，依照仲裁程序，在事实上做出判断，对争议双方的劳动权利和义务做出仲裁决定。仲裁是劳动争议处理的重要程序，《仲裁法》以三分之二的条款，对劳动争议仲裁做出了具体规定，完善了劳动争议仲裁制度，这是对劳动争议处理制度的创新和突破。

（4）劳动争议的审判，是指人民法院受理法律规定范围内的劳动争议后，依照司法诉讼程序进行审理和判决。目前根据《仲裁法》的规定，向人民法院提起诉讼的劳动争议案件有两种情况：一是争议案件必须经过劳动争议仲裁委员会做出仲裁决定；二是就劳动报酬、工伤医疗费、经济补偿或者赔偿金等案件，根据当事人的申请，可以裁决先予执行，再移送人民法院执行。直接通过人民法院的审判来解决劳动争议，这对保护劳动关系当事人双方的合法权益，制裁劳动违法行为，维护社会经济活动的正常进行，促进社会安定有着极其重要的作用。

二、劳动争议的调解

（一）调解的作用及原则

1. 调解的作用

（1）有利于职工参与企业的民主管理。调解委员会的成员中有职工代表，能反映职工的需要和愿望，它给用人单位和劳动者提供了一个和平处理争议的平台。另外，职工参与管理能创造出和谐的工作氛围，同时也能提高员工的工作积极性。

（2）能够及时解决劳动争议。本单位的职工了解和熟悉情态，能够更快地找出问题所在，在提出劳动争议调解时就能够了解情况，有利于劳动争议的合理解决。

（3）减轻仲裁机构的负担。大量的争议在企业调解委员会的调解下就解决了，无须进行仲裁审理，这大大减少了仲裁机关的工作量，使其能集中精力处理仲裁案件。

总之，发生劳动争议首先进行调解对企业、劳动者和争议处理机构都有好处，能把争议消除在提出的早期。

2. 劳动争议调解的原则

企业调解是解决劳动争议处理全过程中一个环节，要遵循整个劳动争议处理的原则，如以事实为根据、以法律为准绳、当事人在适用法律上一律平等、公正、及时等原则。

（1）调解自愿原则。尽管在劳动争议处理的其他程序中也要遵循这一原则，但在调解程序中，该原则体现得最为充分。首先，调解劳动争议必须得到用人单位和劳动者的申请。即使调解委员会进行调解，劳动争议双方当事人有权拒绝调解。其次，调解委员会的调解结果只是双方当事人的协议，不具有法律强制力，由用人单位和劳动者自愿执行。

（2）适用法律上一律平等。调解委员会的调解主要是对双方当事人进行疏导、说服教育，而在这个过程中不能没有原则，不能违背劳动法律法规，必须有一定的标准和依据。这个标准和依据就是国家现行的劳动法律、法规、政策等，以此判断双方当事人的是非责任，促使协议达成。不能偏袒任何一方，注重当事人双方法律地位平等的原则。

（3）民主协商原则。调解委员会作为企业内部群众性调解组织，没有任何行政权和准司法权，加上调解程序是一个自愿性程序，这就需要在开展调解工作时注意加强协商和沟通。调解要求调解委员会处于中立的地位，促使用人单位和劳动者双方进行协商，任何一方不能把自己的意志强加给对方。

（4）尊重当事人申请仲裁和诉讼的权利。调解委员会要通过良好服务提高劳动争议办案率，尽量把纠纷解决在企业基层，但这并不是说就可以不管案件具体情形，一味强调企业“内部消化”，如果当事人不愿调解，或者调解后达不成协议，就要及时结案。

总之，用人单位和劳动者可以选择是否申请调解，可以接受或拒绝调解，可以选择是否履行调解协议。经调解不能达成一致意见的，可以选择其他处理程序。

（二）调解组织

根据《仲裁法》的规定，调节组织有三种：企业劳动争议调解委员会，依法设立的基层人民调解组织和在乡镇、街道设立的具有劳动争议调解职能的组织。其中，企业劳动争议调解委员会由职工代表和企业代表组成。职工代表由工会成员担任或者由全体职工推举产生，企业代表由企业负责人指定。企业劳动争议调解委员会主任由工会成员或者双方推举的人员担任。

劳动争议调解委员会，是依法成立的企业内部相对独立的专门调解劳动争议的群众性组织。企业设立调解委员会有助于直接、迅速和就近对劳动争议进行处理，有助于改善双方的关系，为今后企业与职工继续保持良好的劳动关系提供了条件，既可以保证企业生产经营活动的正常进行，也可以有效地维护职工的合法权益。

（三）劳动争议调解程序

根据《仲裁法》的规定，劳动争议调解组织的调解员应当由公道正派，联系群众，热心调解工作，并具有一定法律知识、政策水平和文化水平的成年公民担任。具体调节程序是：

1. 申请与受理

当事人申请劳动争议调解可以书面申请，也可以口头申请。口头申请的，调解组织应当当场记录申请人基本情况、申请调解的争议事项、理由和时间。

2. 调查

受理案件后，调解委员会应及时指派调解员对争议事项进行调查核实，以查明事实、分清是非。调查内容不限于当事人陈述内容，对遗漏的、欠缺的部分要求当事人补充完整。调解前，调解委员会要对争议全面调查，查清争议的原因、双方争议的焦点问题、争议的发展经过等，并获取必要的证据和事实材料，争取做到合法、合理、公正。

3. 实施调解

实施调解是解决劳动者争议关键的程序，决定了调解能否成功。简单的争议，可由调解委员会指定 1 名调解委员进行调解。调解会议中应先让申诉方发言，再让被诉方答辩，使双方表达自己的意图和立场。在查明事实的基础上，调解人员向双方宣传有关劳动法规，并提出协商解决案。

4. 结案

经调解达成协议的，制作调解协议书。协议书写明双方当事人姓名（或企业名称及其法定代表人）、职务、争议事项、调解结果等，然后由双方当事人签名，加盖调解委员会印章。调解协议书一式三份，调解协议书对双方当事人具有约束力，当事人应当履行。自劳动争议调解组织收到调解申请之日起15日内未达成调解协议的，当事人可以依法申请仲裁。

5. 调解协议的执行

经调解委员会调解，用人单位和劳动者达成一致意见后，双方就应当遵守调解协议，自觉执行协议书的有关内容。达成调解协议后，一方当事人在协议约定期限内不履行调解协议的，另一方当事人可以依法申请仲裁。

三、劳动争议的仲裁

（一）劳动争义仲裁的基本概念

劳动争议仲裁是指劳动争议仲裁委员会会对用人单位与劳动者之间发生的争议，在查明事实、明确是非、分清责任的基础上，依法做出裁决的活动。

根据我国劳动法律法规的规定，仲裁程序是处理劳动争议法定的必经程序。劳动争议当事人只有在仲裁委员会裁决后，对裁决不服时，才能向人民法院起诉，否则法院不予受理。

（二）劳动争议仲裁的基本程序

1. 申请仲裁的期限。根据我国《劳动法》的规定，劳动争议当事人申请仲裁的，应当从知道或应当知道其权利被侵害之日起60日内，以书面形式向劳动争议仲裁委员会申请仲裁。2008年5月1日正式施行的《中华人民共和国劳动争议调解仲裁法》规定，劳动争议申请仲裁的时效期间为一年，仲裁时效期间从当事人知道或者应当知道其权利被侵害之日起计算。如果超过这一期限，就丧失请求保护其权利的申诉权，劳动争议仲裁委员会对其仲裁申请不予受理。

2. 提交书面申请。劳动争议当事人向劳动争议仲裁委员会申请仲裁，应当提交书面申请。劳动争议当事人提交申诉书时应当载明：双方当事人基本情况、仲裁请求和所根据的事实和理由、证据等材料。劳动争议申诉书要依照被诉人数提交副本。

3. 仲裁受理。劳动争议仲裁委员会应当自收到当事人的仲裁申请之日起7日内做出受理或不予受理的决定。决定受理的应当自做出决定之日起将申诉书的副本送达被诉人，并组成仲裁；庭审决定不受理的应当说明理由。

4. 做出裁决的期限。劳动争议仲裁委员会受理劳动争议案件，仲裁裁决一般应在收到仲裁申请的60日内做出。

5. 仲裁裁决的效力。当事人对仲裁裁决不服的，自收到裁决书之日起15日内，可以向人民法院起诉。若当事人对仲裁裁决无异议，或者对裁决不服但在超过法定期限后不起诉的，裁决书即发生法律效力。

四、劳动争议诉讼

（一）劳动争议诉讼的概念

劳动争议诉讼是指劳动争议当事人不服劳动争议仲裁委员会的裁决，在规定的期限内向人民法院起诉，人民法院依法受理后，依法对劳动争议案件进行审理的活动。实行劳动争议诉讼制度对提高劳动争议仲裁质量十分有利。

劳动争议诉讼是解决劳动争议的最终程序。人民法院审理劳动争议案件适用《民事诉讼法》所规定的诉讼程序。

（二）提起劳动争议诉讼的条件

根据《劳动法》的规定，劳动争议当事人可以依法向人民法院起诉。而当事人提起劳动争议诉讼必须符合法定的条件，否则法院不予受理。依照我国《诉讼法》的有关规定，起诉条件是：

1. 起诉人必须是劳动争议的当事人，当事人因故不能亲自起诉的，可以委托代理人代其起诉，其他人未经委托授权的无权起诉；

2. 必须是不服劳动争议仲裁委员会裁决而向法院起诉的，不能未经仲裁程序直接向人民法院起诉；

3. 必须有明确的被告、具体的起诉请求和事实依据；

4. 起诉不得超过起诉时效，即自收到仲裁裁决书之日15日内起诉，否则法院可以不予受理；

5. 起诉应依法向有管辖权的法院起诉，一般应向仲裁委员会所在地的人民法院起诉。

劳动争议案件的诉讼由人民法院的民事审判庭按照民事诉讼法规定的普通诉讼程序审理。

第八章　人力资源管理的创新

第一节　人力资源管理创新的必要性

一、经济全球化的概念

经济全球化是一个历史过程：一方面在世界范围内各国、各地区的经济相互交织、相互影响、相互融合成统一整体，即成“全球统一市场”；另一方面在世界范围内建立了规范经济行为的全球规则，并以此为基础建立了经济运行的全球机制。在这个过程中，市场经济一统天下，生产要素在全球范围内自由流动和优化配置。因此，经济全球化就是指生产要素跨越国界，在全球范围内自由流动，各国、各地区相互融合成整体的历史过程。

经济全球化的产生可以追溯到西欧资本主义的兴起和近代市场经济的建立，经济全球化进程显著加快被人们所感知并为之震撼，则是第二次世界大战以后的事情。尤其是20世纪的最后20年，在技术进步的推动下，全球化的浪潮更是汹涌澎湃。经济全球化产生的原因大致有：（1）世界各国经济体制的趋同为经济全球化发展扫清了体制上的障碍。在今天的世界，已经有越来越多的国家认识到，只有选择市场经济体制，才能加快本国经济发展的速度、提高本国经济的运转效率和国际竞争力。封闭经济由于缺少外部资源、信息与竞争，而呈现出经济发展的静止状态。计划经济体制则由于存在信息不完全、不充分、不对称和激励不足等问题，所以，不管是传统的封闭经济，还是计划经济，都不约而同地走上了向市场经济转型的道路。由此而造成的各国在经济体制上的趋同，消除了商品、生产要素、资本以及技术在国家与国家之间进行流动的体制障碍，促成了经济全球的发展。（2）科学技术的进步，尤其是信息技术的进步为经济全球化的发展创造了物质基础。目前的经济全球化，有着重要的物质技术基础，这就是代表当代最新科技的信息技术。信息技术的进步，降低了企业的远距离控制成本。对于一个现代企业来说，其经济的活跃程度，表现为企业的经济活动半径，是与其所控制的成本呈负相关关系的。远距离控制成本，主要是信息成本。由于多媒体技术的发展与因特网的诞生，使这种成本大大降低，以至于从理论上来讲，对于任何有能力进行全球扩张的企业，它的活动范围都可以达到全球各地。（3）微观经济主体的趋利动机，是推动经济全球化发展的基本动因。（4）世界范围内商法体系的起因为经济全球化的发展提供了相对统一的法律制度环境。众所周知，主导世界的两大法系是英美法系和大陆法系。近年来，商大体系发展的一个重要特征就是互相融合与趋同发展；另外，随着贸易一体化、投资一体化的发展，国际经济组织的统一立法活动深入开展，为经济全球化的发展创建了统一的法制环境。

二、经济全球化的特征

经济全球化具有以下特征。

（一）贸易自由化

国际贸易障碍逐步消除，贸易自由化程度提高，国际贸易量迅速增长。国际贸易手段、商品标准以及合同样式逐步统一和规范。WTO 多边贸易体制框架使得世界贸易进一步规范化。

（二）生产全球化

跨国公司日益成为世界经济活动的主宰力量，其高品质生产环节分布于不同国家，并因此使相关各国间的经济联框度提高。

（三）资本流动国际化

跨国公司的发展、各国对外资管制的放松以及由投资基金和养老保险基金高速成长导致的国际游资的形成，使得资本流动性进一步加大。

（四）金融活动全球化

20 世纪 70 年代以来，以美国为首，各国相继放松金融管制，推进金融自由化，放松了外资金融机构进入和退出本国金融市场的限制，拆除了不同业务的隔墙，加快了金融业的整合。自由宽松的法律与政策环境，加上计算机、通信和网络技术的广泛应用促进了金融市场的全球化，形成了时间上相互接续、价格上相互连动的统一国际金融大市场。

（五）市场经济体制全球化

当今世界除个别国家外，都在为建立和完善市场经济体制努力，这为经济全球化提供了统一的经济体制基础。

（六）各国商法体系的国际化

经济全球化的产生得益于两大法系的趋同发展。与此同时，经济全球化的发展反过来又促进了世界各国商法体系的国际化。

三、经济全球化的利益分析

面对经济全球化，既要很好地把握它带来的机遇，又要趋利避害，规避它带来的风险。经济全球化带来的有利因素：（1）可以充分利用外资。大量外资的进入，有助于解决发展中国家在经济建设过程中遇到的资本严重不足问题，因此能够促进经济增长。（2）资本的进入带来了实用技术、管理经验和企业创新精神。（3）资本的进入有利于我国国有企业建立现代企业制度。通过购并当地企业实现的外资进入有助于传统产业结构改造和促进产业竞争，对我国现阶段国有企业建立现代法人治理结构具有重要的推动作用。（4）外资进入有助于解决发展中国家剩余劳动力就业问题。根据“区位优势”理论，发达国家跨国公司在全球配置生产要素资源。发展中国家由于人口众多，存在劳动力超额供给和劳动力成本普遍偏低现象，外资进入得以安排大量的工资低廉的过剩劳动力从事有效就业，使发展中国家发展自己具有国际分工优势的劳动密集型产品和产业。（5）经济全球化促进了发展中国家的金融市场的完善。（6）资本的进入有利于非市场经济国家的经济转型。资本进入带来了市场经济的博弈规则和惯例，大大缩短了发展中国家从二元经济向现代化经济转型的时间，能够加快现代经济制度的形成。实践证明，一个国家越开放，其经济转型的进度越快。

当然，经济全球化也带来了一些弊端：（1）大量外资的进入容易造成债务负担，可能引发国际债务危机。（2）外资进入对民族资本和民族工业冲击较大。由于跨国资本“无国籍”和无民族认同感，它不可能完全取代民族资本的功能。因此，外资的过度进入有可能击垮发展中国家的民族工业，因而可能损害经济的长远发展。（3）经济全球化与发展中国家生态环境和可持续发展的矛盾日益尖锐。劳动密集型产业大多属于夕阳产业，发达国家跨国公司在全球范围内配置生产要素资源的同时，把夕阳产业带进了发展中国家，给发展中国家的生态环境造成了严重的破坏。（4）跨国资本的进入增大了金融市场的投机性和风险度，容易给短期投机资本冲击较虚弱的发展中国家国内市场造成可乘之机。（5）经济全球化背景下的发展中国家经济转型充满了动荡和起伏。经济全球化使世界范围内各国之间经济紧密联系在一起，发展中国家国内经济稳定与否，不仅取决于国内因素，还要受到国际因素的巨大影响。因此，发展中国家在经济转型过程中充满了变数。（6）经济全球化加速了发展中国家和发达国家之间经济发展的不平衡。这种不平衡主要表现在发达国家与发展中国家之间的贫富差距继续扩大。（7）经济全球化在一定程度上损害了发展中国家的经济主权。跨国公司大量的对外直接投资已经以多种形式影响着包括发达国家在内的各个国家的经济主权。联合国人权事务高级专家们担心，当前权力正从政治家手中转向大公司的董事会会议室。但是，由于发展中国家在经济全球化过程中往往不是规则的制定者，所以在国家经济主权让与方面，发展中国家受到的损害较大。

四、经济全球化对人力资源管理的影响

经济全球化对企业生产经营产生了很大影响，同样，对企业人力资源管理的影响也越来越突出。全球化在人力资源管理方面的影响主要表现为：

（一）人才的跨国争夺异常激烈和残酷，挑战我国的人力资源管理体制

世界各国，特别是发达国家凭借其经济和科技优势大量网罗人才。如美国政府为顺应经济全球化，促进科技产业发展，制定的政策有：一是美国政府将一批国防高新技术转为民用，增加研究开发基金，资助和鼓励民间高新技术发展；二是移民政策，帮助企业争夺人才，美国的移民来自全世界100多个国家，硅谷40%的人才是移民，1/4诺贝尔奖获得者是外国移民，政府的移民政策在人力资源利用上突破了国界限制，帮助美国高新技术企业网罗了世界人才；三是政府鼓励新技术企业发展和风险投资，给经济可持续增长注入了长久的活力。

经济全球化竞争对我国冲击最大的不是市场，不是产品，而是对体制的冲击，对人的冲击。大量外资企业凭借其在产品和服务的竞争优势，以高薪吸引更多年轻的高素质人才从国企流向外企，从而导致中国劳动力市场从事高技术和高级管理的脑力劳动者大量流失。如摩托罗拉中国公司1997年的雇员有1.5万人，其中中国雇员1.47万人，外国雇员300人，到1999年，外国雇员降为150人。像摩托罗拉公司一样，这些外国企业能给较高的工资待遇，能提供更好的创业和培训机会，人们更愿意去这些公司工作。在中关村，中国公司和外国公司并立，而待遇相差很远，很多中国高级人才到外资企业工作。有专家指出：随着人才越来越激烈的争夺，由于经济和机制的原因，将有越来越多的高级经理人才、精英人才流失到外企当中去，这种趋势如果不能改变，20年后，中国会成为外来经济的殖民地。

（二）高端人才的全球化配置挑战人力资源管理水平

为了发展经济，许多国家特别是最发达国家通过制定和修改移民法，在全球范围内掠夺各国特别是发展中国家的优秀人才，直接为其服务，尤其把吸引人才的重心转移到高层次人才和高新技术领域的人才。而我国在这方面缺乏强有力的政策支持，人才外流现象相当严重。目前我国派出的留学生有2/3未回国。在美国世界领先的尖端科技领域里华裔科学超过2/3，成为美国高科技领域的中坚，也成为世界高科技领域里最具活力的一支华人高科技大军。怎样吸引高端人才、留住高端人才是我国人力资源管理的又一难题。

（三）经济全球化决定了组织文化多元化，带来了组织多元文化的融合和冲突

我国的各级组织管理中对文化的作用及如何建设组织文化缺乏足够的认识。管理追求的最高境界是文化管理，人力资源管理过程是组织文化的建立和推广过程，追求的最高境界也是文化管理。要把组织的文化和精神深入到来自不同国家的每个员工的心中是人力资源管理的又一大难题。

（四）挑战员工培训

当今时代是信息时代。据估计，近十年来，工作和劳动力已经发生了极大的变化。首先，工作性质本身发生巨大的变化，由单纯生产型向生产服务型持续而长久地转变；其次，就工作和工具而言，大量高新科研技术的运用取代了体力劳动型的脑力劳动；最后，随着国际往来的增多，需要员工具备越来越多的技能。有人预测，21世纪有50%的工作将发生变化，30%的工作将因技术变化而消失。跨国公司在不同国家运行，再著名的跨国公司，面对全球化的经管，也无法使用单一的管理模式，必须实现管理制度、管理人才和员工的本地化。对于来自不同文化背景、不同社会制度的员工，怎样进行培训十分棘手。

（五）人力资源管理趋向全球化和国际化，要求有一大批具有高现代信息技术的人从事人力资源管理

由于电子通信技术、计算机、互联网等互动技术的迅猛发展和广泛运用，为人力资源全球化和国际化提供了条件，并日渐形成对欠发达国家人才市场的严重威胁。我国从事人力资源管理的人员的现代信息技术普遍低下，远远不能满足需要。

在经济全球化的过程中，国际互联网对人力资源管理体系的影响是巨大的，对传统的人力资源管理体系提出全新的挑战。具体体现在：（1）组织架构设计。电子商务的发展，使人力资源管理需要面对一些全新的工作部门及职位，同时由于信息沟通及处理快捷，管理的中间层次必然减少，因而矩阵式、扁平式组织架构将成为

一种趋势。(2) 网络电子招聘系统。网上电子招聘虚拟了人力资源招聘的许多实际环节，大大提高了工作效率。(3) 在线培训。远程教育技术的发展，不仅使人力资源培训成本大大降低，而且员工的学习成了一个实时、全时的过程。(4) 在线的薪酬福利政策，使人力资源薪酬体系更加透明化，体现了市场原则、公平原则，也对人力资源薪酬设计和团队文化建设提出了更高的要求。(5) 与员工沟通人性化。网络信息容量大，发布形式可以多样化，使得人力资源管理中的人际沟通更为直接、广泛并极具人性化。在自己企业的网站上，可以建立员工个人的主页，有BBS论坛，有聊天室、建议区和公告栏，以及管理层的邮箱，员工意见发表形式多样等。所以人力资源管理要善于运用广泛的网络，创造共享、合作的企业文化，促进员工的沟通，建立合作与共享的未来人力资源管理工作新模式。

第二节　人力资源管理创新的动力

随着经济社会的快速发展，尤其是加入WTO以后，我国企业环境发生了重大的改变，对人力资源管理提出了许多新的要求。

一、市场竞争规则的统一

加入世贸组织前，我国不同经济成分之间的竞争规则存在很大差别。入世后国民待遇原则、统一市场竞争规则为各种类型企业竞争创造了公平的环境。

（一）国有企业与非国有企业的差别待遇将取消

随着政企分开的进一步落实，国有企业市场化改革步伐将进一步加快，原有的“特权”也将根据世贸组织的原则被取消，国有企业的债务、冗员和办社会三大负担也将逐步解除。这样，国有企业将与其他经济成分在同样的规则下，展开公平的市场竞争。

（二）内资企业与外资企业的差别待遇将取消

根据世贸组织的无歧视原则特别是国民待遇原则的普遍实施，外资企业在我国原来享有的导致内资企业羡慕的“超国民待遇”以及令外商不平的“低国民待遇”都逐步为统一的国民待遇所取代。

（三）不同地区企业的差别待遇将被取消

不同地区企业的差别待遍（如地区优先发展战略，赋予沿海地区特别是经济特区企业，在税政、外汇使用、进出口、上市融资等方面的各种优惠政策），也将随

 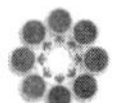

着中国市场在地域上的全方位开放，失去存在的基础和条件，国内市场的地区分割现象，也将随着整顿和规范市场经济秩序的深入逐步消除。

总之，市场规则的统一过程，就是国内原有竞争规则与国际通行规则并轨的过程，也是我国市场经济体制建设走向完善和成熟的重要标志。

二、中国企业积极参与国际市场竞争

经济全球化的趋势，加快了中国企业进入国际市场、参与国际竞争的进程。中国的对外投资、承包工程、劳务合作等对外经济合作业务已遍及全世界近200个国家和地区，基本形成了“亚洲为主，发展非洲，拓展欧美、拉美和南太”的多元化市场格局。对外经济合作领域主要以工业制造、建筑、石油化工、资源开发、交通运输、水利电力、电子通信、商业服务、农业等行业为主，并广泛涉及其他诸多领域如环境保护、航空航天、核能和平利用以及医疗卫生、旅游餐饮、咨询服务等。对外投资的快速增长、投资规模和领域迅速扩大，使我国企业参与国际竞争的能力有了显著提高。近年来，一批在市场竞争中冲杀出来的中国特色企业，以国内市场为基础，开始向国际化经营的方向迈进。例如，中石油、中石化、海尔集团、中远集团、春兰集团等知名企业率先走出了国门，大力开拓国际市场，取得了显著的经济效益，竞争能力日渐提高。但我们也应该看到，与具有上百年历史的西方跨国公司相比，我国企业实现全球性战略规划和资源配置的能力差距还很大，不断提升跨国经营及其国际竞争力还有一段很长的路要走。

三、企业内部环境的改变

随着国际国内大环境的改变，企业内部环境也发生了重要变化，主要有：

员工的转变——新时代的员工价值观不同，有所谓的“Y时代”或“Z时代”的特征，流动性高、强调个人。

组织结构的改变——由传统的功能型垂直式组织结构，转变为更强调团队合作的扁平结构。

管理模式的改变——由从上而下的集中式规划和控制为主，改变为强调授权、责任、绩效为主。

工作设计的改变——从分工清楚、专项负责的工作，改变为比较复杂的、多样化的工作。

员工训练的改变——从过去的“训练”模式，改变为“学习”“教育”的模式，强调个人学习能力和责任心，也更注重员工的行为、价值观的教育。

绩效评估的改变——从目标管理为主，改变为更强调效果的管理，个人工作能力、工作态度等也纳入绩效评估范围。

薪酬体系的改变——从固定薪金，以职位、年龄为主要考虑因素，改变为以绩效奖金为主，强调企业的绩效成果和个人的绩效贡献。

升迁的改变——从过去强调绩效结果，改变成强调其能力和工作、个性和工作的匹配性，以及升迁后能否胜任。

中层管理角色的改变——从“督导”的角色改变成“辅导”的角色。

高层管理角色的改变——从“领导”的角色改变成“规划”的角色。

第三节　人力资源管理面临新的挑战

在日益激烈的市场竞争中，为了提高企业的竞争优势，传统的人力资源管理理论、技术和方法的有效性正面临着严峻的挑战，同时，中国的企业发展由于没有经历“工业革命”、现代企业发展的历程较为短暂、企业管理者和员工的职业化素养较为欠缺等，诸多因素决定了中国企业人力资源管理还面临着一系列独特问题，加之中国企业发展的独特文化与社会背景，许多国外的理论和技术在国内的运用中，面临着本土适应性的问题，使当前中国企业的人力资源管理面临着一系列新的挑战。

一、员工的个体差异

随着社会的发展，越来越多企业经管者认识到，要想在激烈的市场竞争中取胜，人力资源的管理和开发越来越重要。准确地说，正像美国管理学者丹尼尔瑞恩在《管理思想的演变》一书中所提出的是看你能否聚集更多的企业人——他们具有相同或大致相近的意识，他们凝聚着企业文化的精髓。而这些企业人的文化背景、思维方式和习惯、个性特征会有很大差异。这就使企业固有的人力资源管理思想、独特的企业文化受到很现实的挑战。

 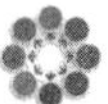

二、员工流动与企业稳定之间的矛盾

员工的流动速度加快是未来的一种趋势，而企业的组织结构需要相对稳定。员工的流动速度过低，会导致企业效率下降、组织僵化、竞争压力不足，但员工，特别是高级员工的流动速度过快，势必会影响企业士气，造成较高的人力成本，损害组织的形象和利益，进而影响组织的稳定和安全。如何使企业组织更具有弹性、不断地进行变革、适应员工的快速流动是人力资源管理工作面临的又一挑战。

三、人才的社会化加剧

作为一个社会人，一个有知识、有技能的人才，无论是从实现自身的社会价值最大化方面来讲，还是从不断学习增加和更新自己的知识方面来讲，更好的选择应该是能够掌握自己的命运，而不是归属于某一固定的企业。尤其是那些有新科学、新知识、新思想的关键人才会进一步向全社会的共有共用方向发展。企业间的竞争越来越取决于企业核心竞争能力。人才的社会化要求企业不断地培育和发展自己独特的、不可模仿的核心竞争能力。

四、员工个人发展的新需要

社会学家英格尔斯在《人的现代化》中总结了现代人的十大特征，其中排在前面的主要是：思路广阔、头脑开放；准备和乐于接受新生活、新思想、新方式；注重现在和未来；乐于让自己和后代离开传统所尊重的行业，去从事新的行业，准备接受社会的变革；等等。更多现代人关注的已经不仅仅是薪水、待遇，而是个人的发展，无论是发展的空间，还是所需要的资源，对未来的企业都是一种前所未有的挑战。

五、企业战略的多变性

随着企业竞争环境的复杂多变，企业战略也必须适应环境、具有多变性。相应的企业组织也需要变革，为企业实现战略服务。这种连锁反应，也必然要求企业的人力资源管理更具有战略性，满足组织变化的需求。一方面要求人力资源管理的职能成为企业战略管理的一部分，从雇员招聘到使用都作为企业发展战略举措认真对待。另一方面要求为实现企业的战略和组织的变化及时找到企业所需要的各种人才，这将使人力资源管理面对更多的挑战。

六、企业人力资源管理职能的专业化、社会化

随着市场经济的发展，企业管理中介服务机构将不断建立和完善，企业内部人力资源管理和社会专业化的人力资源管理机构要进行职能上的分工和重新定位。企业人力资源管理工作将要求更专业化，部分职能要转交给中介机构，企业内部的人力资源管理和企业外部的人力资源管理有机结合，构成了企业人力资源管理的完整体系，这将是企业人力资源管理面对的新挑战。

七、企业创新和绩效考核的要求

创新是企业的生命。没有创新企业就不会发展。创新离不开科学和知识。知识本身是无价的，只有当它的所有者在工作中运用时它的价值才能得以实现。创新不但是有价值的，也是有风险的。创新的价值和风险是难以预测和量化的。现代人力资源管理要求建立科学的、完善的、尽可能量化的绩效考核体系，而这一体系怎么评估知识的价值，怎么评估创新的价值和风险，鼓励不断地创新，不能不说是人力资源管理在新时期遇到的又一难题。

八、网络技术的广泛应用

网络技术的迅猛发展和应用、网络经济的形成改变了整个企业管理的模式。同样，人力资源管理的方式也突破了地域和时间的限制，网上招聘、网上沟通、网络管理等成为人力资源管理的现代化手段。这些新技术的应用，改变了人力资源管理的方式，也要求人力资源管理要不断地应用这些新技术，去创造人力资源管理的新途径、新方法、新形式。

九、跨国公司的发展

企业的全球化经营是新时期企业的必然选择，跨国公司的出现是中国企业发展的必然结果。因各国的政治、经济发展水平，法律、宗教、风俗等文化因素存在着较大差异，在人力资源管理方面的要求也就有很大的不同，人力资源管理的政策和

方法必须和所在地国的环境和文化相适应。如何制定相应的人力资源管理政策和方法，如何进行不同国家子公司的人力资源管理，是跨国公司人力资源管理所必须面对的全新课题。特别是对中国以大一统文化为背景的企业来说，人力资源管理将面临国际化的挑战。

十、人力资源管理理论创新的要求

正像有关学者所强调的一样："如果说中国企业不能在人力资源管理、技术和方法方面有所突破，我相信中国企业要和国际企业竞争，并开创出中国的一流企业是很困难的。"中国企业的现代人力资源管理比发达国家起步要晚 30 到 40 年，现在所用的人力资源管理理论、技术和方法基本上是学习和模仿西方发达国家的。中国是一个人口大国，要想成为世界强国，就必须把人口大国变成人力资源大国，把中国人巨大的潜在能力转化为现实的工作能力是我国人力资源工作者一项空前的历史使命。完成这一使命的一项重要工作就是结合我国的实际，在学习和借鉴发达国家经验的基础上创造出适应中国国情的、具有中国特色的人力资源管理新理论、新技术和新方法。这是中国人力资源管理要迎接的一项新任务。

参考文献

[1] 胡建宏．现代企业管理 [M]．北京：清华大学出版社，2017

[2] 文跃然．人力资源战略与规划 [M]．上海：复旦大学出版社，2017

[3] 龚艳萍．企业管理 [M]．北京：清华大学出版社，2016

[4] 刘福成．人力资源管理 [M]．合肥：中国科学技术大学出版社，2014

[5] 张一弛，张正堂．人力资源管理教程 [M]．北京：北京大学出版社，2016

[6] 刘浩然．做好现代人力资源管理吸引和留住人才的有效途径探析 [J]．人力资源管理，2017，（2）：71-71

[7] 姚昆．基于现代人力资源管理视角的人事档案管理变革 [J]．赤子，2017，（22）：146-146

[8] 刘磊．人力资源管理 [M]．北京：中国电力出版社，2013

[9] 贺小刚，刘丽君．人力资源管理 [M]．上海：上海财经大学出版社，2015

[10] 张正堂，刘宁．薪酬管理 [M]．北京：北京大学出版社，2016

[11] 吴晓波．腾讯传 1998-2016：中国互联网公司进化论 [M]．杭州：浙江大学出版社，2017

[12] 杨长清．云管理互联网 + 时代人才管理变革 [M]．北京：中国铁道出版社，2017

[13] 杨振芳，谟丽婷．角色扮演面试：理论基础、实施步骤与注意问题 [J]．人力资源管理，2017，（1）：100-102

[14] 孙健敏．人力资源管理 [M]．北京：科学出版社，2016

[15] 杨璟，徐诗举．社会保障概论 [M]．青岛：中国海洋大学出版社，2017

[16] 刘磊．管理学基础 [M]．北京：电子工业出版社，2016

[17] 王自勤．物流管理综合实务 [M]．北京：高等教育出版社，2015

[18] 杨红英．人力资源开发与管理 [M]．昆明：云南大学出版社，2014

[19] 邹华，修桂华．人力资源管理原理与实务 [M]．北京：北京大学出版社，2015

[20] 王艳茹．创业资源 [M]．北京：清华大学出版社，2014

[21] 王斌．政府人力资源绩效管理研究中国与全球经验分析 [M]．重庆：西南师范大学出版社，2018

[22] 张霞，全丽．现代人力资源管理概论 [M]．郑州：河南科学技术出版社，2014

[23] 艾家凤．高校图书馆人力资源管理研究 [M]．合肥：中国科学技术大学出版社，2015

[24] 郭继东．学校人力资源管理 [M]．兰州：甘肃文化出版社，2005

[25] 冯连旗．人力资源和社会保障法制概述 [M]．沈阳：东北大学出版社，2014

[26] 李敏．绩效管理理论与实务 [M]. 上海：复旦大学出版社，2015
[27] 刘俊．劳动与社会保障法学 [M]. 北京：高等教育出版社，2017
[28] 李健，付建明．美国陆军组织管理体制资源、采办与后勤 [M]. 北京：航空工业出版社，2016
[29] 李文辉．工作分析与岗位设计 [M]. 北京：中国电力出版社，2014
[30] 边文霞．员工招聘实务（第 2 版）[M]. 北京：机械工业出版社，2016
[31] 廖泉文．招聘与录用（第 3 版）[M]. 北京：中国人民大学出版社，2015
[32] 崔小屹，汤悦，盛国红．招聘面试新法 [M]. 北京：中国财政经济出版社，2015
[33] 刘昕．薪酬管理（第四版）[M]. 北京：中国人民大学出版社，2014
[34] 梁栩凌，尹洁林．人力资源管理 [M]. 北京：机械工业出版社，2015
[35] 毛文静．薪酬管理——理论、方法、工具 [M]. 北京：人民邮电出版社，2014
[36] 郭捷．劳动法学（第六版）[M]. 北京：中国政法大学，2017
[37] 陈鸣．现代人事档案管理存在的问题及解决问题的对策 [J]. 人力资源管理，2017，（10）：326-327
[38] 简娜．现代人事档案管理存在的问题及解决问题的对策 [J]. 卷宗，2017，（30）：36-36
[39] 张芬兰．现代人力资源管理与传统人事管理的比较及启示 [J]. 城市建设理论研究：电子版，2017，（6）：1-2
[40] 赵宏彬．基于现代人力资源管理完善绩效考核机制 [J]. 经济师，2017，（2）：266-267
[41] 赵洋．论现代人事档案管理存在的问题与策略 [J]. 清远职业技术学院学报，2017，10（3）：69-71
[42] 赵磊．事业单位人事统计工作与现代人力资源管理 [J]. 中国集体经济，2017，（18）：72-73
[43] 郑立勇，孔燕．基于心理资本理论视角的现代人力资源管理增值研究 [J]. 华东经济管理，2019，33（1）：154-159
[44] 马莉．现代人事档案管理信息化建设探索与实践 [J]. 消费导刊，2021，（24）：222-222
[45] 戴婧．现代人事档案管理存在的问题及对策探讨 [J]. 中外企业家，2020，（8）：1-1
[46] 孙桂荣．事业单位从传统人事管理模式向现代人力资源管理模式转变的探究 [J]. 赤子，2019，（14）：129-129

[47] 孙铁群. 现代人事档案管理存在的问题及解决问题的对策分析 [J]. 科学养生，2019，（11）：101-102

[48] 谢艳丽. 探讨现代人力资源管理中的绩效考核 [J]. 新商务周刊，2019，（6）：190-190

[49] 王君玺. 现代企业人事管理中员工激励机制的应用分析 [J]. 魅力中国，2017，（24）：58-58

[50] 冀欣. 现代企业人力资源管理中薪酬管理体系存在的问题及对策 [J]. 现代经济信息，2019，（20）：66-66

[51] 谢庆华. 从现代人力资源管理看人事档案管理工作 [J]. 科技经济导刊，2018，（14）：183-183

[52] 刘飞飞. 探讨现代人力资源管理中的绩效考核 [J]. 财会学习，2018，（14）：1-1

[53] 杨爽. 基于现代人力资源管理视角的人事档案管理变革 [J]. 办公室业务，2017，（10）：2-2

[54] 刘爱华. 现代人力资源管理在政府部门中的运用 [J]. 经济视野，2017，（3）：159-159